经世济民

诚信服务

德法兼修

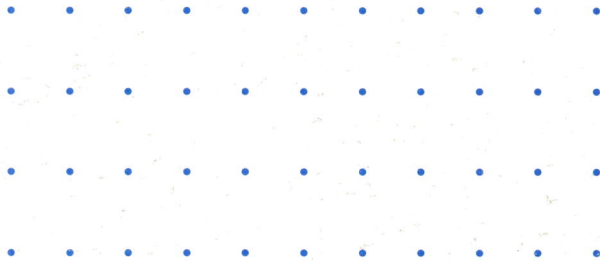

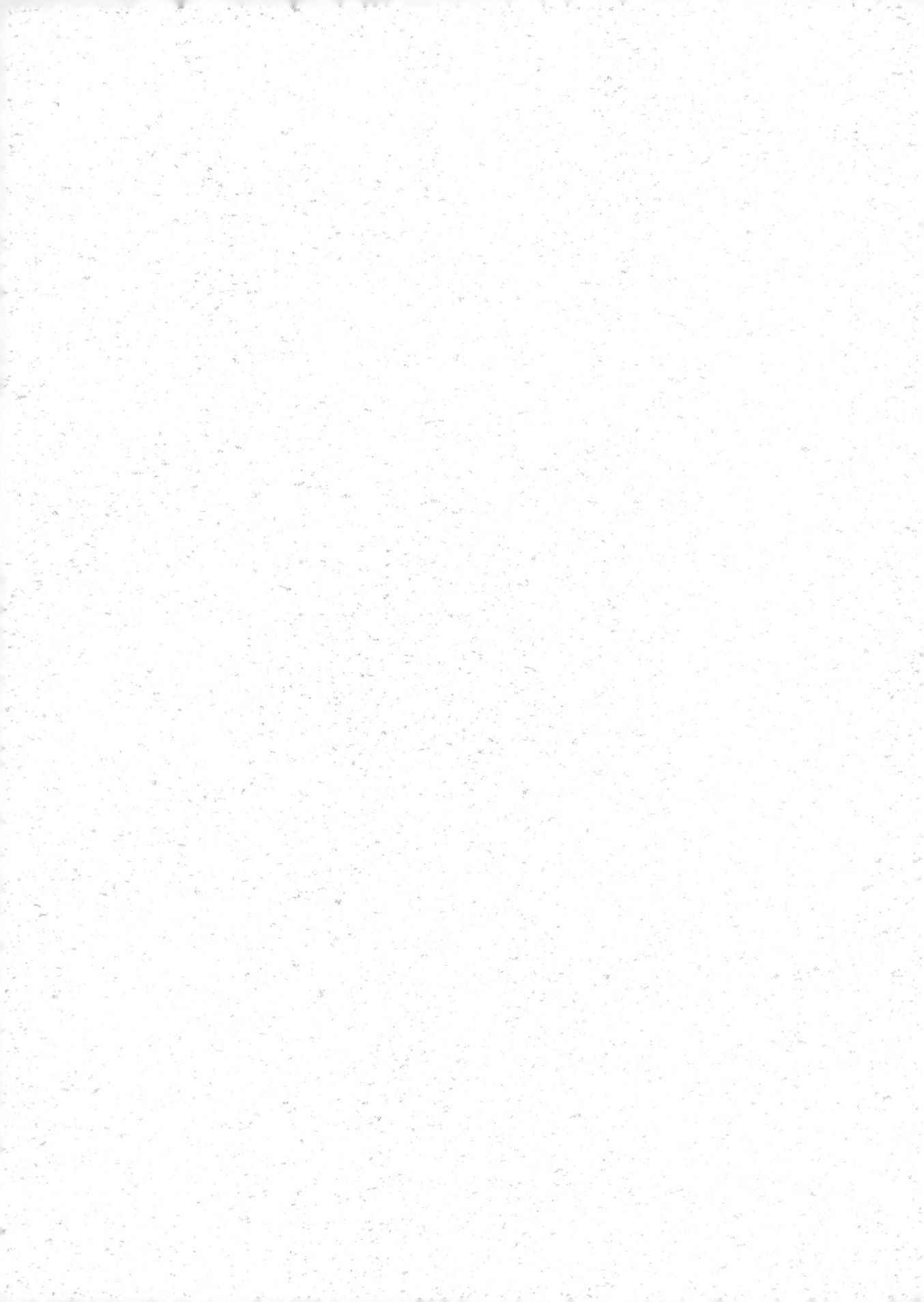

"十四五"职业教育国家规划教材

iCVE 智慧职教　高等职业教育在线开放课程　新形态一体化教材

高等职业教育商贸类专业群
市场营销专业新目录·新专标配套教材

营销心理学

（第五版）

—— 数字时代消费者
　　行为分析

● 主　编　单凤儒
● 副主编　单丽雯　赵文晶

新目录
新专标

中国教育出版传媒集团
高等教育出版社·北京

内容提要

本书是"十四五"职业教育国家规划教材，也是高等职业教育商贸类专业群市场营销专业新目录·新专标配套教材。

本书共设置有十个模块，分为三大部分：一，场景主体与客体，包括个体消费心理、群体消费心理、商品体验心理；二，场景行为与环境，包括传播与广告心理效应、推销与说服心理效应、主体间社交心理效应、选址与设计心理效应；三，传统与现代场景，包括商场销售心理效应、网络营销心理效应、新媒体营销心理效应。

本书既可以作为高等职业教育专科、本科院校和应用型本科院校财经商贸类专业及其他相关专业的教材，也可以作为行业企业市场营销相关工作人员、社会学习者的参考、培训用书。

本书在智慧职教MOOC学院同步建设有在线开放课程，配套开发了微课、视频、教学课件、交互式习题等数字化教学资源，具体学习方式详见本书"课程数字化导学"页的说明和"郑重声明"页的资源服务提示。

图书在版编目（ＣＩＰ）数据

营销心理学：数字时代消费者行为分析 / 单凤儒主编. -- 5版. -- 北京：高等教育出版社，2023.10（2024.7重印）
ISBN 978-7-04-061108-3

Ⅰ．①营… Ⅱ．①单… Ⅲ．①市场心理学-高等职业教育-教材 Ⅳ．①F713.55

中国国家版本馆CIP数据核字（2023）第164428号

营销心理学（第五版）——数字时代消费者行为分析
YINGXIAO XINLIXUE

策划编辑	贾若曦	责任编辑 贾若曦	封面设计 赵 阳	版式设计 李彩丽
责任绘图	马天驰	责任校对 胡美萍	责任印制 存 怡	

出版发行　高等教育出版社
社　　址　北京市西城区德外大街4号
邮政编码　100120
印　　刷　肥城新华印刷有限公司
开　　本　787 mm×1092 mm　1/16
印　　张　14
字　　数　270千字
购书热线　010-58581118
咨询电话　400-810-0598

网　　址　http://www.hep.edu.cn
　　　　　http://www.hep.com.cn
网上订购　http://www.hepmall.com.cn
　　　　　http://www.hepmall.com
　　　　　http://www.hepmall.cn

版　　次　2005年3月第1版
　　　　　2023年10月第5版
印　　次　2024年7月第2次印刷
定　　价　45.00元

课程数字化导学

"三场景教学模式"

为迎接数字经济时代的挑战，服务教育数字化，本教材在构建"场景化体系"的同时，创设了线上线下相融合的"三场景教学模式"，服务使用本教材的广大师生，共同推进学习改革。

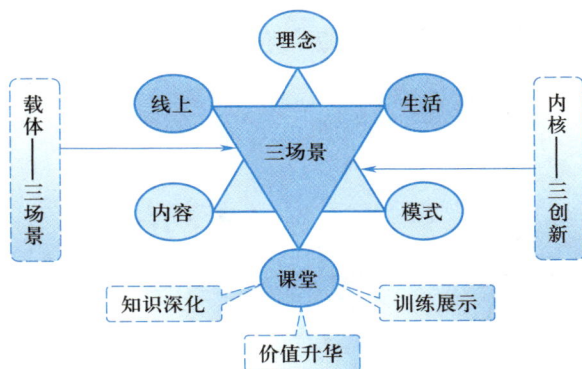

场景 1：线上自学知识

安排 10% ~ 50% 的计划学时，由学生自选时间、场所，登录智慧职教平台，选学本教材的配套 MOOC "数字时代消费者行为分析"，开展个性化学习。

场景 2：生活训练技能

应用所学理论与知识，以公司化运营为载体，结合自身消费与购买的实践与体会，创造条件参与营销实践，开展行动式学习。

场景 3：课堂协同建构

在线上自学知识、生活训练技能的基础上，利用在线学习之外的计划学时，在课堂上开展理论学习交流，展示实训成果；教师精解重难点，引导深化、拓展；师生深度交流，实现课堂协同建构。

第五版前言

本书历版先后被评为普通高等教育"十五""十一五"国家级规划教材，"十二五""十三五""十四五"职业教育国家规划教材。

本书第五版以党的二十大精神为指导，追求"一特四化"的目标，即探索具有中国特色的营销心理学课程体系与模式，实现营销心理学的本土化、数字化、场景化、融合化。

一、本土化

本土化是营销心理学课程体现中国特色的核心，支撑与统领着全书的特色探索与创新。本次修订以党的二十大精神和习近平新时代中国特色社会主义思想为指导，在学习研究消费者心理与行为的过程中，用辩证唯物主义方法科学分析。本书创设"学习园地""思想淬炼""辩证思维析心理"等栏目，精选中国本土化案例，体现营销心理学的理论与实践创新。

二、数字化

随着数字经济时代的到来，消费者需求与企业营销方式均发生了重大改变，从而导致消费者心理出现"六个转变"（详见"绪论"）。本次修订深入研究数字经济时代消费者与营销人员的心理交互过程与心理效应变化，尝试将数字化特性作为理论前沿的突破口进行实践创新。据此，本书设置"数字化情境""数字化视角""数字化消费心理"等栏目，用数字化的互联网思维切入内容分析，引入数字化营销创新实践案例，提出了一些新颖的数字化观点。

三、场景化

为突出职业教育的类型特色，突破抽象研究消费者心理与行为的思维定式，本书打破传统体系与模式，按照消费与营销场景构建现代场景模块。

本书注重研究消费者与营销者互动中的心理反应与变化，探索"场景心理效应"机理，以期实现从抽象化理论到场景化理论的转换与升级，体现"基础理论＋场景应用"的结合。本书创造性地重构了"场景化"的模块体系，具体内容如下表所示。使用本书的学习者可根据教学目标与学时，灵活选择与组合具体的模块内容。

"场景化"的模块体系

模块	内容
模块 1	场景主体：个体消费心理
模块 2	场景主体：群体消费心理
模块 3	场景客体：商品体验心理
模块 4	场景行为：传播与广告心理效应

导言

模块	内容
模块 5	场景行为:推销与说服心理效应
模块 6	场景行为:主体间社交心理效应
模块 7	场景环境:选址与设计心理效应
模块 8	传统场景:商场销售心理效应
模块 9	现代场景:网络营销心理效应
模块 10	现代场景:新媒体营销心理效应

四、融合化

此特点主要体现为"三个融合":一是"产教融合",本书开设"中国企业讲坛"栏目,专门邀请行业企业导师结合营销实践进行教学讲解。二是"知行融合",本书倡导"体验式学习",因为学习者本身就是营销活动的参与者,不仅要考察他人的心理,也要高度关注自己的心理反应,将所学知识与消费行为相结合。在书中,体验式学习主要包括参与体验、生活观察、自我剖析三种方式。三是"虚实结合",编者在智慧职教平台建设了与本教材配套的在线开放课程"数字时代消费者行为分析",建议有条件的师生全面开展线上线下混合式教学,进一步提升对所学内容的理解和掌握。

教育部全国高校教师网络培训中心应用型管理学特聘教授、辽宁理工职业大学教授单凤儒任本书主编,大连医科大学副教授单丽雯、辽宁理工职业大学教授赵文晶任本书副主编。参加本书编写的还有武汉交通职业学院王江和湖南司法警官职业学院张建贵。

本书为校企双元合作开发,京东乾石公司东北区总监马春、广州德芯源企业管理有限公司总经理马兰花等企业专家导师参与了本书的内容设计策划和现场教学。在此向参与本书历版编写的同仁们,以及本书所引用参考文献资料的作者致谢。

本书虽历经二十余年的多次修订,但仍存在一些不足与缺憾之处,特别是关于营销心理学本土化、数字化的研究还很不成熟,恳请广大读者批评指正。

单凤儒

2023 年 6 月

第一版前言

　　本书是普通高等教育"十五"国家级规划教材（高职高专教育），也是高等职业教育技能型人才培养培训工程系列教材，既可作为市场营销专业骨干课教材，又可作为其他专业营销心理学课程的教材。

　　现代营销在本质上是一个营销主体与营销对象———顾客的心理互动过程。营销的成效最终取决于营销行为在顾客心理所产生的预期反应。现代营销成功的关键，在于营销的心理功效，因此，掌握并有效运用营销心理学，成为现代营销人员的核心技能之一。基于这一思想，并充分体现高职高专教育的特色，本书在编写中做了一系列探索与创新：在研究内容的确定上，遵循"三个中心"；在编写特色上，进行"三个尝试"；在内容结构上，建立"三段体系"。

　　本书不同于一般的《消费心理学》《销售心理学》《顾客心理学》，而是根据高职高专教育市场营销专业培养目标与教学特点的要求，紧紧围绕营销过程和顾客心理，经过对内容进行选择、重组编写成的。即按"三个中心"原则设计编写内容：一是以高职高专教育营销专业培养目标为中心设计教材内容；二是以营销过程和购买行为为中心构建营销心理学知识体系；三是以顾客心理为中心，研究顾客及顾客与营销人员互动的心理与行为。

　　为充分体现高职高专教育的特色，本书在编写上进行了"三个尝试"。一是打破一灌到底的单一知识叙述型教材模式，尝试建立包括学习目标（知识点与技能点）、重点内容网络图、复习思考题、案例分析、实践与训练等复合结构型教材模式；二是尽可能对理论知识简述、精写，压缩篇幅，尝试建立注重实例介绍、案例分析和实践训练的能力本位模式；三是尝试建立"讲、阅、研、练"一体化模式，以更好地适应教师少讲、精讲，学生多参与、多训练的新的高职高专教学模式。

　　全书的内容结构为"三段体系"，即分为三篇：第一篇研究营销对象———顾客的一般心理（包括个体心理、群体心理和发展心理）；第二篇研究在营销过程中顾客的心理与行为（包括商品、营销场景、柜台销售、服务、人员推销、广告与企业形象对顾客心理的影响与顾客的心理反应）；第三篇研究营销主体———营销人员在营销中的自身心理与行为（包括营销人员的业务心理与管理心理）。

　　本书在编写过程中，力求做到以下几点：一是注重知识更新，增加了最新营销心理知识，如顾客发展心理、网络营销心理等；二是在内容安排与编写体例上，尽量压缩理论知识，大篇幅增加案例与实例，力求构建一种知识要点与实例结合的双元内容结构体系，从而增强了教材的先进性、实用性与生动性。

　　教学方法（本书使用方法）建议：

　　（1）树立以调动学生学习积极性为核心，激励学生自主学习的教学理念。

针对高职高专教育与营销心理学课程的特点，必须从"以教师为中心"转变为"以学生为中心"，树立教师是学生自主学习的"指导者""辅导者"和"助手"的理念。

（2）教师精讲，学生多练，学生参与，建立互动式课堂。建议教材一半左右的重点内容（每章后重点内容网络图标明的部分），由教师在课堂上详讲；另一半略讲或由学生阅读。重点内容的讲授要发动学生参与，营造一种生动活泼、师生互动的课堂氛围。

（3）以营销心理策略运用技能培养为主线，注重案例分析与实训。使用教材，组织教学，要始终抓住营销心理策略运用技能培养这条主线，注重各章技能点的落实，并特别组织好案例分析与每章后附的实训项目。

（4）探索建立多渠道的获取式教学方式，构建激励学生自主学习的机制与氛围。笔者在全国高校教学研究会上提出，要打破以课堂为主的灌输式教学方式，探索建立多渠道的获取式教学方式。即坚持以学生为中心的教学理念，在教师的必要指导和宽松学习环境条件下，由学生能动地利用多条获取知识的渠道（倡导学习团队型教学，如学生组建模拟公司，与课堂教学同步组织管理模拟或实训活动），自主地、创造性地去获取知识并培养技能。

由于作者水平所限，特别是高职高专教育的改革正在不断深入，有些问题需要继续探索，不足与缺憾之处，恳请读者批评指正。

编　者
2005 年 1 月

目 录

绪　论

数字时代消费者行为与营销心理系统

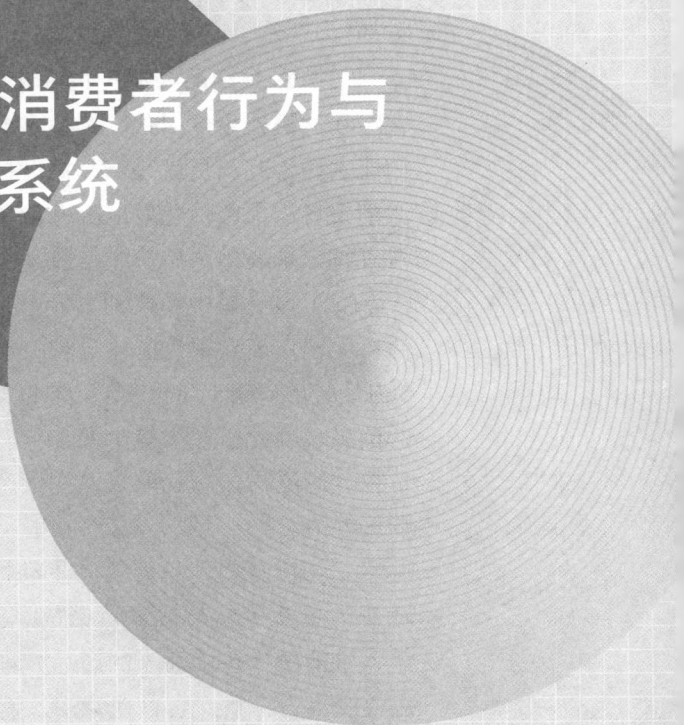

0.1 数字时代消费者行为变化

0.1.1 数字时代消费者购买心理的"六个转变"

随着互联网，特别是数字化革命的快速发展，消费者需求与营销方式均发生了重大改变，从而导致消费者购买心理出现重要变化。主要体现在以下方面：

（1）在对产品与服务的需求上：从产品标准化转变为产品个性化、智能化。在大机器生产时代，为追求规模经济性，企业致力于进行大规模生产，采用流水线，其前提就是产品高度标准化。而在数字时代，互联网的快速发展刺激消费者需求个性化发展，并创造了满足消费者个性化需求的条件。同时，消费者越来越渴望产品功能与服务的智能化。

（2）在交易中的权利主导上：从厂商主导转变为消费者主导。在传统营销活动中，厂商有很大的主导权。而在数字时代，这一主导权逐步转向以消费者为中心。随着数字时代全媒体的发展，每个消费者都可以获得大量与产品相关的信息。因此，在交易中要求具有更大的话语权，甚至决策权，包括更大的定价权、广泛的信息获取权、海量产品的自主选择权等，并相应提高消费者多元购买能力。

（3）在营销信息传播的主动性上：从被动接受商家广告等营销信息推送，转变为主动接受与搜索营销信息。以往很多传统营销活动都是主动向客户推送，希望用户接受商家的产品、理念和服务。现在整个发展趋势却是用户主动去接受广告，找广告，找营销，消费者成为参与营销的主体与中心。

（4）在接受营销组合方式上：从重视信息传播转变为更愿意接受社交与心理沟通。传统的营销本质上就是信息传播的过程，也就是向消费者单向地推送信息的过程。而在数字时代，信息传播速度快，信息量大，甚至造成对消费者的"信息轰炸"，消费者可以低成本、快速地获取信息，自主地进行充分理性思考与选择。在这种情况下，信息接收已不再是难题，消费者更看重的是双向沟通、心理融合等营销方式与途径，甚至将购物看作交际与享受的过程。

（5）在购买效果评价标准上：从注重商品本身使用效用转变为注重消费者自身心理体验。传统观念中广义的产品概念，包括产品的规格、形态、功能、质量、品牌等，核心是产品的效用。因此，是以有用性为核心的产品使用效用这一标准进行购买效果评价。而在数字时代，消费者只把这些产品功能效用作为评价的基础性指标，他们更加看重购买甚至是使用过程中的实际心理体验。所以，产品售出不是购物体验的结束，而是购物体验的开始，购物体验甚至延伸到消费者使用商品的过程。

（6）在影响购买决策的心理要素上：从认知导向转变为社交与情感驱动。这是从消费心理原理上分析变化。消费者购买决策的心理过程，主要包括认知过程、情感过程和意志过程。在传统营销中，基于信息传递的认知过程处于主导地位，消费者主要依据产品功能信息进行购买决策。而在数字时代营销具有交互性，由于心理体验成为消费者评价购买效果的最终指标，因此，在认知基础上的情感过程必将对决策发挥更加重要的作用。

由于上述"六个转变"使消费者成为"数字居民"。他们有较强的互联网思维，高度依赖网络，消费心理与行为出现个性化、社交化、体验化等趋势。

数字时代的消费者行为变化

0.1.2　影响消费者行为的数字化思维

互联网技术与设施是数字化革命的物质载体，而数字化革命的灵魂则是互联网思维。在数字化时代，互联网思维渗透于社会经济的所有领域并发挥着十分重要的作用，也必然参与、引导消费者的思维与行为。

对消费者心理与行为产生较为明显影响的互联网思维主要有：

（1）用户思维。用户思维虽然主要是基于营销方角度的思维方式，但是，其折射出消费者在整个数字化营销体系中的中心地位。这种自我中心意识在数字时代成为消费者的核心意识。

（2）"体验为王"思维。这是数字时代消费者购买评价标准转变的反映。在购物过程中，消费者总是以自己的实际体验作为评价购买与消费效果的最终尺度。

（3）社交化思维。由于数字时代更注重购买决策的情感因素、购买的心理体验，因此，在营销过程中开展富有成效的社会交往、个人交际、言语沟通、情感融合就显得极为重要。

（4）参与／众包思维。基于消费者主权，在交易的过程中，消费者不是被动的接受者，而是主动的参与者。他们要求更大的话语权，参与设计、生产与营销过程，使产品与服务成为生产者与消费者共同参与、通力合作的共同成果。

（5）跨界思维。数字化网络使一切互连。消费者购买与消费过程涉及的所有事物，都可以跨时空连接，从而使得消费者的思维与心理可以进行跨界思考，进而实现在传统环境下无法实现的购买行为与体验目标。

（6）口碑思维。在数字时代，借助互联网的信息传播优势，消费者的口口相传成为营销与购买的决定性力量。"满意的顾客是最好的广告"，这句话在数字时代显示出更加巨大的威力。

此外，还有很多数字化思维也对消费者心理与行为产生重要影响，将在本书后续各章中详述。

0.2 营销心理学与场景心理效应系统模型

0.2.1 营销心理学及其演进

（1）研究营销心理规律的系统科学就是营销心理学。营销心理学是一门研究在市场营销过程中，以消费者为主要对象的消费、购买心理与行为等心理效应的科学。

（2）营销心理学的基本内容。营销心理学研究的主要对象是消费者的心理与行为。研究范围主要包括：消费者需要、购买与消费三个阶段；消费者的心理与行为两种形态。

（3）数字时代营销心理学的融合化蜕变。数字时代从根本上改变商业与消费的关系，促进营销与消费的深刻变革与两者之间的深度融合。在数字时代，一方面消费者主权不断提升，消费者不再是被动的购买者，而是个性彰显、自主意识增强、积极参与交易过程的"准营销者"，与营销者共同决定交易结果；另一方面，营销者为实现创造消费者价值最大化的目标，就必须全心全意、聚精会神地关注消费者的需要与行为。所以，消费者与营销者均聚焦于消费者的需要与行为，呈现出消费者与营销者的心理同需、行为同向的融合化趋势。

结合高职教学的应用型属性和类型特色，本书构建了"场景化"体系，即基于营销视角，分析营销对象与核心——消费者心理，考察处于各种典型营销场景中的消费者与营销者的交互行为，以精准提升营销效率与消费体验，创造顾客价值最大化。

0.2.2 场景心理效应机制

所谓场景，是指一种时空与活动的组合或存在方式。本质上属于一种人类活动形态。而商业场景则指基于时空，与交易相关的要素与活动组合的存在方式；在数字时代，其内涵与外延均发生了一定变化，泛指消费者与营销者从事商品交易相关活动与互动的物理的、虚拟的、无边界的实体或概念系统。

表达场景的词有场所、场合、场面；情景、情境、语境等，这些看起来相似的词，均是对不同场景的差异化表述，显然，每个词都具有各自不同的注重点与对特定场景的界定。

场景心理效应机制的理论基础是数字时代营销者与消费者心理的同向与融合；消费心理是营销心理的内核与聚焦点。场景心理效应就是基于营销场景的规律性的心理反应。是场景化心理研究与实践的核心，是消费者体验与顾客价值的心理内核。

（1）场景心理效应系统结构。该系统的构成要素主要有五个：①时空。这是最基础的要素。场景总是在特定时间，存在与延续于一定的空间场所。②主体。"消销融合"系统的主体既包括销售者，也包括消费者，并成为中心，每个人都包括自己的认知、情感、意志。③客体，即交易与消费的标的物——商品与服务。④活动或行为，即各种营销与消费行为，包括两者之间的交互活动。⑤环境，即交易与消费所处的各种环境因素。正是这五个要素构成了"场景心理"的系统结构。

（2）场景心理效应作用机理。系统结构决定机理，有什么样的结构就形成什么样的机理。基于上述五要素结构，形成了三项机理：①"消销融合"机理。突破抽象研究消费者心理的传统理念，注重在消费者与销售者交往互动中的心理反应与变化研究。②"场景效应"机理。突破学科理性的思维定式，注重在不同消费与营销场景中，基于"基础心理"与"即时心态"的聚合心理反应研究。双方交集于场景，交互作用，产生心理效应。既受场景影响，即时形成心理反应；又依托场景，延伸场景感知与联想，形成衍生效应。③"体验认知"机理。无论是消费者还是营销者，首先一定都是消费者，均会在自身发生千变万化的真实而准确的消费心理反应。

因此，无论学习理论还是进行实训，本书的学习者最有效、最便捷的学习方式就是在整个学习的过程中，以"自我"同步真实心理反应作为重要的学习感知与验证模式，即进行体验式学习。

0.2.3　场景心理效应分析系统模型

基于数字时代场景心理效应机制，本书提出一个数字化场景心理效应分析系统模型，如图0.1所示。它从整体上展现场景心理效应的系统分析架构，并以此架构构建本书的知识体系。

（1）依据与基础：以数字化时代要求和课程职业化定位为依据；以心理过程、个性心理与群体心理为基础

（2）内在核心作用机制：以时空、主体、客体、活动（行为）、环境五要素结构为基础，生成"消销融合""场景效应""体验认知"等机理的交互作用。

（3）以消费者心理行为为中心：消费者心理是整个营销心理系统的中心与聚焦点，是商家所有营销策略、手段运用的依据与目标；呈现为"需要、参与行为、体验"三形态，即产生需要（动机），促成营销、购买等参与行为，进而满足目标并形成体验。

（4）创设10个营销心理场景：以场景为载体，以消费者与营销者全程互动为主线，以营销媒介和消费者参与为手段，激发产生预期场景心理效应，实现

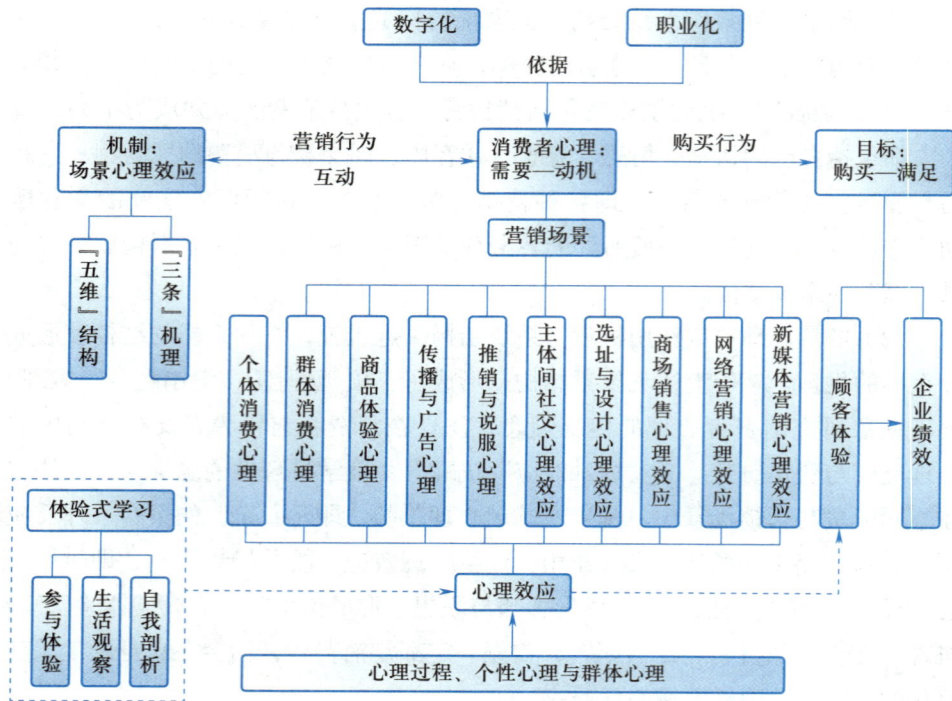

图 0.1　数字化场景心理效应分析系统模型

消费者的良好体验。

（5）全程实行体验式学习：针对心理学的特殊性，无论学习理论还是开展实训，均应以"自我"的真实心理反应作为重要的认知与验证模式，开展体验式学习。体验式学习主要有三个子栏目：①参与体验，主动参与一些营销与消费活动，获取真实体验；②生活观察，在日常生活中随时随地留心观察与分析营销与消费现象；③自我剖析，无论是学习理论还是参与实践，都要分析自我的即时感受，从中获取最真实的信息。

企业导师谈
数字时代的
消费心理

中国企业讲坛
企业导师谈数字时代的消费心理

进入数字时代，消费者行为与企业商业行为均出现重大改变，企业必须重新审视消费行为，推进数字时代商业模式创新，但必须始终坚守"最终为消费者创造价值"这个本质。

模块 1

场景主体：个体消费心理

学习目标

※ 素养目标

- 培养消费者的绿色消费观
- 强化学生的服务意识和奉献精神

※ 知识目标

- 掌握消费者心理活动发生的认识过程、情感过程和意志过程
- 掌握消费者气质、性格、能力的差异及其在购买中的表现
- 掌握消费者需要的基本特征和消费者购买动机的基本类型
- 掌握消费者购买行为的类型与一般过程

※ 技能目标

- 能够观察与分析消费者个体心理的能力
- 能够运用消费者个性心理规律开展营销的能力

思维导图

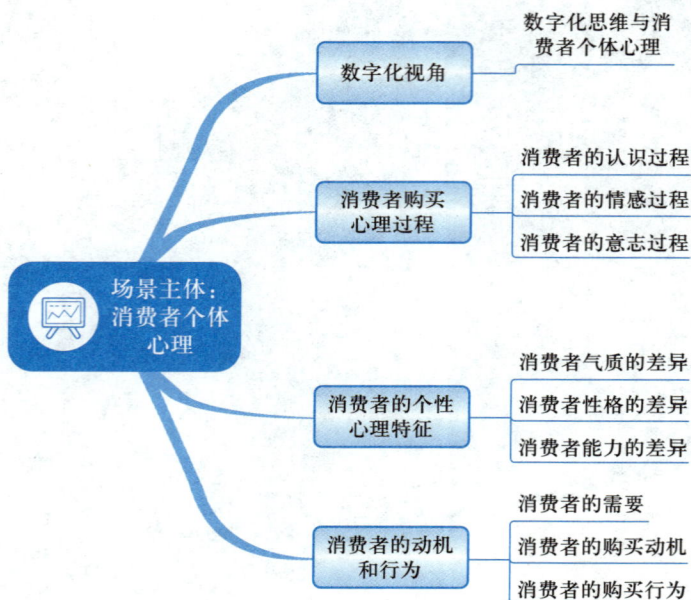

营销心理学研究以消费者心理为中心，消费者是营销场景最重要的主体。因此，必须首先研究消费者个体心理，即作为单个消费者的消费与购买心理。这是场景心理研究的基础。

📑 学习园地

党的二十大报告提出："明确我国社会主要矛盾是人民日益增长的美好生活需要和不平衡不充分的发展之间的矛盾，并紧紧围绕这个社会主要矛盾推进各项工作，不断丰富和发展人类文明新形态。"

学习体会：

每一个消费者的消费心理和购买行为必然会受到整个社会的基本规律，特别是社会主要矛盾的制约与影响。党的二十大报告为我们分析与研究消费者心理与行为指明了方向，因此，我们要在"不断丰富和发展人类文明新形态"的过程中进行学习、思考和探索。

在数字经济时代，随着大数据、人工智能、移动互联网、云计算等新兴数字技术的迅猛发展和普及应用，企业数字营销的精度与响应速度等方面也都得到了前所未有的提升。

海尔重视大数据个性化营销，为此专门架设了社交化客户关系管理（Social Customer Relationship Management，SCRM）大数据平台。SCRM 大数据平台是一个在数字经济时代为用户提供精准营销与互动服务的平台，该平台定位于打通企业内部的全流程数据，以用户最佳体验为导向驱动产品数据、销售数据、供应链数据、服务数据等营销全流程的数据优化增值，同时与企业外部的全网络数据动态连接，最终形成全流程用户体验生态圈。

通过 SCRM 大数据平台，海尔以用户数据为核心，将分散在各个信息化系统中的数据都连接起来，进行数据融合。为了更全面地认识用户，海尔通过 SCRM 大数据平台合理获取用户公开的网络行为数据，进行全网识别，洞察用户的特点、爱好和生活习惯，并为他们打上数据标签，生成用户画像。

通过 SCRM 大数据平台，海尔可以进行营销数据融合、用户识别，生成数据标签，建立数据模型；据此可以分析并预测消费者有什么样的需求，以及下一步的消费行为。例如，海尔利用智能语义分析工具从某目标用户的画像中分析出他是一名体育爱好者，喜欢在智能电视上观看足球比赛，对画面流畅度很看重。于是，海尔通过 SCRM 大数据平台将以高速画面无拖尾为特点的新款智能电视精准地推送给了该用户，很快便促成成交。

在 SCRM 大数据平台上，通过梳理，貌似杂乱无章的用户互动数据变得井然有序；而这一有序，正是沿着大数据时代的逻辑演进：基于数据分析信息—基于信息做出预测—基于预测优化用户体验。

情境分析

1. 海尔是怎样利用大数据实现个性化营销的？请查阅相关资料，结合案例进行分析说明。

2. 在数字经济时代，营销心理与消费者行为会产生哪些变化？请结合案例谈一谈你的认识与体会。

数字化视角
互联网思维与消费者个体心理

1. 用户思维：尊重用户个性心理

用户思维是首要的互联网思维。互联网的普及与快速发展，使买卖双方站在同一个信息平台上，用户有时会掌握比企业更多的信息，从而拥有更大的话语权和决策权。小米科技的创始人对用户思维做了一个精彩的阐释："一切为用户着想，其他的一切将纷至沓来。"基于用户思维研究消费者心理，必须一切为用户着想，必须做到在思想与行动上真正尊重用户，特别是要尊重用户的个性心理。具体而言，必须做到如下几方面：

（1）树立一切为用户着想的理念。企业必须真心实意地为用户服务，一切经营活动都必须以为用户创造最大价值为目标。

（2）深入探究用户需要与心理。在数字化时代，要实现用户价值最大化，要让每一位用户满意，必须认清不同用户各自价值最大化的内涵差异，即用户的个性需要与心理。

（3）重视用户个性心理的新变化。除分析与关注传统的个性心理理论包含的内容外，还应高度重视用户个性心理出现的新变化。数字时代的到来，已经突破了传统意义上人的个性心理由气质、性格、能力三要素构成的观点，出现了数字化网络与个人心理深度融合而形成的新个性心理要素。如个性心理出现了网络偏好心理的显著增强——这泛指网民强烈的上网偏好，这既与传统三要素相关联，又具有很强的独立性。在数字化时代，这类要素成为研究个性心理的重要内容。只有深入挖掘与准确把握这些因数字化引发的新的个性心理，才能更有效地开展数字化营销。

2. 体验为王：用户购买心理过程的新变化

用户思维关注的是用户需求的满足并实现其最大化。而用户需求的满足与价值最大化，最终通过用户的切身体验来实现并加以衡量。因此，在数字化时代，营销绩效的终极检验标准就是用户实际体验的良好程度。用户体验的形成来源于商品购买与使用的心理全过程。

（1）从个性心理的认知过程上看，用户期望低廉的购买价格与便捷的购买过程。用户通过理性分析，对线上线下等渠道的商品和服务进行综合比较，期望以尽可能低的价格，花费最短的时间与精力，方便快捷地购买到称心的商品。互联网的出现大大节省了交易成本，实现了"物美价廉"。数字经济与实体经济的快速融合发展使消费者的认知心理发生了变化。

（2）从个性心理的情感过程上看，用户体验更多地来自情感过程。在传统个性心理理论中，只有冲动性购买才会更显著地表现出情感过程的作用。而在数字化时代，基于体验为王的理念，用户购物过程中的情感因素至关重要，因为情感比认知更直接、更显著地影响用户的实际体验。因此，必须高度重视交易过程中的情感沟通与交流。

（3）从个性心理的意志过程上看，用户体验过程被延伸与拉长。在数字化时代，就用户购买商品的意志过程而言，主要不是基于非自愿性的强制力来推动购买过程。此时的意志力更多地表现为基于期望得利或基于购物情趣与情感喜爱而形成的内在驱动力。这种驱动力不仅来源于购买过程本身，更来自于购买之后的长时间使用。购买完成不是体验过程的结束，而是体验过程的开始。

3. 社交化思维：注重用户的情感性动机与交际行为

从上面的分析中可以看出，在数字化时代，用户的情感性动机与因素在整个购买过程中，特别是在用户的最终体验中都是极为重要的。因此，在营销与交易过程中，必须强化社交化思维，注重与用户的交际与情感融通，激发用户的情感性动机。

（1）树立营销过程的社交化理念。把交易的过程变成交际的过程，甚至交际更重于交易。

（2）深入探究情感性激励的心理机制。要有效激发用户购买过程中的情感性动机，必须深入探究情感性激励的心理机制。沉醉感理论较好地阐释了情感机理与体验的心理机制。沉醉感也被称为最佳体验，是指人们对某一活动或事物表现出浓厚的兴趣，并能推动个体完全投入某项活动或事物的一种情绪体验。同时，沉醉感一般是个体从当前所从事的活动中直接获得的，回忆或想象等则不能产生这种体验。沉醉感本身也在发展变化，表现出从无到有、由小到大、从弱转强的动态过程。简而言之，情感性激励的心理机制就是：基于对某种活动或事物的浓厚兴趣，推动个体全力投入的一种情绪体验过程，其本质就是一种兴趣机制。

（3）广泛运用情感激励的方式与手段。主要有：①加强在线交易过程中的交流，强化情感因素，增强交易过程的趣味性与快感；②利用各种即时通信软件和App，提高线上线下交易的效率，增强用户网络偏好心理与沉醉感；③在线上推行各种排名、勋章、会员特权等，对用户进行表现欲、成就感等激励；④发挥与借用游戏心理机制，增强在购物与交流过程中的竞争性、趣味性、成就感，激励用户参与并使其获得更大的愉悦感；⑤在线下传统商业营销中强化社交化思维，尽可能通过线上线下融合等途径与方式，加强在交易过程中的交流沟通，最大限度地增强消费者购物与参与的乐趣，给消费者提供更为良好的体验。

互联网思维与消费者个体心理

1.1 消费者购买心理过程

消费者心理是指消费者消费心理和购买心理的总和。消费者行为是指消费者购买、使用、处置消费品的行为。消费者心理决定着消费者行为。因此，要研究消费者行为必须先研究消费者心理。

消费者购买心理过程是指消费者购买心理活动一般的、共有的过程，是其心理活动的基本形式。它包括消费者的认识过程、情感过程和意志过程。

1.1.1　消费者的认识过程

消费者的认识过程是消费者通过感觉、知觉、注意、记忆、想象和思维等活动对商品的品质属性及其各方面联系的综合反映过程。它是消费者购买心理的初始阶段。

1. 感觉与知觉

（1）感觉。感觉是指人脑对直接作用于感觉器官的客观事物的个别属性的反映。从外部角度划分，感觉可以分为视觉、听觉、嗅觉、味觉和触觉。

感觉是一切复杂心理活动的基础。通过感觉，消费者才能取得进一步认识商品的必要材料，形成知觉、记忆、思维等较复杂的心理活动，从而获得对商品属性的全面认识，进而引发和完成消费者购买心理活动的情感过程和意志过程。

> ### 💡 营销实践
>
> 某知名咖啡品牌显眼的绿色美人鱼的商标、整幅墙面艳丽的时尚画及艺术品、现代又舒适的家具给人以视觉体验；石板地面、装饰材料的质地、与众不同的大杯子，带来独特的触觉体验；独有的音乐、金属链子与咖啡豆的声音，带来亲切的听觉体验；而纯正的咖啡散发出诱人的香味以及在口中交融的顺爽感，可以让人的嗅觉和味觉产生良好的体验。这就是迷人的五种感觉的渲染。

（2）知觉。知觉是人脑对直接作用于感觉器官的客观事物的各个部分和属性的整体反映，是消费者在感觉基础上对商品总体特性的反映。

知觉必须以感觉为基础，但它并不是感觉数量的简单相加。消费者只有感觉到商品的颜色、形状、气味、轻重等各方面的属性，才有可能形成对该商品的整体知觉。感觉到的个别属性越充分、越精细，对商品的知觉就越完整、越准确。此外，知觉还受过去经验的制约，没有必要的知识经验积累，就不可能对客观事物的整体形象形成知觉。

据说，有一族土著人住在原始丛林中，他们从来看不到远处的东西。当他们被带出森林后，竟把远处的牛说成是虫子，更不相信远处的"小"船上能承载那么多人。这说明超出这些土著人的经验范围后，他们没有正常人在距离上所具有的知觉恒常性。

2. 注意与记忆

（1）注意。注意本身不是一种独立的心理活动，而是伴随着感觉、知觉、记忆、想象、思维同时产生的一种心理机能。所谓注意，就是人的心理活动对一定对象的指向和集中。注意的基本特征是指向性和集中性。指向性指心理活动有选择地反映一定的对象，而离开其余的对象。集中性指心理活动能在特定的选择和方向上保持并深入下去，同时对一切不相干因素予以排除。指向性和集中性相互联系，密不可分。根据注意的产生和保持有无目的及是否需要意志努力，可以将注意分为无意注意、有意注意和有意后注意，如表 1.1 所示。

表 1.1　注意的类型

类型	内涵
无意注意	是指没有预定目的、不加任何意志努力而产生的注意。引起无意注意的因素主要有两类：一是刺激物本身的特点，包括其刺激的强度、对比性、活动性、新异性等；二是人的主观状态，包括人的兴趣、精神状态、潜在欲望等。如造型新颖、色泽鲜艳的商品，闪烁变换的霓虹灯，容易引起消费者的无意注意
有意注意	是指有预定目的，需要经过意志努力的注意。有意注意通常发生在需求欲望强烈，购买目的明确的场合
有意后注意	是指有预定目的、但不经意志努力就能维持的注意。它是在有意注意的基础上产生的。在观看趣味性、娱乐性广告或时装表演时，人们就会产生有意后注意

一般消费者对期房、分期付款、按揭、套内面积等术语不熟悉，觉得单调、枯燥；但在购买商品房时，认识到了掌握这些知识的重要意义和作用，消费者就会克服困难，尽最大努力去学习。这就属于有意后注意。

营销实践

某保险公司用了数年时间耗费巨资开展宣传活动，以增进各个企业对其财产保险产品的了解。宣传活动的内容包括给数百万企业领导直接发送邮件，在全国各地召开新闻发布会，在主流社交平台上打广告，在全国性报刊上发布专题报道，以及对独立经纪人、保险公司的负责人和员工进行培训等。然而宣传活动结束后，目标企业对这些保险业务的了解仍然停留在原先水平上。该保险公司对这项活动的总结是：广告宣传做得很好，但是怎样使受众停下来阅读其内容最为困难。这足以见得注意功能的重要性。

（2）记忆。记忆是指过去的经验在人脑中的反映。具体地说，是人脑对感知过的事物、思考过的问题或理论、体验过的情绪或做过的动作的反映。记忆是人脑的重要机能之一。在消费实践中，消费者感知过的广告、使用过的商品、光顾过的商店、体验过的情感，以及做过的动作等，在事后并非消失得无影无踪，而是在大脑中留下了兴奋过程的痕迹。在一定条件的影响下，这些印迹仍然能够活跃起来。

某饮料公司拟进行广告宣传，该公司面临两种选择：一种是与其他8种饮料类产品一同播放广告，另一种是与其他无关的8种产品一同播放广告。公司负责营销策划的人员选择了后一种，因为这样可加强记忆。

3. 想象与思维

（1）想象。想象是指用过去感知的材料来创造新形象的过程。如"嫦娥奔月""夸父追日"等神话故事就是先民的想象。想象的内容有许多是"超现实"的，但绝不是凭空产生的。想象活动要具备三个条件：①想象的依据必须是过去已经感知过的经验，这种经验可以是个人的感知，也可以是前人、他人积累的经验；②想象必须依赖人脑的创造性，对表象进行加工；③想象必须是新形象，是主体没有感知过的事物。例如，《西游记》中孙悟空、猪八戒的形象在现实生活中并不存在，是作者把人与猴、人与猪的形象经过加工改造后产生的新形象。不同类型的消费者，想象力不同。想象对于发展和深化消费者的认识，推动消费者的购买行为具有重要作用。消费者在评价和选购商品时，常常伴有想象活动。

消费者在选购衣料时，常把衣料搭在身上，对着镜子边欣赏边想象；在模拟居室环境中展示成套家具，易激发消费者对居室美化效果的想象。当消费者在购买过程中遇到自己从未使用过的商品时，需要借助营销人员的介绍，通过想象来加深对商品功能的理解。

（2）思维。思维是人脑对客观事物本质特征的概括反映。它是大脑运用分析、综合、比较、抽象、概括等一系列活动，把握事物的特征和规律，在既定经验的基础上，认识和推断未知事物的过程，是人的认识活动的最高阶段。通过思维，人们可以发现事物的本质属性和内部联系，这是仅靠感知不能达到的。根据凭借物的不同，可将思维分为形象思维和逻辑思维两种类型，前者是指利用直观形象对事物进行分析判断的思维；后者是指利用概念、推理和理论知识来认识客观事物，达到对事物的本质特征和内在联系的认识的思维。

消费者的思维活动虽然都包括分析、综合、比较、抽象、概括等形式，但不同消费者在思维的广阔性、深刻性、独立性、灵活性、逻辑性和敏捷性等方面，都会表现出种种差异来。

例如，有的消费者思维独立性强，往往不易接受别人的提示或广告宣传的诱导，喜欢自己独立决策；也有消费者缺乏独立思维的能力，喜欢"随大流"，常常根据他人的意见来做出购买决策。

4. 认识过程的内在联系及其在营销中的作用

（1）认识过程内在联系的简要分析如图 1.1 所示。消费者的认识过程各阶段与环节的相互关系主要表现在以下方面：①消费者的认识过程起源于感觉与知觉，通过感觉与知觉认识商品，为联想与思维提供基础。②注意与记忆可以强化感觉与知觉，能专注于某种商品并保持印象；同时能服务或促进消费者对商品信息的联想与思维。③联想与思维是消费者认识过程的高级阶段，运用在注意和记忆促进下通过感觉与知觉获得的有关商品的特征等资料与信息，创造相关的新形象，对商品进行分析、判断与决策。④通过联想与思维，激发购买动机。

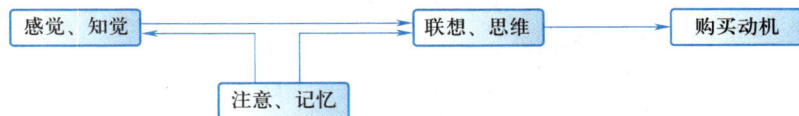

图 1.1　认识过程内部联系分析

（2）认识过程在营销中的作用。消费者认识过程在营销中占有基础与核心作用。正是通过认识过程，消费者认识商品特征，强化并保存印象，进行联想与思维判断，进而做出决策，形成购买动机。具体作用分析如下：①感觉与知觉。感觉是消费者对商品与营销全部认识过程的起点，其基本功能是感知商品与营销局部特征，形成初步印象或第一印象；再通过认知，对商品与营销进行更加深入、细致的认识，形成对整体特征的认识，为进一步比较、分析、判断与决策提供信息基础。②注意与记忆。注意与记忆直接影响或作用于消费者购买认识过程的各个阶段或环节。注意有助于感知过程的指向性、集中性与选择性，使消费者专注于营销标的；注意可以加强感知的效果，使消费者对商品与营销媒介产生更强的心理效应；注意与记忆有利于长时间保持对商品与营销的印象，当消费者需要联想与思维时，可以激活相关印象，直接服务于联想与思维过程。③联想与思维。这是消费者心理活动的关键阶段，是消费者判断与决策阶段。消费者对收集或接受的大量有关商品或营销的信息要进行加工；通过联想，消费者可能创造有关商品的若干新形象，或激发更浓的兴趣。其核心过程是消费者通过理性分析，透过现象揭示商品或营销过程的本质，确定其本来面目；按照消费者的购买准则，进行价值判断，确认是否实现消费者价值最大化，进而做出决策。

⭐ **思想淬炼**
社会主义核心价值观对消费者心理的导向作用

消费者心理过程是由消费者的认知过程、情感过程和意志过程构成的。由于人口统计特征的不同，以及经历、个性等因素的差异，不同消费者的心理会产生巨大的差异。价值观是其中最核心、最能发挥主导作用的因素。在中国特色社会主义社会，起深层作用的是社会主义核心价值观。因此，必须深入研究社会主义核心价值观对消费者心理的影响。这就需要分析消费者的消费行为，了解消费者的兴趣喜好与消费习惯，从消费者认知、情感、意志等方面进行引导

1. 坚持以社会主义核心价值观为指导

培育和践行社会主义核心价值观，必须积极融入社会生活，在落细、落小、落实上下功夫，使其影响无所不在、无时不有，达到"日用而不觉"的程度，使社会主义核心价值观内化为人们的精神追求，外化为人们的自觉行动。因此，在关系社会经济全局，涉及亿万人民群众消费的过程中，培育与践行社会主义核心价值观的意义十分重大，必须落到实处。

2. 社会主义核心价值观对消费者认识过程的影响

社会主义核心价值观影响消费者的认识心理，最根本的就是通过多种形式，实现消费者对社会主义核心价值观在理性认知层面的高度认同，可以从影响消费者选择与决策的功能性价值、社会性价值、情绪性价值、感知价值等角度分析社会主义核心价值观对其产生的影响。如在重大购买与消费中支持国家建设，促进环保与绿色消费；做到公平、守法地交易与消费等。

3. 社会主义核心价值观对消费者情感过程的影响

社会主义核心价值观影响消费者的情感过程，最核心的就是实现消费者对社会主义核心价值观的深度认同。在社会性价值、情绪性价值等方面，均可以体现与践行爱国、文明、和谐、自由、平等、诚信、友善等价值要素。如在购买与消费过程中热爱祖国，支持国货，不崇洋贬中；与各方相处时，言行文明，平等待人，和谐相处，坚守诚信；在追求个性化和自由选择的同时，尊重他人，与人为善。

4. 社会主义核心价值观对消费者意志过程的影响

社会主义核心价值观影响消费者的意志过程，最重要的就是实现消费者对社会主义核心价值观在信念与坚持上的深度认同。在功能性价值、社会性价值等方面，均可以体现与践行公正、法治、敬业、诚信等价值要素。如在购买与消费过程中能秉持公正，诚信，敬业，坚持正确的决策与行动。

1.1.2　消费者的情感过程

消费者的情感过程是认识过程与意志过程的中介，是消费者购买心理活动的一种特殊反应，对购买行为有重要影响。消费者的消费活动实际上是充满情感体验的活动过程。

1. 情感过程的概念

（1）情感与情感过程。情绪或情感是人对客观事物是否符合自己的需要

时所产生的一种态度和体验。情绪或情感一般由主观体验、生理唤醒和外部行为三个部分组成。从营销心理学的角度分析，情绪或情感是指消费者对购物现场、营业员、商品等客观事物的态度在感情上的反应，是一种比较持久的心境状态。情绪或情感过程是伴随着消费者的认识过程而产生和发展的，是心理现象和心境状态产生、发展、变化的过程。它通常具有两极性和扩散性的特点。两极性表现为肯定与否定、积极与消极、紧张与轻松、激动与平静、强与弱等方面的两极对立。扩散性表现为内扩散和外扩散，内扩散是指主体对某一对象产生的某种情绪体验使主体对其他对象也产生了同样的情绪体验；外扩散是指一个人的情绪影响和感染到别人，使别人也产生相同的情绪状况。情绪或情感的表达一般是通过表情和语言来实现的，其中表情可以分为面部表情、姿态表情和语调表情，与语言相比，表情更能显示情绪或情感的真实性。

据说，古代印度人在审疑难案件时，会给每个犯罪嫌疑人一大把米，让其嚼后吐在无花果的叶子上。人的情绪变化会引起生理变化，在极度紧张的情况下，人的唾液分泌量会减少，即所谓"口干舌燥"。这时如果让人嚼一大把米，由于唾液不足，口内的米就不能被充分咀嚼，因而吐出来是干的。所以法官常常以此作为定案的依据。

（2）情感对购买行为的影响。①情绪或情感会影响消费者的购买动机和态度。如愉快、欢喜等情绪可以增加消费者活动的动机和态度，增加其做出决定的可能；反之，则会削弱消费者的购买动机和态度。②影响消费者的活动效率。如积极的、适度水平的情绪可以激发消费者的购买能力，助长动机性行为，提高购买活动效率；反之，则会降低或干扰购买活动。③影响消费者的体力。在积极的情绪状态下，消费者有更充沛的精力和体力；反之，则易出现疲劳、体力不支等现象。④影响消费者的认知能力。情绪对消费者认知能力的影响主要表现在注意力、社会知觉和自我知觉以及解释和记忆各种购买和消费活动的特征上。不同的情绪状态可以影响消费者的学习、记忆、社会判断和创造力。

综上所述，营销人员应密切观察消费者，根据消费者的神态、表情、语言和行动的变化等，积极主动地判断和分析消费者的情绪或情感状态，以便更好地为消费者提供服务，促使消费者的情绪向积极的方向发展。

2. 影响消费者情感变化的因素

（1）商品。商品的使用价值、外观和附加利益往往会使消费者的情感处于积极、消极或矛盾的状态中。消费者如果购买到非常称心的商品，就会欣喜万分，产生积极的情感；反之，则会产生消极的情感。

（2）服务。服务的影响主要包括两个方面：一方面是营业员的服务质量，另一方面是商厂的售后服务质量。一般来说，热情、细致、周到的服务可以使消费者感受到尊重，产生安全感、信任感，使消费者"高兴而来，满意而去"。

一家连锁店因"以消费者至上"而闻名。某天，一位老太太带着一只轮胎来到该连锁店的门店要求退货，她坚持认为轮胎是在这家连锁店买的，但事实上这家店从来就没有销售过这种规格的轮胎。售货员很有礼貌地向她解释说："我们店里从来就没有销售过这种轮胎，您肯定是搞错了。""不。"老太太坚持说，"我肯定是在这里买的，只要我不满意就要退货"。最后，销售人员和主管商量后，他们决定接受"自己的轮胎"并且态度相当好地把钱如数退还给了客户。老太太满意地离开了。从那以后，她就一而再，再而三地光顾这家连锁店，并介绍周围的邻居和朋友来这家店买东西，老太太成了连锁店的忠实客户。

（3）环境。人的情绪很容易受到环境的影响，宽敞的店面、充足的商品、清新的空气、明快的色彩、宜人的温度、轻松的音乐、完美的服务、有序的管理等，都会使消费者处于舒畅、愉悦的情感状态中，容易激发其购物的欲望。相反，脏乱、嘈杂的环境则会使消费者产生烦躁、压抑的消极情绪，以至于唯恐避之不及，匆匆离去。

1.1.3　消费者的意志过程

消费者购买心理活动的意志过程，是消费者在认识过程、情感过程的基础上做出购买决策，采取购买行动的过程。

1. 意志过程的概念和特征

（1）意志与意志过程。意志，是指人们为了实现一定的目的、行为而自觉作出的坚持不懈的努力。在营销活动中，意志过程是指消费者确定购买目标并选择一定的手段，克服困难，达到预定目标的心理过程。

（2）消费者心理活动的意志过程的基本特征。①有明确的购买目的。意志行为与人的目的性紧密联系，通常是要满足自己的需要，消费者总是经过思考后预先提出购买目标，然后有意识、有计划地按照购买目标去支配和调节购买行动。②排除障碍，实现目标。在消费者购买目标的实现过程中，通常会遇到种种困难，这些困难既有消费者思想方面的矛盾、冲突和干扰，也有外部环境的障碍和阻挠。消费者克服困难，排除干扰的过程就是意志行动过程。

2. 消费者意志过程的三个阶段

（1）做出购买决策的阶段。这是消费者购买活动的初始阶段。包括购买目标的确定、购买动机的取舍、购买方式的选择和购买计划的制订等一系列购前准备工作。消费者从自身需求出发，根据自己的支付能力和商品的供应情况，分清主次、轻重、缓急，做出各项决定，即是否购买和购买的顺序等。

（2）执行购买决策阶段。在这一阶段，购买决定转化为实际的购买行动，消费者通过一定的方式和渠道购买到自己所需的商品。当然，这一转化过程在现实生活中不会很顺利，往往需要排除一些障碍。所以，执行购买决策是消费者意志活动的中心环节。

（3）评价购买决策阶段。这是消费者意志行动过程的最后发展阶段。消费者通过对商品的使用及相关群体的评价，对商品的性能、质量、价格、外观等有了更为实际的认识，并以此检验、评判其购买决策正确与否。这种对购买决策的检验和评判，直接影响到消费者今后的购买行为：或重复购买，或拒绝再次购买。

体验式学习·自我剖析

请分析你某次购买行动中的消费者意志过程三阶段。

消费者心理活动在购买商品时所发生的认识过程、情感过程和意志过程，是消费者购买心理过程统一的、密切联系的三个方面，在消费者购买心理活动中，认识、情感、意志这三个过程彼此渗透，交互作用，不可分割。

同步测试

同步测试 1.1

1.2 消费者的个性心理特征

人与人之间，由于各自的遗传基因和社会生活实践的差别，彼此会形成各自特有的心理与行为特点，这就是个性心理。消费者的个性心理特征包括气质、性格和能力，它体现了每个消费者独特的风格、心理活动以及行为表现。

1.2.1 消费者气质的差异

1. 气质的概念与类型

（1）气质的概念。气质是指人的典型的、稳定的心理特征。气质是影响人的心理活动和行为的动力因素，决定着心理活动的速度、强度和指向性。气质具有先天性，本身无好坏之分，是构成人们各种个性品质的基础。个体间的气质差异，直接影响到每个人的心理活动，并使得不同个体之间呈现出各自独特的行为特点。

（2）气质的类型。人的气质可以划分为多种类型，古希腊医生希波克拉底认为人会形成多血质、黏液质、胆汁质、抑郁质四种气质类型。苏联心理学家巴甫洛夫通过研究发现，神经活动类型可分为兴奋型、活泼型、安静型和抑制型，与此相对应的是四种气质类型，如表1.2所示。

表1.2　气质类型和高级神经活动类型对照表

高级神经活动的特点和类型				气质类型
强度	平衡性	灵活性	特性组合的类型	
强	不平衡（兴奋占优势）	—	兴奋型	胆汁质
	平衡	灵活性高	活泼型	多血质
		灵活性低	安静型	黏液质
弱	不平衡（抑制占优势）	—	抑制型	抑郁质

在实际生活中，纯属某种气质类型的人并不多。一般情况下，主要是观察、测定构成个体气质类型的各种心理特征，从其活动的积极性、行为的均衡性和适应环境的灵活性等方面去判断个体的基本气质。

2. 消费者气质在购买中的表现

消费者不同的气质类型会直接影响和反映到他们的购买和消费行为中，使之显现出不同的、甚至是截然相反的方式、风格和特点。

（1）消费者的情绪表现。胆汁质和多血质的消费者在购买过程中容易显露情绪，胆汁质的消费者情绪反应热烈、表情丰富、语言坦率，不掩饰自己的观点。多血质的消费者热情活泼、亲切乐观。黏液质和抑郁质的消费者则不易把内心的情感体验表露出来。黏液质的消费者情绪体验慢且弱、不动声色、表情冷漠，与卖方保持一定的距离，不愿意把自己对商品的评价表露出来。抑郁质的消费者敏感多疑、易受环境和卖方的影响而发生情绪波动，该波动虽然不具体表现出来，但在其心理和行为上会实实在在地发生作用。

（2）对商品的注意力。黏液质和抑郁质的消费者在购买商品的过程中多有稳定、专注的注意方向和范围。其中黏液质的消费者喜欢通过自己的观察来了解和选择商品，一旦目标锁定，就会反复观察、比较和思考，产生明显的购买意向且不再发生注意力转移。抑郁质的消费者观察得非常认真，常能发现商品的细微之处，体验深刻。多血质和胆汁质的消费者对商品的兴趣和注意力易发生转移。其中多血质的消费者热情主动、对商品信息多方面询问，对商品常常流露出满意的态度，但兴趣和注意力容易发生变化。

（3）决定购买的速度。胆汁质的消费者能对商品做出迅速的认知。有时会被商品的某一特点所吸引进而迅速购买，事后容易后悔。多血质的消费者对商品的认知也很迅速，但他们的思维和情感活动灵活多变，往往会有多个购买方案和选择，购买比较慎重，少有冲动购买。黏液质和抑郁质的消费者的知觉和思维过程较为缓慢，对商品的认知需要较长的时间。其中黏液质的消费者沉稳持重，只有对商品有清晰的了解后才会做出购买决策。抑郁质的消费者的购买决策速度最缓慢，往往患得患失，既对自己缺乏信心，又怀疑卖方的介绍和解说，只有在彻底消除疑虑后才会做出决策。

（4）与销售人员的接触方式。多血质和胆汁质的消费者喜欢与卖方接触，乐于从卖方那里获得商品的种种信息。多血质的消费者反应灵活，兴趣广泛，能适应各种环境与气氛；胆汁质的消费者脾气急躁，容易因为小事和卖方发生冲突。黏液质和抑郁质的消费者不喜欢与卖方过多交谈，他们更愿意自己多观察、多思考。抑郁质的消费者容易受外界因素的影响而引起情绪波动，从而加强或中断购买行为。黏液质的消费者不轻易相信他人的意见，也较少受到营业环境和氛围的支配和影响。

在营销过程中，卖方要根据消费者的各种购买行为发现和识别其气质特点，注意利用消费者气质特征的积极方面，控制其消极方面，促进其购买。

1.2.2　消费者性格的差异

1. 性格的概念

性格是指一个人比较稳定的对现实的态度和习惯化的行为方式。它是人的个性中最重要、最显著的心理特征，是个体本质属性的独特组合，是一个人区别于其他人的具体表现。它决定了心理活动的方向。性格是在生理素质的基础上，在社会实践活动中逐渐形成和发展起来的，一般通过人对事物的倾向性态度、意志、活动、言语等表现出来。人们在现实生活中显现出来的某些一贯性的态度倾向和行为方式可以反映自身的性格特点。

在现实生活中，对待社会、集体和他人的态度，对待工作和学习的态度，对待自己的态度等，都可以反映出截然不同的性格特征。有的人关心社会，热爱集体，诚恳正直，勤劳刻苦，谦虚谨慎；有的人不问国事、家事，消极懒惰，挥霍浪费，骄傲自大。这些都是人们在处理各种社会关系时表现出来的不同性格特点。

2. 性格的特征

（1）态度特征。即表现个人对现实态度的倾向性特点，是如何处理社会各方面关系的特征。如对社会、集体、他人的态度，对工作、学习的态度，对自己的态度等。

（2）意志特征。即表现个人自觉控制自己的行为及行为努力程度方面的特征。如是否有明确的行为目标、能否自觉调试和控制自己的行为、在意志行动中表现出的是独立、主动、坚定还是其他特质等。

（3）情绪特征。即表现个人受情绪影响或控制情绪状态的特点。如个人受情绪感染和支配的程度、情绪受意志控制的程度、情绪起伏波动的程度等。

（4）理智特征。即表现认识心理活动过程中个体差异的特点，一般表现在感知、记忆、思维和想象等方面。如在感知上是主动观察型还是被动感知型；在思维上是具体罗列型还是抽象概括型，是描绘型还是解释型；在想象上是丰富型还是贫乏型等。

> **？ 即问即答**
> **性格和气质有何区别和联系？**
>
> 联系：性格和气质都是以高级神经活动类型为生理基础，是互相渗透、彼此制约和相互影响的。性格可以在一定程度上掩盖和改造气质，使气质的积极因素得到发挥，消极因素得到抑制。而气质可以影响性格特征的形成和发展速度以及性格的表现方式，从而使性格带有独特的色彩。
>
> 区别：①表现形式不同。气质表现在心理活动的强度、速度、稳定性和指向性等动力方面；性格表现在对现实的态度和习惯化的行为方式方面。②形成过程不同。气质具有很强的先天性，形成早、不易改变；性格具有很强的社会性，形成晚、可塑性大。③在个性中的地位不同。气质是从属地位；性格是核心地位，反映人的本质。

3. 消费者性格在购买中的表现

消费者千差万别的性格特点，往往表现在他们的购买活动中，如表 1.3 所示。

表 1.3　消费者性格在购买中的表现

类型	表现
理智型	喜欢通过周密的思考，仔细权衡各种因素后再做出购买决定，其性格表现为理智化
情绪性	情感反应比较强烈，购买行为带有较强的感情色彩，其性格表现为情绪化
意志型	购买目标明确，行为积极主动，决策坚决果断，其性格表现出较为坚定的意志

由此可见，消费者个体性格对其购买态度、购买情绪、购买决策和购买方式的影响是客观存在的。营销者应通过观察、交谈和调查分析等方法，掌握消费者的性格类型，因人而异，具体对待，采取灵活的销售手段。

1.2.3　消费者能力的差异

1. 能力的概念

能力是指人能够顺利地完成某种活动并直接影响活动效率所必须具备的个性心理特征。人们要顺利完成某种活动，需要多种能力共同发挥作用。既需要一般的能力，即在很多活动中表现出来的带有共性的基本能力，如观察能力、记忆能力、想象能力、思维能力和注意能力等，也需要一些特殊的能力，即表现在某些专业活动中的能力，如组织能力、鉴赏能力、商品选购能力等。

2. 能力在购买中的表现

消费者在购买活动中，需要具有相应的能力。如消费者在购买服装或布料时，需要用手感知服装或布料的质地，即所谓手感如何；需要观察服装或布料的颜色；需要想象哪种款式、花色穿在自己身上更好看。这里就表现出消费者的感觉能力、观察能力、想象能力、识别能力和鉴赏能力。

消费者能力如何，对能否顺利完成购买活动影响很大。一般来说，消费者能力强，就能很快完成购买过程；反之，消费者本身能力差，做出购买决定时迟疑不决，其购买过程就很难在短时间内结束。营销者对前一种消费者不需要过多的帮助，有时干预过多反而容易引起他们的反感；对后者则需要尽量做好"参谋"，使其更快地做出购买决策。

消费者的气质、性格和能力等个体心理特征是构成不同购买行为的重要心理基础。通过对消费者个性心理特征的分析，有助于营销工作者更好地掌握消费者的各种购买心理和购买行为规律，根据消费者心理活动的不同特点，运用多种经营方式和接待方法，提高营销效率与质量。

体验式学习·生活观察

能力弱的消费者比能力强的消费者更容易被推销吗? 为什么?

辩证思维析心理
消费者网络偏好的"是"与"非"

消费者在网购过程中可能会产生明显的网络偏好心理。消费者的网络偏好心理是指消费者受不同动机的驱使，不同程度地使用商品与服务网络营销的相关功能或在购买中表现出不同的行为方式，这是一种相对稳定的态度和行为倾向。它是一把"双刃剑"，在让消费者实现便利的同时，也可能带来较为严重的网络依赖。

1. 网络偏好之"是"

在适度可控范围内的网络偏好心理是有积极作用的。网络偏好的"是"主要包括以下几个方面：①获取网购商品利益最大化。在网购中，消费者可以为自己选择称心如意、物美价廉的商品与服务。②获得网购过程中非商品性精神享乐最大化。消费者热情而大量地参与网购过程中的交流与互动，可以获得交际与情感的满

消费者网络偏好的"是"与"非"

足。③在网购交流中传播正能量。消费者既可以接受来自商家积极内容的影响，也可以在交流中向其他购物者甚至是商家传递自己的正确见解与积极影响。

2. 网络偏好之"非"

消费者的网络偏好达到一定强度之后，会产生消极的副作用，甚至产生非常严重的不利后果：①在网购中的过度投入会造成时间、精力、资源的巨大耗费，甚至还会给交易本身带来延滞与麻烦。②在网购中的过度投入会对消费者身心造伤害，如果达到网络成瘾的程度伤害会更大。所谓网络成瘾是指在无成瘾物质作用下的上网行为冲动失控，主要表现为由于过度使用网络而导致个体明显的社会、心理功能损害。

3. 网络偏好之弃"非"扬"是"

理智的消费者应在积极参与网购、享受便捷服务的同时，提高自控力，防止网络偏好过度。一是要开展网络素养教育，积极引导，提高素养，增强自控力。二是要建立健全网络制度规范，实行科学管控与引导。三是要推进网络内容创新，提升消费者思想与文化素质，提高网络交易与交流的层次。

总之，无论是网络购物还是在其他网络活动中，消费者都要做到既积极参与又适度控制，在实现网络交流目标的同时，积极传递正能量。

同步测试

同步测试 1.2

1.3 消费者的动机和行为

在影响消费者购买行为的诸多心理因素中，需要和动机占有特殊重要的地位，与行为有着直接而紧密的关系。这是因为人们的任何消费行为都是有目标的，这些目标的实质是满足人们的某种需要或欲望。需要是消费者购买的起点与归宿，是营销的基础。需要、动机与行为的关系如图 1.2 所示。

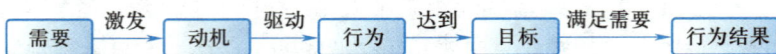

图 1.2　需要、动机与行为的关系

1.3.1 消费者的需要

需要是一个心理学的概念，主要指一种心理活动，而需求是一个与市场营销学相联系的概念。但有时两者也会混合使用。

1. 需要的概念

需要，是指人们对某种目标的渴望和欲求，是客观要求在人脑中的反映，是个性积极性的源泉，它推动着人们去从事某种活动。人的需要不断地得到满足，又不断产生新的需要，从而使人的活动不断向前发展。需要通常以意向、愿望、兴趣等形式表现出来。被人们意识到、引发活动的需要，就成为行为的动机。消费者的需要是消费者接连不断的购买行为发生的源泉。需求的激发过程如图 1.3 所示。

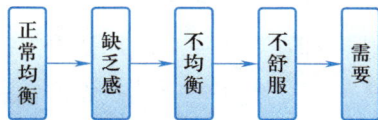

正常均衡 → 缺乏感 → 不均衡 → 不舒服 → 需要

图 1.3　需要的激发过程

2. 消费者需要的类型

消费者需要是多种多样、纷繁复杂的。按照不同的标志，可以划分为多种类型。

（1）按照需要对象的实质内容不同，可以划分为物质需要与精神需要。这是最基本的划分类型。①物质需要，是指消费者对衣、食、住、行以及社会交往中所需要的物质产品的需求。②精神需要，是指消费者对精神生活和各种精神产品的需求。

（2）按照需要的起源不同，可以划分为生理需要与心理需要。①生理需要，是指消费者为了维持和发展生命而对衣、食、住、行等基本生存条件的需要。如购买食品，接受餐饮服务等。②心理需要，是指消费者为了获得心理满足或社会性追求而对各种产品或人际互动的需要。如购买名牌服装，得到营销人员的热情服务与尊敬等需要。

（3）按照购买的目的不同，可以划分为生产需要与生活需要。①生产需要，是指企业（客户）用于生产而产生的需要。如对原材料、设备、能源的需要。②生活需要，是指消费者（个人消费者）用于日常生活消费而产生的需要。如对服装、家用电器的需要。

（4）按照消费者需要的实现程度不同，可以划分为现实需要与潜在需要。①现实需要，是指消费者已明确形成的、可随时采取购买行动的实际需要。②潜在需要，是指消费者现在并未明确或显现的，但在未来可能形成的需要。

（5）有关需要理论所做的划分，主要有：①著名心理学家马斯洛提出的需要层次理论将人的需要划分为生理需要、安全需要、社交需要、尊重需要和自我实现需要五种类型。②心理学家奥尔德佛提出了人本主义需要理论（也称 ERG 理论），认为人有三种核心需要：生存（Existence）需要、关系（Relatedness）需要、成长（Growth）需要。③心理学家麦克里兰则提出了三重需要理论，认为人有三种重要的需要：成就需要、权力需要和亲和需要。

3. 消费者消费需要的基本特征

（1）多样性。不同消费者在年龄、性别、生活方式、文化水平、经济条件、个性特征和所处地域的社会环境等方面的主客观条件千差万别，由此形成多种多样的消费需要。

（2）层次性。消费者的需要可以划分为高低不同的层次，一般是从低层次开始满足，不断向高层次发展。但在特殊情况下，需要的层次顺序也可能变化，即在尚未完全满足低层次需要的情况下，也可能会萌生高层次需要。

（3）发展性。消费者的消费需要是一个由低级到高级、由简单到复杂不断发展的过程。这一过程与人类社会的历史进程密切相关，是随着满足需要的消费对象在内容、范围、方式上的改变而发展变化的。

（4）伸缩性。伸缩性又称需求弹性，消费者需要受到内、外多种因素的影响和制约，可多可少，可强可弱。一般来说，基本生活必需品需要的伸缩性较小；而像服装、装饰品及耐用消费品、奢侈品等，消费者需求的伸缩性就比较大。影响消费者需求伸缩性的原因可能来自消费者的需求欲望及货币支付能力等内因，也可能来自商品供应、企业促销活动、售后服务、价格变动、储蓄利率等外因。

（5）周期性。消费需要的变化具有周期性的特点。一些消费需要在获得满足后，在一定时期内便不再产生。但随着时间的推移还会重新出现内容、形式上的变化和更新。

（6）可变性。消费需要作为消费者与客观环境之间不平衡状态的反映，其形成、发展和变化直接受所处环境状况的影响和制约。

（7）可诱导性。消费者的消费需求是可以引导和调节的。通过引导可以使消费需求发生变化和转移，潜在的欲望会变为现实的行动，未来的消费也可以成为即期消费。

> **？ 即问即答**
> **消费者需求的基本内容表现在哪些方面？**
>
> 在消费者消费过程中，消费者需求的基本内容主要表现在以下几方面：对商品基本功能的需求、对商品质量性能的需求、对商品安全性能的需求、对商品消费便利的需求、对商品情感功能的需求、对商品社会象征性的需求、对享受良好服务的需求等。其中，消费者对商品基本功能的需求是其最基本的需求。

1.3.2 消费者的购买动机

1. 购买动机的概念

动机是指引起和维持个体的活动，并使活动朝向某一目标的心理过程或内部动力。人类的各种活动都是在动机的作用下，向着某一目标进行的。动机作为一种内在的心理状态，不能被直接观察到和被测量出来，一般要根据人们的行为方式或自我陈述来了解。

购买动机则是指直接驱使消费者采取某项购买行动的内在推动力。它反映了消费者生理和心理上的需要，是消费者购买行为心理活动的重要阶段。购买动机是在需要的基础上产生的，当需要有了明确的目标时，才会转化为购买动机。

2. 购买动机的作用

（1）发动作用。即动机能够引发和驱使人去行动。消费者的任何购买行为都是由动机支配的。具有明确动机的消费者比动机模糊的消费者具有更高的购买水平。

（2）指向作用。即动机具有维持行为趋向一定目标的作用。消费者的动机使消费者的购买行为沿着某种特定的方向、朝着预期的目标发展。

（3）维持作用。消费者购买往往需要一定的时间过程，在这个过程中，消费者动机将贯穿于行为的始终，不断激励消费者排除各种因素的干扰，直至实现购买目标，完成购买过程。否则便会中止购买行为。

（4）强化作用。行为结果对引起该行为的动机的再次产生具有加强或减弱的作用。动机会因为好的行为结果而重复出现，得到加强，再次导向购买行为；也会因为不良的行为结果而减少，导致消费者购买兴趣的减弱或消失。消费者"认牌购货"的行为就是这一作用的反映。

体验式学习·参与体验

分析你自身的一次购买过程，说明购买动机的四种作用。

3. 消费者购买动机的类型

（1）消费者的一般性购买动机。根据消费者购买商品的原因和驱使力，可将消费者的一般性购买动机分为生理性购买动机和心理性购买动机两种类型。①生理性购买动机是指消费者由于生理本能的需要而产生的购买动机。消费者作为生物意义上的人，为了满足、维持、保护、延续、发展自身生命，必然会产生激励其购买能满足其所需商品的动机，而这些动机多数是建立在生理需要的基础上的，具有明显、稳定、简单、重复、个体之间差异小的特点。②心理性购买动机是指消费者由于心理需要而产生的购买动机。由于消费者心理活动的复杂性，心理性购买动机比生理性购买动机更复杂多变、难以掌握。它是人所特有的，具有深刻、隐匿、多样化、个体之间差异大等特点。通常是两类购买动机交织在一起，共同推动消费者的购买行为。

（2）消费者的具体购买动机。①求实购买动机。指寻求商品的实用性而产生的购买动机，主要特点为注重商品实惠，不重视外观和象征意义，不赶潮流。②求安购买动机。指寻求商品保健作用或使用安全而产生的购买动机。③求廉购买动机。指寻求商品价格低廉而产生的购买动机，主要特点为以价格低廉为选择依据，对款式、包装等不太重视。④求同购买动机。指寻求商品消费与他人同步而产生的购买动机，主要特点为在消费上不超前也不落后，跟随潮流。⑤求新购买动机。指寻求商品的时尚和新颖而产生的购买动机。⑥求美购买动机。指寻求商品美化自己和生活环境而产生的购买动机。⑦求名购买动机。指寻求商品的名望而产生的购买动机，主要特点为在同类产品中以名贵为选择依据，对实际使用价值和价格不重视。

在这七种具体购买动机中，求实、求安、求廉动机是生理、安全等基础需要层次的反映，求同、求新、求美动机是社会需要层次的反映，求名动机是尊重需要层次的反映。

1.3.3　消费者的购买行为

1. 消费者购买行为的概念

（1）消费者购买行为的含义。心理学上所谓的行为，是指人们在外部刺激影响下，所采取的有目的的活动。消费者购买行为就是消费者为了满足某种需要，在购买动机的驱使下，所进行的购买商品和劳务的活动过程。它是消费者心理与购买环境、商品类型、供求状况、服务质量等交互作用的结果。

（2）消费者购买行为模式。消费者购买行为并不是由刺激直接引起的，而是经过消费者的一系列心理折射实现的。消费者购买行为模式如图1.4所示。

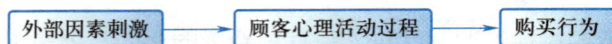

外部因素刺激　→　顾客心理活动过程　→　购买行为

图 1.4　消费者购买行为模式

该模式表明，消费者的购买行为是由某些刺激引起的。这些刺激既来自外部环境，也来自消费者自身的生理或心理因素。消费者在多种刺激因素的作用下，经由复杂的心理活动过程，产生购买动机，在购买动机的驱动下进行购买决策，采取购买行为并进行购后评价，由此实现一次完整的购买行为过程。

2. 消费者购买行为的类型

（1）根据消费者购买目标的选定程度不同，消费者购买行为可以分为确定型、半确定型、不确定型三种，如表1.4所示。

表 1.4　根据消费者购买目标选定程度不同划分的购买行为类型

类型	内涵
确定型	消费者在购买之前已有明确的购买目标，对所要购买商品的种类、品牌、价格、性能、质量、型号、样式、颜色等都有明确而具体的要求。因此，这类消费者进入商店后，一般都能有目的地选择商品并主动提出各项要求，一旦商品合意，就会毫不犹豫地买下。整个购买过程都是在非常明确的购买目标指导下进行的
半确定型	消费者在购买之前已有大致的购买目标，但还不能明确、清晰地提出所需商品的各项具体要求。在购买行为实际发生前，仍需对同类商品继续进行了解、比较，经过较长时间的考虑，才会完成购买
不确定型	消费者在购买之前没有任何明确的购买目标，进入商店主要是参观、休闲，一般只是漫无目的地观看商品，或随意地了解一些商品的情况，遇到感兴趣的商品或许会购买，但也可能在浏览一番后，不买任何商品就离去

（2）根据消费者购买行为的不同态度划分，可分为以下五种类型，如表1.5 所示。

表 1.5　根据消费者购买行为的不同态度划分的购买行为类型

类型	内涵
习惯型	消费者因以往的购买经验和使用习惯，对某些商店或商品十分信任、熟悉，以致形成某种定势，长期惠顾某个商店，或长期购买使用某品牌的商品，产生习惯性的购买行为。这种行为不会因年龄的增长或环境的变化而变化。这类消费者在购买商品时，目的性很强，不受外界的影响，决策果断，成交迅速
理智型	这类消费者的购买行为以理智为主，感情色彩较少。在购买商品之前，往往根据自己的经验和对商品知识的了解，广泛收集商品的有关信息，了解市场行情，经过周密的分析和思考，慎重地做出购买决定。在购买时仔细、认真挑选商品，不易受他人或广告宣传的影响，自始至终由理智支配行动
经济型	这类消费者选购商品多从经济观点出发，对商品的价格非常敏感，以价格高低作为选购标准。他们往往对同类商品中的价格低廉者更感兴趣
冲动型	这类消费者没有明确的购买计划，情绪波动性大，对外界刺激敏感，易受外界因素影响，凭直观感觉从速购买，选择商品时考虑不周到，买后常常感到懊悔。他们在购买商品时往往容易受感情支配，依感情需要进行购买决策
疑虑型	这类消费者善于观察细小事物，体验深而疑心大。在选购商品时细致、谨慎、动作缓慢，他们往往缺乏购买经验或主见，在购买商品时大多表现得犹豫不决，难以自主决策，一般都渴望得到营销人员的提示和帮助，容易受外界因素影响

3. 消费者购买行为的一般过程

消费者购买行为的一般过程是消费者需要、购买动机、购买活动和购后感受的统一。一般来说，可以分为五个阶段，如图1.5 所示。

認识需要 → 收集信息 → 分析评价 → 决定购买 → 购后感受

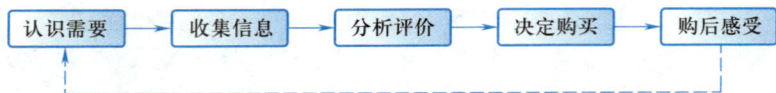

图 1.5　消费者购买行为的一般过程

（1）认识需要。需要是消费者购买行为过程的起点。消费者对需要的认识取决于两个方面，一是消费者自身的生理及心理缺乏状态，即由人体内在机能的感官所引发；二是外部环境的刺激。消费者在内、外部刺激的共同作用下便产生了种种需要。在商业经营活动中应注意对消费者需要进行研究，通过合理的、巧妙的诱因进行唤起。

（2）收集信息。如果消费者需要的目标明确，动机强烈，满足需要的商品又易于得到，消费者会马上采取购买行为；在多数情况下，消费者首先会去收集有关这种商品的信息，以作为比较和选择的依据。如果消费者的需要比较迫切，就会积极主动地通过大众传媒和亲朋好友，广泛收集信息资料，以便找到称心如意的商品。

（3）分析评价。当消费者收集到足够的信息资料后，就会根据掌握的资料、以往的经验、个人的兴趣爱好、经济状况等，对可供选择的商品进行分析对比和综合评价，力求缩小可供选择的范围。消费者的分析评价一般分为三个步骤：首先，全面了解商品的性能、质量、款式、价格、品牌、特点等，获得总体上的认识；其次，综合比较同类商品的优缺点；最后，根据自己的爱好和条件，确定购买对象。作为营销者，应了解消费者处理信息的过程，掌握消费者的购买意向，发挥必要的"参谋"作用。

（4）决定购买。消费者对所掌握的信息资料进行分析评价后，就会做出是否购买的决策。事实上，并非所有消费者产生需要后都会采取购买行动，有些人的需要在购买前的分析评价过程中就已经消退，或徘徊于"不确定"之中。消费者在行动之前要先做出决策，明确购买哪种商品、什么牌子、何种款式、数量多少、价格多少、准备在哪里购买等问题。消费者做出购买决策时，会受到多种因素的影响和制约。营销者应做好售前、售中、售后的服务工作，加深消费者对本企业及其产品的良好印象，争取消费者的"货币选票"。

（5）购后感受。消费者购买、使用产品后，会根据自己的期望对产品做出评价，或通过与家庭成员、亲朋好友的交流，来验证自己所做出的购买决策是否正确，从而形成购后感受。若产品的效用符合或者高于原有的期望，消费者就会感到满意；反之，则会感到不满意。在数字营销活动中，购后感受作为重要的口碑信息，不仅影响消费者自己能否重复购买，而且影响其他人的购买行为。因此，在营销活动中，企业要特别重视消费者的购后感受和评价阶段，及时与消费者沟通，慎重处理消费者反馈回来的意见，尽量避免因消费者投诉而造成的声誉方面的损失。

4. 消费者数字化购买行为模型

消费者购买行为模型的演进大致经历以下三个阶段：

（1）AIDMA模型。AIDMA模型主要包括：Attention（引起注意）–Interest（引起兴趣）–Desire（唤起欲望）–Memory（留下记忆）–Action（购买行动）。这个理论模型主要揭示了消费者在实体经济中的购买行为。

（2）AISAS模型。AISAS模型包括：Attention（引起注意）–Interest（引起兴趣）–Search（信息搜索）–Action（购买行动）–Share（信息分享）。这一理论模型揭示了数字经济时代消费者的一些典型特征，即消费者基于网络获得信息，以及在网络上分享信息的行为。消费者的购买行为不是一味接收企业单向的理念灌输，而是可以积极主动地获取与分享信息。

（3）SICAS模型。该模型为消费者数字化购买行为模型，它构建了一个非线性、多点双向的模型，揭示了消费者数字化购买行为的一些典型特征与规律。SICAS模型包括：品牌与用户相互感知（Sense）– 产生兴趣并形成互动（Interest&Interactive）– 建立联系并交互沟通（Connect&Communicate）- 产生购买行动（Action）– 体验与分享（Share），如图1.6所示。

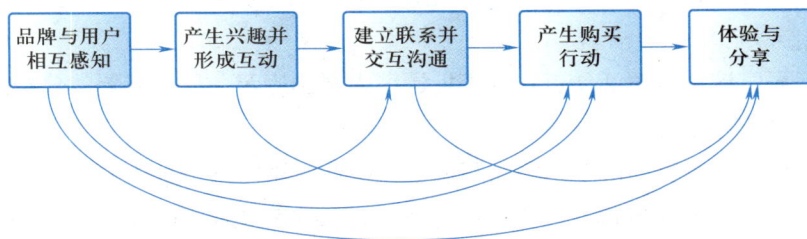

图1.6　消费者数字化购买行为SICAS模型

不同于AISAS模型的消费者主动去搜索信息，SICAS模型的信息获取是企业根据消费者的兴趣主动推介，并特别注重消费者购买中与购买后的交流与分享。

在数字经济时代，社交媒体拥有大量的用户并生成的海量内容，因此消费者在实施购买行为时，社交媒体已成为一个重要的信息提供平台和主流的消费渠道。通过社交媒体的各种平台，消费者不仅是信息的被动接受者，而且也成为信息的传播者甚至是生产者，进而成为产品生产、价格制定、营销过程的重要参与者。与营销者一起共同建立起基于社交媒体的共生、共建、共享的新型消费行为模式。

同步测试

同步测试1.3

中国企业讲坛
企业导师谈消费者个体心理

数字时代的消费者是什么样的？他们有哪些特殊的喜好与需求？企业如何基于互联网思维满足数字时代消费者的需求？这是所有企业所面对的重大课题与关键抉择。

实践与训练

▲ 购物消费体验

【实训目标】

1. 培养学生分析消费者购买过程中心理需要、购买动机与行为的能力。

2. 培养运用和把握消费者个性心理活动规律开展营销的能力。

【内容与要求】

1. 以你最近一次比较大的消费活动为例，分析购买商品的心理活动过程，将分析结果总结成表格。

2. 研究这种心理活动过程对市场营销人员的启示，形成简要的分析报告。

【成果与检测】

1. 根据以上实训内容，每人写出一份消费体验与分析报告。

2. 教师依据消费体验与分析报告的完成情况和具体内容为学生评估打分，进行重点评析。

模块 2

场景主体：群体消费心理

学习目标

※ 素养目标

- 正确分析消费者群体心理，增强群体正向影响力
- 厚植爱国情怀，加强符合中国文化特质的消费群体心理引导

※ 知识目标

- 熟悉社会文化因素对消费者消费与购买心理的主要影响
- 了解消费习俗的分类，掌握消费习俗对消费心理的影响
- 熟悉消费流行的方式、阶段，掌握消费流行对消费心理的影响
- 熟悉参照群体的含义，掌握社会参照群体对消费者心理与行为的影响
- 掌握社会阶层消费者的三种心理与行为差异
- 熟悉家庭生命周期，掌握家庭购买决策的角色与类型
- 掌握不同年龄消费者的消费心理
- 掌握女性消费者的消费心理和购买特征

※ 技能目标

- 能够观察分析消费习俗、消费流行对消费者消费心理的影响
- 能够观察分析不同年龄、性别、阶层等消费群体对消费者消费心理的影响
- 能够运用不同消费者群体消费心理规律开展营销活动，以实现消费者满意

思维导图

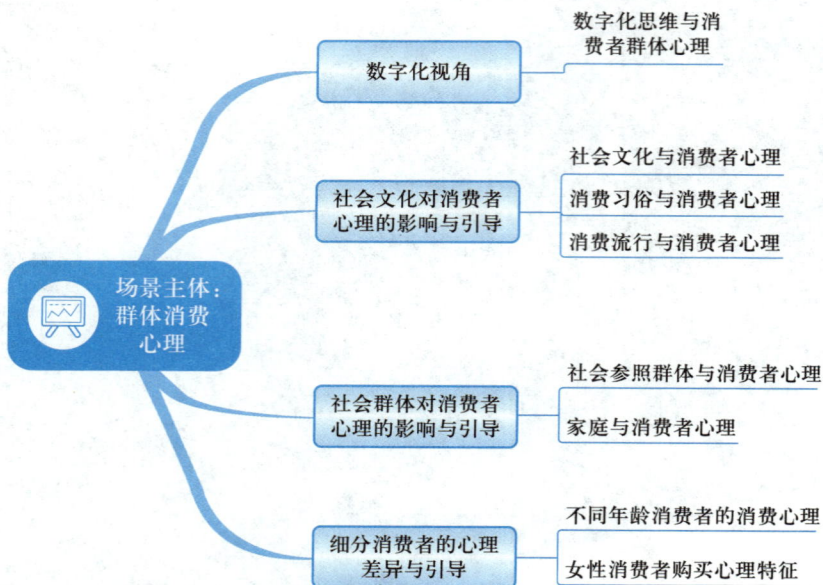

营销心理学研究以消费者心理为中心，还必须重视作为场景主体的消费者群体心理的研究。即考察他们在消费者购买过程中的群体心理规律。

数字化情境
通过数字化赋能满足客户群体需求

某公司是一家利用数字化能力，为连锁餐饮企业提供定制化产品研发、生产服务的供应链管理公司。该公司充分利用数字化技术进行营销赋能，以满足客户群体的多样化需求。

1. 定制化需求

该公司善于抓住特定消费者群体的准确需求，并有针对性地加以满足。其创始人创立公司的初衷是他上学点外卖时亲身经历的不愉快体验。他正是从这些亲身体验，也就是用户的"痛点"入手，深入分析大学生这一特定消费群体对餐饮外卖服务的真实需求。这一消费群体的需求可以概括为：用餐数量巨大，要求干净、健康、低价。该公司运用数字化思维进行定制化生产，较好地满足了这一矛盾性需求。

2. 中央厨房制生产

该公司首先解决外卖口感以及质量问题。学校附近的外卖餐品口感非常差，主要是源于街边小店就地生产，材质差、条件差、技艺差。这些不从根本上改造，口感以及质量问题是无法解决的。该公司的举措包括：一是研发高品质产品，聘请星级酒店主厨来研发健康外卖产品，在确定产品之前进行了多轮试吃调整，以保证产品的口味与质量；二是使用优质食材，统一采购与管理，把好质量入口关；三是设置中央厨房并直接进行管理，通过标准化生产确保食品的干净与口味的稳定；四是通过数字化的生产和配送方法降本增效，从而在保证外卖质量的同时，尽可能降低价格。

3. 网络化整合

从基于消费群体需求分析，定制大学生外卖餐品；到研发定制化适销产品；设立与管理中央厨房，采购优质材料，实行标准化生产；现代物流配送；直到消费者真实体验检测，均采取网络运营，跨界整合，实现全供应链的数字化。该公司大幅度地提高了各环节的运作效率，节省了生产时间与经营成本，实现了基于数字化的大学生群体外卖大规模定制，显著提高了大学生群体的外卖消费体验。

情境分析

1. 作为大学生，你认同案例中的公司对大学生群体外卖消费的分析与定位吗？该公司是怎样满足大学生外卖群体需求的？

2. 你是如何理解数字化消费与数字营销的？请结合本案例讨论

📺 数字化视角
互联网思维与消费者群体心理

1. 社群思维：网络群体效应的强化

用户的消费与购买行为总是受到相关群体，特别是其所在群体的影响。而在数字化时代，这种群体影响更加显著，网络群体效应对用户购买与消费行为发挥着更加重要的作用。

（1）基于网络的交流激活社会认同。根据社会认同模型，人们会以突出的社会群体规范来调整自己的行为，也会出现明显的群体极化现象，即个人因为受到群体的影响，容易做出比独自决策时更极端的决定。因此，在数字化时代，用户的需求与购买行为受到相关社会群体规范与习俗，特别是网络舆论的很大影响，形成了更具影响力的网络群体效应。

（2）群体效应的驱动力来源于集聚的群体快感。所谓群体快感，就是群体由于聚集在一起而产生一种多巴胺升高的现象，即群体的成员因遵循相同规范，采取一致行动而共同获得的快乐感。在数字化时代，由于沟通的便利与快捷，使得群体集聚与交流更为容易，这种群体快感越来越容易获得，进而导致群体效应显著增强。

（3）注意研究消费习俗与倾向，发挥网络群体正效应。①深入研究互联网对

消费与营销产生的影响，把握社会消费新趋势。②强化互联网思维，分析消费者行为新变化。③提高产品与服务质量，加强在线沟通，赢得用户好评，发挥群体正效应。④履行社会责任，开展全媒体宣传，赢得广大社会群体的好感。

2. 跨界思维：虚拟社群与沟通

在数字化时代，移动互联网、物联网的发展成熟使万物互连，分布在不同时空的事物、组织乃至人员借助网络相互连接，实现跨界整合与合作，从而诞生大量不同类型的虚拟组织；这些跨时空的组织与个人以网络为媒介进行虚拟沟通。因此，互联网改变了用户的群体形态与沟通类型，进而改变了用户的心理与行为。

（1）虚拟社群的大量涌现。大量涌现的虚拟社群中的用户可能分布在全球各地，甚至未曾谋面，但是他们却有着相同的消费需求与购买习惯，从而影响着虚拟社群的需求与购买行为。如一个与某方面消费相关的 QQ 群，该虚拟社群的规范与习俗会影响其成员的需求心理与购买行为。其次，影响用户的大量社会文化因素与关联群体，虽然可能是跨地区、跨国界分布的，但仍显著地发挥着群体效应。

例如，中国在春节等方面的习俗可以通过即时通信软件或其他网络媒介，显著地影响着外国虚拟社群用户的需求与行为。

（2）虚拟沟通的广泛应用。有虚拟社群中，一定会有网络群体内外部之间的虚拟沟通。所以在数字化时代，研究用户的群体心理，离不开对虚拟沟通的研究。而虚拟沟通不同于传统的面对面沟通，具有许多新特征。例如，沟通从线性模式转变为互动对话模式；身份的构建使用户从被动接受状态转变为主动参与状态。而这种双向的虚拟沟通使用户从被动接受转变为主动参与，从而获得更大的话语权。

3. 大数据思维：重视用户群体数据的搜集与挖掘

大数据是数字化时代的一个显著特征，大数据思维是重要的数字化思维。无论是搜集用户群体信息，还是研究用户群体心理，都必须运用大数据进行获取、分析与决策。

（1）数字化时代用户群体心理出现重要变化。本模块研究社会文化与社会群体对消费者心理的影响，具体分析不同社会角色、不同自然身份的消费者心理。但是，在数字化时代，这些心理因素均发生了不同程度的变化。而且还正在发生变化，将来仍将继续发生变化。对于这些不断变化、处于动态之中的心理进行分析与研究是非常困难的。

（2）必须用大数据分析研究实时变化着的用户群体心理。对于上述这些动态化的群体心理与行为，必须运用大数据思维、模式与手段，进行实时信息搜集，精准挖掘价值，科学进行决策。利用大数据、云计算及相关技术，深入分析与精准掌握数字化时代的用户群体心理与行为。

互联网思维
与消费者群
体心理

2.1　社会文化对消费者心理的影响与引导

2.1.1　社会文化与消费者心理

1. 社会文化的含义与内容

在当代社会，社会文化是影响消费者消费心理与购买行为的极其重要而敏感的因素，对消费者的心理过程与购买决策的影响是潜移默化、深刻而持久的。

（1）文化与社会文化的含义。在广义上，文化泛指人类创造的精神财富与物质财富的总和。在狭义上，文化则仅指以价值观为核心的人类精神财富。而这里所指的社会文化，是指人们在社会发展过程中世代流传下来的风俗习惯、行为规范、生活方式、价值观念、梯度体系等。

（2）与消费者消费和购买相关的社会文化因素的内容。对消费者消费与购买心理可能发生影响或作用的社会文化因素主要有：①社会的主导意识形态与人的价值观；②社会精神文明水平及道德修养标准与程度；③审美观念与文化底蕴；④人们的生活水准与生活方式；⑤社会主流消费观念、消费习惯、风俗与消费流行。

2. 社会文化对消费者购买心理的主要影响

（1）社会的主导意识形态与人的价值观的影响。整个社会所有领域的活动与行为，无论是生产还是生活，是物质创造还是精神享受，无不受到社会主导意识形态的支配，无不受到人的价值观的决定。各种类型的消费者群体与个体，其消费心理与购买行为，必然受主流意识的引导与制约，并受自身与所在群体价值观的影响。

（2）社会精神文明水平及道德修养标准与程度的影响。一个国家及整个社会的精神文明程度，在总体上影响与制约人们的消费心理与购买行为。消费者自身的道德水准、修养程度更直接地影响其消费与购买心理。例如，绿色消费、消费中的环保意识、文明购物等无不与社会及消费者的精神文明程度相关。

（3）审美观念与文化底蕴的影响。建立在不同价值观与艺术水准基础上的审美观，对于消费与购买的选择标准、实施方式等都会产生重要影响。同时，消费者的文化底蕴、教育程度、素质品位等都会影响消费者消费与购买的心理与行为。

（4）人们的生活水准与生活方式的影响。人们的消费与购买方式受自身生活水平与生活方式的影响，消费与购买行为是体现生活水平、实现生活方式的过程或形式。如高收入、高质量生活是以高消费为代价和内容的，而快餐和速食食品是与快节奏的工作与生活方式相适配的。

（5）社会主流消费观念、消费习惯、风俗与消费流行的影响。社会主流消费观念是社会主导价值观念在消费领域的具体化，它直接影响乃至主导了消费与购买心理与行为。消费习惯、风俗与消费流行对消费者购买心理有着更直接、更具体的影响。此问题将在后续内容中展开深入分析。

⭐ **思想淬炼**
引发"国潮消费"的社会文化分析

"国潮消费"是指以中国文化为底蕴，将中华优秀传统文化元素与现代新潮前卫元素融合，赋予产品全新审美感受的新潮流消费。"国潮"作为我国近年来消费流行的新潮流，既为广大消费者特别是年轻消费者所追求，也与我国消费市场的热度与走向紧密相关，甚至直接影响到产品生产、消费者生活等诸多环节，意义十分重大，已成为现如今研究群体消费心理时的重大课题。

1. "国潮"的实质

"国潮"的实质是"中国元素、中国风格、中国特色"的潮流化。"国潮"时尚品牌强化科技要素形成了"新国货"类品牌。例如，某中国服装企业重视时尚产品中的科技渗透，推出具有"轻弹、全天候止滑、双层异构碳版、清爽透气"等核心科技卖点的专业马拉松产品"绝影弹速跑鞋"，兼顾"减震、轻量、回弹、减少耗能、减少运动损伤"等多重功能，大受欢迎。

而以中国文化、中国主题、中国故事为基础展开设计的"新国风"类品牌，是对文化元素"潮流"化的设计语言与风格转型，也是传统品牌对时代元素的重新组织或对时代精神的重新诠释。

2. 影响"国潮"的社会文化因素

我国消费活动从崇尚国外品牌到热衷国货、追寻国潮消费新潮流转变，有着极其深刻的经济、技术、社会等背景与根源。其根本的社会背景就是经过改革开放和中国特色社会主义建设后国力的日渐增强。影响"国潮"的社会文化因素主要有：

（1）国家政策的支持与引导。国家基于数字经济理念与"双循环"策略，制定了一系列政策进行支持与引导，为"新国货"及"国潮"提供了良好的发展土壤与条件。

（2）社会消费结构的变化。我国人民收入水平提高，国内消费结构变化，Z世代消费群体体量渐增等社会因素的影响，导致国潮的兴起与发展。其中，Z世代消费群体更加注重个性和自我价值观的表达，常以精神消费来驱动实体消费，更喜欢情感代入感强的产品，对符合个人情感的品牌认同感更强。

（3）营销理念与消费观念转型。进入数字经济时代，消费者正在形成全新的消费观，更加注重消费中的社会文化体验，为国潮的兴起与发展奠定了内在思想与心理基础。我国企业主动迎接数字化消费的挑战，营销理念不断创新，探索品牌创新与跨界整合。

3. "国潮"的心理功能

国潮作为新的消费潮流，对消费者的心理产生了重要影响，形成了新的心理功能：

（1）追逐"潮酷"。"国潮"首先反映了消费者、特别是 Z 世代等年轻消费者追逐新潮、前卫、时尚的心理。他们有要求代际标签差异的强烈心理，表现出内涵外显化等新需求。

（2）文化自信。"国潮"的核心心理基础是广大消费者对中华优秀传统文化的高度自信。他们以做中国人为荣，以买中国货为傲，通过国潮消费增强文化自信。

（3）情感共鸣。"国潮"表达了广大消费者热爱祖国的强烈思想情感。在参与国潮消费的过程中，消费者会潜移默化地激发爱国主义精神、民族认同感和家国情怀。例如，太平鸟女装与上海凤凰的系列联名产品，就是以中国人民心中曾经最为重要的交通工具——凤凰自行车为记忆符号，成功重现了曾经的生活画面，大获成功。

（4）素养提升。国潮消费不断提升消费者的思想境界，引导消费者树立健康、环保的科学消费观，提高审美艺术水平，全面提升数字经济时代的消费素养。例如，国产彩妆品牌花西子推出的产品在外形、包装、宣传上都蕴含着与中华优秀传统文化有关的故事。其定妆产品"空气蜜粉饼"的色号"肤若雪"和"颜如玉"的命名正是从诗句"涵精毓秀宜不凡，神如秋水肤如雪"和"燕赵多佳人，美者颜如玉"中提炼而来，展现出优雅的中式审美，深受消费者喜爱。

引发"国潮消费"的社会文化分析

2.1.2　消费习俗与消费者心理

1. 消费习俗的特点

消费习俗是指一个地区或民族约定俗成的消费习惯，主要包括人们对节日、婚丧、饮食、服饰等物质与精神产品的消费习惯。它一旦形成，不仅直接影响人们的日常生活消费行为，而且影响人们的消费心理。作为社会风俗的重要组成部分，消费习俗具有以下特点：

（1）独特性。凡是作为消费习俗存在的，总是形成与一定的自然、社会基础相应的，区别于其他习俗的特殊意识和行为，从而建立起为众人共同认可与遵从的完整体系。

（2）长期性。消费习俗是人们在长期的生活实践中逐渐形成和发展起来的。一种习俗的产生和形成，需经过若干年乃至更长时间，而形成了的消费习俗又将在长时期内对人们的消费行为产生潜移默化的影响。

（3）社会性。习俗的产生沿袭离不开社会环境，是社会生活的重要组成部分，具有社会性。其中某些具有较强社会性的消费习俗，由于受社会环境、社会形态、社会意识的影响，也会随着社会的发展变迁而不断地更新变化。例如，随着国际交往的增多，中国节日正以独特魅力受到世界瞩目，春节、中秋节等中国节日习俗也在世界上越来越流行。

（4）地域性。消费习俗是特定地域范围内的产物，通常带有强烈的地域色彩。例如，我国不同的亚文化群体在饮食习惯方面就有着很大的差异，大致形成了南甜、北咸、东辣、西酸的饮食习惯。

随着经济的不断发展，科学技术的日益进步，信息沟通的手段、范围、速度和内容的变化，使人们的社会交往范围不断扩大、频率不断增加，因此，消费习俗的地域性有逐渐淡化的趋势。

（5）非强制性。消费习俗的形成和流行不是强制发生的，而是通过无形的社会约束力量发生作用的。约定俗成的消费习俗以潜移默化的方式发生影响，使生活在其中的消费者自觉或不自觉地遵守这些习俗，并以此规范自己的消费行为。

2. 消费习俗的分类

消费习俗的形成与沿袭，既有政治、经济、文化的原因，又有消费心理的影响。不同国家、地区、民族的人们，在长期的生活实践中形成了多种多样的、彼此不同的消费习俗。其中，与营销工作关系最密切的是物质生活习俗和社会活动习俗两大类。

（1）物质生活习俗。主要包括饮食习俗、服饰习俗、日用习俗和住宿习俗等。其中，饮食方面的消费习俗既有以民族传统为基础形成的，也有以地区生活习惯为基础形成的，内容广泛、丰富且具体。

我国地域辽阔，不同区域的气候差异比较大，在人们的日用生活消费和住宿等方面也形成了富有特色的消费习俗。同时，我国人口众多，是一个多民族的国家，由于各民族的传统不同，在服饰方面也表现出强烈的民族特色，形成了不同的消费习俗。

（2）社会活动习俗。主要包括：①喜庆性消费习俗，主要是人们为了表达各种美好的感情，实现美好的愿望而引起的某种消费需求的行为方式。喜庆性消费习俗是消费习俗中最主要的一种形式。②纪念性消费习俗，是人们为了纪念某人、某事而形成的某种消费风俗与习惯。如我国人民在元宵节吃元宵、端午节吃粽子、中秋节吃月饼等消费习俗都属于此类。纪念性消费习俗虽然具有浓厚的地域性和民族性特点，但也具有相当广泛的影响，是一种十分普遍的消费习俗形式。③地域性消费习俗，是由于自然地理及气候等方面的差异而形成的消费习俗。④社会文化性消费习俗，是由社会经济、文化发展引起的消费习俗，它建立在较高文明程度基础上。如四川自贡的花灯节、山东潍坊的风筝节等。

3. 消费习俗对消费心理的影响

（1）形成了习惯性购买。消费习俗促成了消费者购买心理的稳定性和购买行为的习惯性。受消费习俗的长期影响，消费者在购买商品时，往往容易产生习惯性购买心理，固定地重复购买符合其消费习俗的各种商品。

在中国，北方人做菜用酱油是在长期生活中形成的习惯，所以，一旦酱油用光便会再去购买，一般不会去买蚝油或者鱼露之类的调味品；但是，福建人做菜首选是蚝油和鱼露，在没有蚝油、鱼露可买的时候才不得不去买酱油来做菜。

（2）消费习俗强化了消费者的偏好与从众心理。消费习俗的非强制性和长期性使消费者自觉或不自觉地固定、重复购买符合某种消费习俗的商品，久而久之，对该商品产生了信任感，形成偏好并不断强化。同时，消费习俗促成消费行为的无条件性，从而强化了消费者的从众心理。从众心理在社会生活中比较普遍。在市场上经常可以看到这样的情况，只要有较多的人购买某种商品，就会有人跟随购买，尽管所购商品并非是其急需的商品。在购买食品、服装、百货等商品时，从众行为表现得尤为突出。

（3）消费习俗影响消费者心理的变化速度。消费习俗对消费者心理的变化既可以起阻碍作用，也可以起促进作用。一般来讲，当新商品或新消费方式与消费习俗发生冲突时，由于消费心理受消费习俗的制约，使消费心理的变化十分困难；当新商品或新消费方式与消费习俗具有共同点、相融性时，会加速消费心理的变化，使消费者迅速接受这种新商品或新服务方式。

2.1.3 消费流行与消费者心理

消费流行是指众多消费者在一定时间和范围内呈现出的广泛追求某种商品或某个时尚的消费趋势。其主要特点是骤发性、集中性、群体性、周期性和变动性。消费流行往往建立在一定消费习俗的基础上，是消费习俗的变异；消费习俗则是消费流行的巩固化、稳定化。

消费流行作为一种市场现象，在整个社会中随处可见。进入 21 世纪以来，随着我国与国际市场的接轨以及外来文化的涌入，消费流行呈现出与国际潮流同步，流行模式多元化、流行追求个性化、流行消费主体低龄化等特点。

1. 消费流行的方式与分类

（1）消费流行方式。从消费流行的起源来看，消费流行有以下三种方式，如表 2.1 所示。

表2.1　按消费流行的起源划分的消费流行方式

类型	内涵
滴流	即由上至下形成和发展的消费流行。其特点是速度快、来势迅猛、传播面广
横流	即社会各群体之间相互诱发的横向流行。其特点是多元化、群体化
逆流	即由下至上形成和发展的消费流行。其特点是流行速度缓慢，但持续时间较长

不管采取何种流行方式，企业都必须注意引导新潮流中关键意见消费者（Key Opinion Consumer，KOC）的带头作用和商品与舆论的影响，以便把握消费流行的发展趋势。

（2）消费流行分类。消费流行可以按不同标准进行分类，如表2.2所示。对消费流行进行科学分类，有利于营销者把握其规律性，做好消费流行的预测，因势利导，促进企业营销水平的不断提高。

表2.2　按不同标准划分的消费流行类型

划分标准	类型
按消费流行的内容划分	食品消费流行、服饰品消费流行和日用品消费流行
按消费流行的速度划分	迅速消费流行、缓慢消费流行和一般消费流行
按消费流行的地理划分	世界性消费流行、全国性消费流行和地区性消费流行
按消费流行的时间划分	长期消费流行、中短期消费流行和季节消费流行

2. 消费流行的周期

消费流行通常呈周期性发展，反映了消费流行的运行规律。具体分为酝酿期、高潮期、普及期和衰退期。

（1）酝酿期。流行商品由于其特色和优越的性能，开始引起有名望、有社会地位及具有创新意识的消费者的注意，进而演变为某种由心理因素形成的兴趣，直至采取购买行为并对社会产生示范作用。这就是消费流行的酝酿期。酝酿期的时间一般较长，要进行一系列心理意识以及舆论准备。在消费流行酝酿期，企业可以通过预测，洞察消费者需求信息，做好促销工作，以树立商品形象，引起消费者的兴趣。

（2）高潮期。新商品由于早期迅速被采用，加之企业的促销努力，引起大众的注意和兴趣，被一般的消费者所认同，许多热衷时尚的消费者竞相仿效，迅速掀起一种消费流行浪潮，对市场形成巨大的冲击，这就是消费流行的高潮期。在高潮期，企业应迅速扩大生产能力，尽快占领市场，争取更大的市场占有率。同时，应增加销售网点，为消费者大量购买提供便利条件。在大量生产和销售的基础上，适当降低售价。

（3）普及期。当消费流行在一定的时空范围内成为社会成员的共同行为和最普遍的社会消费现象时，消费流行则进入了普及期。在消费流行的普及期，企业应迅速停止扩大生产，开始向新的流行商品转移。因为与商品市场生命周期不同，消费流行普及期十分短暂，普及的同时意味着消费流行衰退期的到来。

（4）衰退期。当某一流行商品在市场上大量普及后，就会因缺乏新奇感而使消费者的消费兴趣发生转移，使流行商品在一定时空范围内较快地消失，进入消费流行的衰退期。在衰退期，企业应迅速转移生产能力，抛售库存。

消费流行的发展阶段主要取决于消费者心理的变化过程。企业应加强市场调查和预测工作，把握消费者心理的发展趋向，按照消费流行运动的规律，制定切实可行的经营策略。

3. 消费流行与消费心理的交互作用

（1）消费心理对消费流行的影响。消费流行以心理因素为其形成的基础，具体表现为以下两个方面：①个性意识的自我表现对消费流行的影响。渴望变化，追求新、奇、特，愿意表现自我等都是人对个性意识追求的具体表现。消费流行正是这种追求的结果。每当一种新商品或新的消费方式出现时，就会以它独特的风格引起消费者的注意，产生兴趣，形成消费流行。自我表现欲越强的人，求新、求变的愿望就越迫切。随着时间的变化，人们对原有的新商品或新的消费方式开始产生心理上的厌倦，为了消除种种厌倦感，必然追求更新的商品和消费方式，如此循环往复，永无止境。②从众和模仿心理对消费流行的影响。流行是社会上一部分人在一定时期内能够一起行动的心理倾向。任何一种消费行为要形成消费流行，必须在一定时空范围内被多数人认同和参与。而在社会实践活动中，人们往往认为凡是流行的、合乎时尚的，都是好的、美的，于是纷纷仿效，加入潮流中来。个体在行为上服从群体并与群体中多数人保持一致的从众心理，个体自发或自觉适应社会、顺应时尚的模仿心理，都是消费流行产生的重要心理条件。

（2）消费流行对消费心理的影响。在消费流行的冲击下，消费心理也会发生许多微妙的变化，具体表现为以下几个方面：①消费流行引起消费者认知态度的变化。通常情况下，当一种新产品或新的消费方式出现时，由于消费者对它不熟悉、不了解，往往会抱有怀疑和观望的态度，然后，通过学习、认知过程来消除各种疑虑，决定购买与否。但是，由于消费流行的出现，大部分消费者的认知态度会发生变化，如怀疑态度消弭，肯定倾向增强，学习时间缩短，接受时间提前等。②消费流行引起消费者心理驱动力的变化。就消费者的购买行为而言，直接引起、驱动和支配行为的心理因素是需要和动机。通常情况下，这些购买动机是相对稳定的。但是在消费流行的冲击下，消费者会对流行商品产生一种盲目的购买驱动力。③消费流行引起消费者心理的反向变化。在正常的生活消费中，消费者往往要先对商品进行比较和评价，再决定是否购买。但是，在消费流行浪潮的冲击下，常规的消费心理会发生反向的变化。如一些流行商品明明价格很高，消费者却毫不计较，慷慨解囊；相反，有的商品尽管价格低廉却无人问津。④消费流行引起消费者消费习惯与偏好的变化。由于消费者长期使用某种商品，对该商品产生特殊的好感，习惯性地、反复地购买该商品，还会在相关群体中进行宣传，形成惠顾动机。但是，在消费流行的冲击下，惠顾动机也会动摇，转而购买流行商品。在消费流行的冲击下，消费者由于生活习惯、个人爱好所形成的偏好心理，也会发生微妙的变化，社会风尚的无形压力会使消费者自觉或不自觉地改变原有的消费习惯和消费偏好。

💡 营销实践

　　一位研究服装消费流行问题的专家曾指出：如果一个人穿上离时兴还有 5 年的服装，可能会被认为是稀罕物；提前 3 年穿戴，会被认为是招摇过市；提前 1 年穿戴，则会被认为是大胆的行为；而在正流行的当年穿，会被认为非常得体；但 1 年后再穿，就显得土气；5 年后再穿，就成了"老古董"；10 年后再穿，只能招来嘲笑；可是过了 30 年后再穿，又会被认为很新奇，具有独创精神了。

同步测试

同步测试 2.1

2.2　社会群体对消费者心理的影响与引导

2.2.1　社会参照群体与消费者心理

1. 社会参照群体及其类型

　　（1）社会参照群体，是指对消费者消费与购买心理有一定参考、比较作用的个人或群体。如同事、同学、邻居等，他们的消费观念、消费结构、购买特点会对消费者的消费心理与购买行为产生明显的引导、参照、比较、衡量等作用或影响。

🔘 体验式学习·参与体验

消费流行与消费心理是怎样交互作用的？请列举实例说明。

（2）不同群体对消费者心理会产生不同的影响与作用，从而形成不同的群体类型，如表2.3所示。

表2.3 社会参照群体的类型

标准	类型	含义
按照参照作用的性质划分	准则群体	指该群体的消费或购买准则与行为被消费者所普遍认可，消费者是以他们为标准进行消费与购买
	比较群体	指消费者在消费或购买过程中，常与这一群体进行对照、比较，以修正或确定自己的购买决策
	否定群体	指消费者不赞成、甚至厌恶这类群体的消费与购买观念及行为，从反面对比来影响自身的心理与行为
按照参照作用的大小程度划分	主要参照群体	指其消费与购买准则与行动，对消费者产生直接、重要的影响作用。如同学、同事、家庭等
	次要参照群体	指其消费、购买观念与行为对消费者只存在间接、较小的影响或作用。如社区不熟悉的居民、外单位偶尔来办事的客人等

2. 社会参照群体对消费者心理的影响

（1）社会参照群体影响消费与购买行为的方式。社会参照群体对消费者的心理影响是通过一定的方式实现的。主要方式有：

① 信息传播。信息传播是指消费者通过接受来自参照群体的有关信息，而实现与参照群体消费与购买的比较、参考与借鉴的影响形式。在这种形式作用下，参照群体的消费与购买观念、行为、意见将通过信息传输的方式，影响消费者的心理与行动，使其在对照比较中进行调整与修订。如某一消费者听说一位很时尚的同事购买了一件新款服装，于是产生购买欲望，就是一种信息性影响。信息从参照群体传输到消费者有三种情况：消费者主动寻求信息；在偶然或不经意间听到信息；参照群体或重要伙伴的推荐与劝说。

② 规范影响。规范影响是指参照群体通过各种方式，以其准则、规范影响消费者，使消费者遵循这种准则、规范进行消费或购买的影响形式。这种方式本质上是使消费者接受参照群体的规范，按照参照群体的规范消费与购买。这种方式的一种典型形式是示范，即通过各种展示、表现等形式，使消费者了解并接受其规范，在消费与购买实践中执行其规范。

如消费者的某一参照群体在公共场合使用或显露了某一款全新的电子产品，就会对消费者本人及相关者产生强烈的影响作用，使他们接受快速更新的观念，形成购买该款新电子产品的动机。

③ 价值认同。价值认同是指参照群体的信念与价值观影响乃至内化到消费者心理，使消费者自觉认同、遵从这一价值观，以此为标准对消费与购买行为进行判断、取舍与指导的一种影响方式。这是一种深层次的影响，消费者受

体验式学习·参与体验

请以自己的消费经历为例，说明社会参照群体对消费者心理的三种影响。

到影响后接受这一价值观，其相应的心理反应是自主的、自觉的。

（2）决定参照群体影响强度的因素。不同参照群体对消费者的实际影响强度是不同的，主要受以下因素影响：

① 参照群体的权威性与可信度。参照群体的权威性越高，对消费者心理的影响就越大，如医学专家关于健康消费的推荐意见会受到消费者的高度重视。参照群体越受到消费者的尊崇，消费者就越愿意接受其影响。参照群体的可信度直接影响消费者心理与行为，其家庭成员、亲友的影响力会更大。

② 参照群体与消费者的关系。参照群体如果与消费者属于同类群体，或存在相同的因素，就会增加其对消费者的影响力。若参照群体与消费者联系较多，关系密切，就会加强这种影响作用。

③ 消费者的个性因素。消费者的自主意识越强，参照群体的影响就越弱；反之，就会受到较大的影响。消费者的能力越强，经验越丰富，受到的影响就越小，反之则越大。思想开放，时尚新潮的消费者，更易受到其崇尚的参照群体的影响。

④ 商品特征。消费者消费或购买的商品不同，受到的影响也会明显不同。商品的必需程度越高，受参照群体的影响就越小。商品与群体的相关性是指人对这种商品的认知程度。通常参照群体对相关性高的公众品有较大的影响。

⑤ 影响方式的有效性。影响方式越有效，参照群体对消费者的影响就会越大。信息传播的数量、质量直接关系到信息影响的效果。规范的展示效果关系到消费者对参照群体准则与规范的认知与接受程度。参照群体价值的表达方式与效果，关系到消费者对这一价值的认同与内化。

（3）消费者对参照群体的心理反应。消费者受到参照群体的影响，就会出现相应的心理反应，做出消费与购买行为的调整或变动。具体的反应方式主要有：

① 模仿。在参照群体的影响下，消费者欣赏、崇尚、接收其消费观念与方式，效法、模仿参照群体的消费结构与购买行为，通过不断学习，改变自己的消费方式，提高自己的购买能力。

② 从众。当消费者缺乏消费或购买经验与能力时，会根据参照群体（更多地表现为多数人）的准则或方式进行消费或购买；或者，当自己的准则、方式与行为同参照群体不一致时，屈从于群体压力而改变自己的行为，从而与多数人保持一致。

③ 认同。这是在思想深处接受并内化参照群体的规范与价值，自觉自愿地、完全遵循参照群体的价值观、准则与规范进行消费与购买，实现彻底同化。

④ 攀比。当消费者受到参照群体的影响时，不但接受其消费观念与方式，而且做出更强烈的反应，形成要超越参照群体的强势动机，在原有消费走向的基础上再有创新，以超过参照群体。这是追求新潮时尚的消费者的常见反应。

⑤ 逆反。除了上述参照群体对消费者心理的正向影响，参照群体对消费

者的负向影响也同样存在。当消费者受到否定参照群体的影响时，必然引发其逆反心理，会反其道而行之，在消费与购买上做出相反的选择。如有的学生不赞成个别学生过度消费，随意挥霍父母的血汗钱时，就会自我约束，转而更加节俭。

📱 数字化消费心理
"Z世代"消费者心理与行为特征

"Z世代"也称"网生代"或"互联网世代"，通常是指1995年至2009年出生的一代人。他们一出生就与互联网无缝对接，受数字信息技术、即时通信设备、智能手机产品等的影响比较大。作为数字经济时代的原住民，他们有着与众不同的消费习性、消费选择和消费方式，并且形成了自己独特的消费品位和消费特质，包括信息获取、消费决策等行为，均体现出鲜明的数字化特征。作为一个十分庞大的消费群体，Z世代不仅个性鲜明、视野开阔、理性务实、独立包容，而且具有较大的消费潜力。具体特点包括：

1. 追求高颜值

Z世代对美感的追求格外热情，消费不再只是满足日常生活需要，也是追求产品颜值、品质及科技感等附加体验的过程。他们的消费主张正在深刻影响着消费市场。为了满足这一消费特点，众多品牌选择在包装上下功夫。例如，瑞幸咖啡与椰树联名的产品椰云拿铁，首发单日就卖出66万杯，其高颜值的杯套和限定纸袋一度"一袋难求"。

2. 热衷"酷潮"消费

Z世代兴趣爱好广泛，圈层文化个性十足，人生观、消费观更加随性自我。Z世代拥有很强的文化自信，他们喜欢国潮品牌，可以自然地穿着汉服走上街头；他们热衷有艺术气质的轻奢品，以及带有圈层文化和代际认同的潮牌；他们还喜欢组建并加入兴趣圈，如电竞、国潮、萌宠、小众运动、潮玩等圈子，都有专属的年轻消费群体。

3. 重视功能品质

Z世代年轻人更注重产品的性价比。根据相关消费者洞察报告，他们对产品关注度最高的是品质，品牌仅位列第三，他们更容易被产品本身的设计、功能、品质、文化内涵所吸引。Z世代趋于回归理性消费，习惯于对产品进行比价、看配料表、看测评，并且对于性价比高的国货产品有着极大的认同感。

4. 注重"沉浸式"体验

除追求产品质量与性价比外，Z世代同样希望购物体验能更有趣味性。大多数Z世代消费者把短视频作为重要的消费决策信息来源，乐意接受短视频直播这样互动式的消费场景。Z世代追求沉浸化、共情式的娱乐体验，使得电影、展览、演出、密室逃脱、剧本杀等成为他们喜爱的线下娱乐活动。

"Z世代"消费者心理与行为特征

5. 追求高层次消费

Z世代更愿意选择秉承环保理念和社会责任的产品，最典型的当属近年来几次"野性消费"热潮，白象、鸿星尔克等企业因低调做公益走红以后，无数年轻网友闯入品牌方直播间，用消费表达他们对良心国货的支持态度。

Z世代普遍认为购买国货是一种自豪的体验，Z世代非常尊重原创价值，尊重知识产权，关注国潮文化，对于非物质文化遗产和中国传统习俗、节日的关注，成为他们文化自信的表现。例如，汉服消费热潮已在全国各地兴起，每逢传统民俗节日，都有年轻人穿着汉服相约聚集，一起吟诗、饮茶、游园。

2.2.2　家庭与消费者心理

1. 家庭及其生命周期

家庭是以婚姻关系、血缘关系和收养关系为纽带结合成的共同生活的社会基本单位，是现今我国社会最重要的消费群体，对个人消费与购买心理具有重要影响作用。一个家庭也具有诞生、成长、成熟、衰退等发展阶段，具有其生命周期。在单身、新婚、满巢、空巢和分解的不同阶段，家庭成员结构不同、主要目标与任务不同，收入与开支等家庭财务状况不同，因此，在消费与购买上会有很大的不同。

（1）单身阶段。家庭尚未建立，一个人就是一个准家庭。这一阶段消费与购买的主要特征表现为：追求时尚，标新立异，崇尚消费创新观；重视娱乐与休闲，该类开支占家庭开支比例较大；购买行为潇洒大方，多为冲动购买。

（2）新婚阶段。这是正式组建家庭的阶段。由于是新建立家庭，会进行大量购买，以成立新家所需家具、家电、各种生活用品为主；新婚燕尔，往往出手大方，追求时尚、高档；在重要购买活动中都是"出双入对"，夫妻共同商量，共同决策，共同购买。

（3）满巢阶段。随着孩子的出生，家庭的主要任务转变为哺育与培养子女。因此，家庭消费围绕孩子的支出进行，相当一部分家庭开支用在孩子的生活、教育、成长上，如教育开支占有很大比重；经济条件相对处于较紧张的时期，主要购买生活必需品，求实求廉的消费心理占主导地位；在购买行为上，主要为理智型、经济性、经验型购买。

（4）空巢阶段。随着子女的成长和陆续离开家庭，消费中心出现转移，由子女开支为主重新转变为自身消费为主。经济负担减除，是经济与时间最富裕的时期，求名求美的消费动机渐强，开支加大；对生活水平要求不断提高，健康娱乐、旅游等开支比例加大；由于人本身成熟度的增加，购买行为更加理智化、经验化。

（5）分解阶段。随着丧偶，家庭进入衰退期。消费支出日渐简单，重点是健身保健、治病等开支，也有一些娱乐活动或旅游消费。

2. 家庭购买决策的角色与类型

（1）家庭成员的购买角色。在家庭购买决策过程中，家庭成员扮演着不同的角色，各自发挥着各自的作用。①倡议者。首先提出并促使家庭成员对某种商品产生购买兴趣的家庭成员。②影响者。在形成购买意向或实施购买的过程中，向家庭成员提供商品的有关信息和购买建议并影响商品挑选的家庭成员。③决策者。支配购买过程，有权单独或会同家庭成员做出购买决策的家庭成员。这是影响家庭购买最重要的人。④购买者。执行购买决策，亲自到商店购买商品的家庭成员，也会对购买过程中的个别事项起影响作用。⑤使用者。这是指具体使用家庭所购买商品的家庭成员，对是否购买及购买什么样的商品也有重要的影响作用。

（2）家庭购买决策的类型。由于家庭成员的结构、地位、素质、个性等因素不同，不同的家庭，其决策支配者是不同的，从而形成不同的决策类型。①独立自主型，即每个家庭成员都根据自己的需要和风格，独立地做出有关商品的购买决策。②丈夫支配型，即家庭主要商品的购买主要由丈夫做决定。③妻子支配型，即在家庭商品购买中主要由妻子做决策。④共同支配型，即在家庭购买重要商品时，是由家庭各成员共同商量，集体做出决策。

体验式学习·生活观察

请结合自己的实际情况分析：在家庭购买决策中，大家分别扮演怎样的角色类型？

同步测试

同步测试 2.2

2.3　细分消费者的心理差异与引导

不同年龄、性别的消费者群体，由于各自的社会阅历和心理成熟程度的差别，形成了各具特色的消费心理及购买行为。

2.3.1　不同年龄消费者的消费心理

1. 少年儿童的消费心理

少年儿童是指未满 18 岁的未成年人。这部分人群在消费者总数中占有较大比例。

（1）儿童的消费心理特征。儿童是指从初生婴儿到 12 岁（不含）的儿童。儿童的心理发展过程可分为乳婴期（0~3 岁）、幼儿期（3~6 岁）、童年期（6~12 岁）三个阶段。在乳婴期，对商品的需求基本上是生理性的，纯粹由他人帮助完成。在幼儿期和童年期，儿童的消费购买行为以依赖型为主，但能影响父母购买决定的意向。

（2）少年的消费心理特征。少年是指 12~18 岁（不含）的消费者。少年期是依赖与独立、成熟与幼稚、自觉性和被动性交织在一起的时期。少年的消费心理特征主要表现在：①喜欢与成年人比拟。渴望像成年人那样独立地处理自己的生活，希望按照自己的个性和爱好来购买商品。②独立的消费意识逐渐成熟。知识不断丰富，鉴别能力不断提高，使他们能够自觉选择商品，独立分析鉴别并逐步形成购买习惯。③消费观念开始受社会群体的影响。少年由于参与集体活动，与社会接触的机会增多，其消费观念、消费爱好、选择偏好由受家庭影响为主逐渐转变到受社会群体（如同学、朋友、老师等）影响为主。

（3）少年儿童消费者的购买行为特征。①具有依赖性。由于少年儿童没有独立的经济能力，在购买商品时具有很强的依赖性。其依赖性与年龄成反比。②具有较强的好奇心。他们对商品的注意和兴趣一般是由商品的外观刺激引起的，因此，在选购商品时，有时取决于商品是否具有新、奇、特等要素。③购买目标明确，购买迅速。何时、何地购买何种商品大多由父母事先确定；加上缺少商品知识和购买经验，识别挑选商品的能力不强，所以他们往往很少有异议，会迅速购买商品。

2. 青年消费者的消费心理

青年，一般指 18~45 岁的人，具有较强的独立性和较大的购买潜力。

（1）青年消费者的消费心理特征。具体表现在以下几方面：①追求时尚。青年勇于创新，渴求新知，追求新潮，积极向上。力图站在时代前列，领导消费潮流，往往是新商品、新消费方式的追求者、尝试者和推广者。②突出个性。青年消费者自我意识较强，追求独立个性，对能表现自己个性的商品更感兴趣，有时还往往把所购买的商品同自己的理想、职业、业余爱好、时代追求、性格特征，甚至自己所崇拜的名人等联系在一起，力求在消费活动中充分展示自我。③科学消费。青年消费者由于消费倾向趋于稳定和成熟，因而在追求时尚、表现个性的同时，也具有较强的追求实用与科学的消费心理，要求商品经济实用，货真价实。④注重情感。青年人生活经验往往不够丰富，对事物的分析和判断能力还没有完全成熟，因而容易感情用事，冲动购买。

（2）青年消费者购买行为特征。①愿意高价购买名牌。青年消费者所具有的追求时尚与新颖，追求个性的消费心理，决定了他们在选购商品时，对新品种、新花色、新样式情有独钟，以引领时代新潮流为荣，愿意多花钱购买名牌商品。②决策迅速，变化性强。由于青年消费者注重情感，容易冲动，感情酝酿时间短暂，决策迅速。另外，青年消费者购买目标变化可能性大，只要认为商品合意，即使预先没有购买计划或是暂时没有购买力，也可能迅速做出购买决策。③对待商品购买态度明朗。青年消费者在购买商品时，往往个性比较分明，不加掩饰，对商品的态度直截了当。

体验式学习·生活观察

你认为青年消费者的上述特点对营销活动将产生怎样的影响？

? 即问即答
新婚青年具有哪些消费心理特征？

新婚青年的消费心理特征具体表现为以下几点：①消费需求的多样性。新婚青年在建立家庭的时候，从居室装饰到家具购置，几乎包括家庭生活所需要的全部用品，所购商品不仅数量多，讲究新颖，配套齐全，而且追求整体和谐。②购买时间相对集中。大多在婚礼之前或节假日集中突击购买完毕。③求新求美，富有情感色彩。在购买时对商品的物质属性和精神属性都有较高的追求，注重档次、讲究品位、追求情趣成为新婚家庭选购商品的主要标准。

由于青年消费者在家庭中经济地位的变化、小家庭的建立，以及需要为子女及老人提供所需的消费品，他们是一个购买潜力很大的群体。

3. 中年消费者消费心理

中年消费者一般是指 45~60 岁（不含）的人。在我国，中年消费者大多处于购买决策者的位置。

（1）中年消费者消费心理特征。①理智性强，冲动性小。中年消费者阅历广，生活经验丰富，多以理智支配自己的行动，注重商品的实际效用，价格和外观的统一，随意性较小。②计划性强，盲目性小。中年消费者生活经济负担较重，经济条件相对有限，使他们养成了勤俭持家、精打细算的消费习惯，多以量入为出作为消费原则，消费支出计划性强，较少有计划外开支和即兴购买。③注重传统，差异性小。中年消费者正处于"不惑"和"知天命"的成熟阶段。不再完全按照自己的兴趣爱好选择商品或消费方式，而是更多地考虑他人的看法，以维护自己的形象，与众人保持一致。这也是中年人消费品市场比较稳定的一个原因。

（2）中年消费者购买心理特征。①购买过程理智化。在购买过程中，即使遇到别人的介绍、劝诱或其他外界因素的影响，也不会头脑发热，感情用事，而是冷静地进行分析、比较、判断和挑选。②选购商品实用化。往往格外关注商品的价格及实用性，通常会在对商品价格和实用性有关的因素，如商品的品种、数量、质量、用途、品牌、购买时间、场所等都进行全面衡量后再做选择。

4. 老年消费者消费心理

老年消费者一般是指60岁以上的人。老年消费者在生理上和心理上同青年消费者、中年消费者相比均发生了明显的变化。

（1）老年消费者消费心理特征。①怀旧心理强，品牌忠诚度高。老年消费者容易形成比较稳定的态度倾向和习惯化的行为方式，对商标品牌的偏好一旦形成，很难轻易改变。另外，老年消费者总是留恋过去的生活方式，对产品有一定的怀旧心理。②注重实际，要求得到良好的服务。老年消费者特别关心商品的质量、使用性能，以及是否方便等。另外，老年消费者的身体生理机能有所下降，他们总希望购买场所交通便捷，商品标价和商品说明清晰明了，购买方式简便，服务热情、耐心、周到。③需求结构发生变化。随着生理机能的衰退，用于食品和医疗保健用品的支出增加；而用于穿着方面的支出相对减少，对满足其个人兴趣爱好的商品支出明显增加。④较强的补偿性消费心理。在子女独立成人、经济负担减轻之后，部分老年消费者产生了较强的补偿性消费心理。

如在美容美发、衣着打扮、营养食品、健身娱乐、旅游观光等商品与服务的消费方面，老年消费者有着与青年消费者类似的强烈消费兴趣，也可能乐于大宗消费，以补偿那些过去未能实现的消费愿望。

（2）老年消费者购买心理特征。①心理惯性强。老年消费者在购买商品时总是不假思索地按习惯行事，很难被营销人员所影响。②防范意识明显。老年消费者虽然消费经验十分丰富，但由于生理和心理机能衰退，在购买商品时顾虑较多，防范意识较强，作决策时则会比较犹豫。③自尊心强。老年消费者在购买商品时，总喜欢受到营销人员的尊重和礼遇，害怕自己受到冷落。

营销人员在接待老年消费者及向其介绍商品时，若能做到积极、主动、热情、耐心、周到，老年消费者就会非常高兴并产生信任感，进而更容易作出购买决策。

2.3.2　女性消费者购买心理特征

不同性别的消费者购买心理特征不同，其中女性消费者不仅人数众多，而且在购买活动中起着特殊重要的作用。她们不仅为自己购买所需商品，而且由于在家庭生活中承担了女儿、妻子、母亲等多种角色，因而也是大多数家庭用品的主要购买者。因此，本小节主要分析女性消费者的购买心理特征。

1. 女性消费者消费心理特征

（1）爱美心理。爱美是女性消费者普遍存在的一种心理状态。无论是青年女性还是中年妇女，都希望通过消费活动既保持青春美，又增加修饰美。她们格外重视商品的外观、形象，注重美容、服饰等消费。

（2）情感心理。女性消费者在个性心理的表现上具有较强的情感特征，即感情丰富、细腻，心境变化剧烈，富于幻想、联想，容易在情感的支配和作用下临时产生对某种商品的偏爱，尤其在为父母、丈夫、子女等亲人购买商品时这种心理特征更为突出。

（3）实惠心理。女性消费者在家庭中较多地掌管家庭收入与支出，普遍形成了精打细算、勤俭持家的美德。希望商品既能最大限度满足自己的某种需求，又具有物美价廉、经久耐用的特点。

2. 女性消费者的购买心理特征

（1）注重商品的外观和情感特征。在求美心理和情感性心理的作用下，女性消费者在购买商品时往往比较注重商品的外观、形象以及商品象征性和感情色彩。

（2）注重商品的实用性和具体利益。女性消费者对商品的实际效用和具体利益要求比较强烈。细微之处的优点，往往能迅速博得女性消费者的欢心，促成购买行为。

（3）注重商品的便利性和生活的创造性。现代社会，中青年妇女的就业率很高，她们既要工作，又要担负大部分家务劳动。因此，她们对日常生活用品的便利性具有较强的要求。新颖的、能减轻家务劳动的便利性消费品，或是新颖的、富于创造性的事物，都能博得她们的青睐。

女性消费者往往都对购置新款时装、烹调新菜肴等行为充满热情，以显示其创造性。

（4）具有较强的自我意识和自尊心。女性消费者往往以选择的眼光、购买的内容及标准来评价自己和别人。希望通过明智、有效的消费活动来体现自我价值。即使作为旁观者，也愿意发表意见，希望被采纳。

（5）购买商品的选择性强。由于女性消费品品种繁多，弹性较大，加之女性特有的细腻、认真，因而她们对商品的选择程度较之男性更高。另外，女性通常具有较强的表达能力、感染能力和传播能力，善于通过说服、劝告、传话等方式对周围其他消费者产生影响。

鉴于女性消费者在消费和购买过程中的心理特点，以及当今女性在家庭和社会中消费能力的提高，企业在制定营销策略时，应采取符合女性消费者心理需求的各项合理措施。

同步
测试

同步测试2.3

中国企业讲坛
企业导师谈群体消费心理

在数字时代，大数据、云计算、物联网、人工智能等技术从根本上改变了各种消费者群体的消费心理与行为。面对大规模的集群服务，企业需要快速而深入地考察客户不断变化着的需要，并提供最有效的服务。

实践与训练

▲ 消费流行现象调研

【实训目标】

1. 培养观察分析消费流行的能力。
2. 培养根据消费者群体对消费流行的心理特点制定营销策略的能力。

【内容与要求】

1. 调查你所接触的一个消费流行现象。
2. 运用所学理论进行分析。
3. 全班组织一次交流与研讨。

【成果与检测】

1. 每人完成一份对应主题的消费者群体心理分析报告。
2. 教师对学生的分析报告与研讨中的表现进行评估，进行重点评析。

模块 3

场景客体：商品体验心理

学习目标

※ 素养目标

- 引导消费者强化国有品牌的认可心理
- 加强学生诚信经营品质修养

※ 知识目标

- 了解消费者对商品的需要，掌握商品的心理功能
- 掌握商品名称、商标和包装的心理策略
- 掌握品牌营销的心理策略
- 了解商品价格的心理功能，熟悉主观价格的心理成因

※ 技能目标

- 能够运用商品生命周期心理规律来满足消费者对商品的需要
- 能够运用商品名称、商标设计、包装设计的心理方法
- 能够运用品牌营销的心理策略引导和满足消费者需求
- 能够合理运用商品定价的心理方法

思维导图

```
                                              数字化视角 ─── 数字化思维与
                                                            商品心理

                                              商品心理 ─── 商品设计心理
                              场景客体:                   商标与包装设计心理
                              商品体验
                              心理
                                              品牌心理 ─── 品牌心理功能与效应
                                                           品牌定位与变更心理

                                              商品价格心理 ─── 商品价格的心理功能
                                                              主观价格及其心理成因
```

无论是消费还是营销，标的物都是商品与服务，从而构成了营销场景中的客体。作为媒介与标的物的商品与服务，连接着消费者与销售者，折射着消费者与销售者的心理及其交互效应。

📝 学习园地

党的二十大报告指出："我们不断厚植现代化的物质基础，不断夯实人民幸福生活的物质条件，同时大力发展社会主义先进文化，加强理想信念教育，传承中华文明，促进物的全面丰富和人的全面发展。"

学习体会：

这一重要论断指出，作为营销场景客体的商品与服务具有两重性。一方面，商品与服务是物质形态的，承载着物的有用性；另一方面，商品与服务又具有精神属性，承载着精神的体验性。因此，在研究作为营销与消费的标的物与媒介体时，既要重视消费者对商品与服务"物的全面丰富"的追求，又要重视以商品服务为媒介的"人的全面发展"。我国消费者在追求商品物质享受的同时，也在追求精神层次的满足，如"国潮消费"的快速发展等，显示了我国消费者心理与行为的重大变化。

京东区别于其他电商平台的核心竞争力就是打造"全球最好的用户体验"。京东强调数字化用户思维，努力创建数字化、体验式的营销模式，构建了实物性、操作性的商品经营服务体系。

1. 实物性服务体系

保证物美价廉，提供快捷服务，使用户获得实实在在的利益，是京东提供消费者良好体验的基础。

（1）优良的商品品质。京东现有的商品主要来源于京东自营和品牌授权。只有信誉良好、品质有保障的品牌授权商才可以进驻京东平台。这是向消费者提供实物性利益的核心内容。

（2）实惠的商品价格。与其他电商平台相比，京东的价格虽然不是最低的，但是它却能够提供质价相当的商品。京东向消费者提供实惠价格的路径是控制成本，通过减少中间环节来降本增效，给消费者让利。

（3）快速的物流服务。大规模、高效率的自有物流系统是京东物流服务的竞争优势。京东自营商品大多可以隔日达，甚至当日达，强大的仓储配送和供应链系统是高效物流服务强有力的支撑

（4）良好的售后服务。京东的售后服务主要体现在便捷的退换货上。顾客在申请退换货后，京东的快递员会在第一时间上门，退款则由系统自动完成。京东把服务当作一个品牌来经营，为消费者提供"211 限时达"配送服务、"全国免费上门取件"等特色售后服务举措

2. 操作性服务体系

京东致力于提高商城网站和 App 的运营效率与效果，使消费者获得良好的购物体验。

（1）美观的网站界面。京东重视消费者在其电商平台的浏览体验，专门对商城界面、品牌形象、图文展示、宣传信息、广告呈现等进行设计优化。

（2）便捷的导航推介。京东精心设计网站、App 中的商品类别细分目录和购物路径指引，包括推荐品牌和促销活动的超链接，以方便用户快速选择自己所需要的商品并查看有效信息，为他们节省选择时间。

（3）友好的交流互动。京东高度重视与消费者的交流与互动，建立了全国客服中心，即时处理订单咨询、修改、取消、价格保护、售后服务等各类咨询服务项目，强化消费者在购物过程中的交互体验。

情境分析

1. 京东为什么致力于提供"全球最好的用户体验"？请结合案例分析，它是如何优化消费者商品体验心理的？

2. 请选择案例中你感兴趣的商品服务举措，深入分析该服务举措对消费者商品体验心理的影响。

💻 数字化视角
互联网思维与商品心理

1. 极致思维：产品智能化、个性化、体验化

随着互联网，特别是移动互联网的快速发展，用户对产品的需求以及相应的购买行为也发生了重要变化，突出表现为注重产品智能化、个性化与体验化，其核心是产品在满足用户需求与创造用户体验上达到极致，即互联网的极致思维。

（1）期望极致产品，追求智能化。一方面，由于互联网的发展，用户可以便捷地获取关于产品与销售的信息；另一方面，新技术革命的发展又为高端产品研发制造提供条件，产品越来越趋向于"研制智能化，使用傻瓜化"，因此，用户的期望越来越高。期望极致产品，追求智能化，已成为当今标志性的消费时尚。

（2）注重自我价值，追求个性化。随着互联网的普及与发展，社会进入用户主权时代。用户追求自我价值，寻求产品个性化。大规模定制又为个性化生产提供条件，通过私人订制的个性化生产与销售，用户的个性化需求被不断强化并得以满足。

（3）注重情感经历，寻求"超预期"体验。在互联网时代，随着生活水平的不断提高，用户的精神性需求正在以比物质性需求更快的速度发展。用户在购买与消费的过程中追求情感体验，寻求消费乐趣。商家应以"超预期"为标准，提高用户的体验度。

例如，个性化数据提升了消费者的互动频率，带动了活跃用户尤其是移动端月度活跃用户的强劲增长。数字营销更是以分享产品知识和生活方式为内容，为用户提供了更为优质且独特的体验。

2. 众包思维：参与与协同

在数字化时代，营销者与用户之间的界限正在模糊，营销过程更像双方的社交与合作，即基于众包思维的共同参与与协同创新的过程。

所谓众包思维，是指基于互联网的理念、模式与平台，来自完全不同方面的组织与个人，出于共同的兴趣与追求，自觉参与，共同研制，协同创新，合作完成一个项目或工作的思维模式。

众包的心理基础是基于自主权的用户参与心理。随着互联网时代用户的自主权、话语权、决策权的提升，用户不但有参与产品研发、生产、经营的强烈意识，而且依托网络与自媒体，具有相应的权力与条件。因此，他们不再甘于做产品的被动接受者，而是通过各种参与形式，将自己的意图、要求融入产品之中，以购买、

消费自己参与研制、令自己满意的产品。

众包的关键是用户参与机制的构建。这一机制的目标是行使用户自主权，打造用户可心的产品。广大用户与企业充分利用互联网、移动互联网等数字化平台，共同合作、协同创新，进行广泛的交际、交流，群策群力，持续地开展合作。

3. 免费思维："羊毛出在牛身上"

尽管互联网使得用户更重视情感等精神性需求，但是，以价格为代表的物质利益仍占据基础性地位。而且，正是由于互联网的出现，大大节省了交易成本，有的在线数字产品甚至出现了边际成本为零的现象，从而使得用户获得超低价格与超值回报。因此，免费思维与模式使用户获得了实惠，颇受广大用户的重视与欢迎。

免费思维的实质是用户至上的理念。免费思维得以贯彻关键在于免费商业模式的创新与运作。免费商业模式的基本运作思路是：为用户提供受到广泛欢迎的服务——在服务过程中获得巨大流量，打造品牌——利用所获得的资源（巨额流量与知名品牌）向依托这些资源开展营销的关联企业收取服务费（补偿成本，实现盈利），从而实现"羊毛"（为用户提供免费服务的成本）出在"牛"（利用流量与知名品牌获取营业收入的企业，如广告主）身上。免费思维与商业模式在本质上是在为用户提供免费服务中，向从中获利的第三方收取服务费以获得成本补偿与盈利的运作方式。免费思维与模式将成为数字时代产品运作的一个重要方式。

互联网思维
与商品心理

3.1　商品心理

3.1.1　商品设计心理

1. 商品功能与消费者心理

商品整体概念是指商品满足消费者所有基本需要的因素组合。它包括三个层次：①核心商品，是指消费者购买某种商品时所追求的利益，是商品给消费者带来的有用性或效用；②有形商品，是核心商品借以实现的形式，是核心商品向市场提供的实体或服务的存在形式；③附加商品，是消费者购买商品时所获得的全部附加服务和利益。

商品具有两类功能：一类是基本功能，它取决于商品本身的物理性质，是有形的，对各类消费者具有同等意义；另一类是心理功能，它是在商品基本功能的基础之上，能唤起或满足消费者高层次需要的功能。商品的心理功能是人为的、无形的，对各类消费者具有不同的意义。

在消费者购买商品时，除了理性地追求其固有的使用价值，感性因素也会占有相当的成分，有时甚至是决定性因素。消费者购买商品的动机往往是物质需要和精神满足结合促成的。消费者购买某些商品时对精神满足的追求甚至超过对其基本功能的需求。商品的心理诉求主要表现在以下几个方面：

（1）象征意义。消费者的购买动机受其个性心理特征影响，个性心理特征不同，消费倾向也不相同。不同的商品具有不同的象征意义，可以从多方面体现，包括商品的品位、商品的价格、商品的色彩等。

（2）审美价值。美能使人产生愉悦的心情。商品售卖过程中消费者是否对商品产生美感，对交易能否完成具有重要的心理意义。审美价值主要体现在两个方面：一是作为单个的商品本身在形状、线条、色彩等方面给人以美感，刺激消费者的感官，唤起消费者的购买欲；二是作为整体之中一个组成部分的商品与其他部分的商品构成协调的、完美的配合，美在和谐。此外，美感还体现在其与商品本身基本功能的完美结合上。

（3）个性时尚。人们的生活是丰富多彩的，追求个性化的风格是现代社会成员特别是青年人的重要特点。变化与不同能使人保持年轻的心态，千篇一律则会导致兴奋点的消退。商品的时尚流行是一种社会消费现象，流行商品具有新奇性，很容易产生对人们的吸引力，是人们求新、求变心理的反映。当某一商品流行一定时期以后，它就可能成为过时的商品，于是新的追求又会形成，新的时尚又会产生。目前，流行期的长度趋向于缩短，商品的设计者和生产者切忌盲目跟随和模仿。

（4）性别标记。除了针对生理特性的不同而产生的男女性的特殊商品，在其他场合，由于长期、习惯化行为方式的影响，男女消费者在选择商品的品种和式样方面，也存在着一定程度的差异。

就某些商品而言，女性喜爱曲线优美、细腻平和的造型，而男性则更看重棱角分明、富有质感的商品。由于种种原因，男性专用商品相对于女性来说要少，但男性专用商品仍是值得厂商开拓的一个领域。

2. 商品生命周期与消费者心理

商品生命周期可分为四个阶段：投入期、成长期、成熟期、衰退期。消费者对处于不同生命周期的商品有着不同的心理活动和行为反应。

（1）商品投入期消费者心理。商品投入期是商品投放市场的初期。在这个阶段，商品以崭新的形象出现在市场上，由于消费者对商品尚缺乏认识和了解，因而只有少数人作尝试性的购买。

消费者在这一时期的心理反应主要有：①大多数人因为不了解商品的性能和特点，采取观望态度，不愿首先承担购买风险，但有进一步了解商品信息和认识商品特性的心理要求。②相当一部分人已经形成习惯性购买意向，忠诚于原有的同类商品，一般不愿改变原有的消费倾向，在不同程度上采取拒绝购买或观望等待态度。③有极少数人求新、求异动机强烈，或经济状况优越，个性特征明显，有独立自主的行为方式，愿意率先成为新商品的尝试者。如果商品技术性成分比较高，试用者一般为知识水平较高的一类人员。

企业应尽量缩短投入期的时间，利用广告宣传和馈赠样品等方式，帮助消费者了解商品。还应重视对极少数率先购买的消费者的培植，让他们无形中成为商品的义务宣传员。从潜在消费者的角度来看，消费者自发宣传的效果要大大好于厂商的宣传。

（2）商品成长期消费者心理。商品成长期是商品已在市场上初步站稳脚跟且已逐步扩展市场的一个阶段。这一阶段消费者的心理反应主要有：①相当一部分人对商品产生了兴趣，形成购买意愿，购买者逐步增加。②部分观望者注意并相信先行购买者的使用感受和社会评价，在较好的感受和评价的作用下加入了购买者的行列。③很多观望者仍心存疑虑，缺乏购买信心，寄希望于商品性能的进一步完善和商品价格的逐步下降。

在这一阶段，企业要把完善商品性能、提高商品质量和加强对商品的进一步宣传结合起来，达到一定的市场占有率。商品的价格也应随销售量的增长而逐步下浮，以吸引更多的消费者。

（3）商品成熟期消费者心理。商品成熟期是指商品在市场上已被广泛认识和接受，形成稳定市场的阶段。由于购买该商品的人数已相当多，从众心理表现得比较突出，因此销售量达到空前的高度，但消费者对现有商品的需求逐渐趋向饱和。

该阶段消费者的心理反应主要有：①大部分消费者已了解商品的性能，消除了疑虑心理，放心购买、使用并影响了那些观望、犹豫的潜在消费者。在从众心理的驱使下，潜在消费者也纷纷购买。②消费者对商品的质量、服务要求更高，开始出现挑剔行为。同类商品竞争者的出现，使消费者能货比三家，从容地进行选择比较，期望购买到价格更加适宜的此类商品。③部分消费者开始不满足于商品的现状，期待有更好性能、更有个性的改进型、换代型甚至发明型商品问世。

这一时期，为增强竞争能力，企业应在增加广告投放的同时，改变竞争手段，改善产品质量，改进产品性能，并适时地进行新产品的开发，以保持领先地位，增强竞争能力。

（4）商品衰退期消费者心理。商品衰退期是商品在市场上的销售量急剧下降、面临被淘汰的阶段。随着更新、更好的商品开始出现，消费者对原有商品的兴趣迅速下降。这一时期消费者的心理反应主要有：①多数消费者对现有商品的功能或特性已不再满足，开始注意收集新产品的市场信息，期待有更加优越的新产品能取而代之。②在日益激烈的市场竞争中，部分消费者期望爆发"价格战"，从此起彼伏的价格下调中获得实惠。③少数追求时尚意识浓厚的消费者开始转移消费目标，追逐新的消费浪潮。④有远见的厂商应及时做好产品的更新换代工作。

3.1.2　商标与包装设计心理

1. 商品名称心理

商品名称是指能在一定程度上概括地反映商品某种特性的特定的语言文字符号。从营销心理学的角度来看，商品名称既是消费者借以识别商品的一个标志，也是引起消费者情感、联想等心理活动的一种特殊刺激物。

（1）商品名称的心理功能主要包括：

① 认知商品功能。一件新商品问世之初，人们一般还不了解其主要功能和特点，起一个既具有概括性、又能画龙点睛的名副其实的名称，可以使消费者在尚未看到商品的时候，就能顾名思义，对这件商品的属性有一个概要的了解。

例如，这些年出现的"无人机""平衡车""扫地机器人"等新商品，消费者一看到这些名称，无须作任何解释，即刻就能心领神会。

② 增强记忆功能。商品名称可对商品内在物质因素和文化因素作形象的描述和抽象的概括。根据记忆保持的规律，消费者的形象记忆能力一般要优于抽象记忆能力。因此，通过商品名称中的字、音和所体现出的形、意的有机结合，可以使人过目不忘，长久记忆。

③ 诱发情感功能。商品名称通过反映消费者的个性心理特征，可带有某种情绪色彩和特殊意义，能够诱发消费者的情感，满足消费者的心理需要。美妙高雅的商品名称可以给消费者带来美的享受和愉悦的感觉，进而促成购买动机的形成。

④ 启发联想功能。商品名称内容丰富、寓意深远，可以引发消费者的联想，调动消费者的情绪，启发消费者对美好事物的回忆和想象。

例如，脉动这一品名，包含了饮料本身口感极佳的丰富内涵，能引起消费者积极的联想。

（2）适应消费者心理需要的商品命名方法。商品命名必须围绕消费者对商品的期望与需要。常用的商品命名心理方法主要有以下几种：

① 自然法。自然法以商品的成分等自然存在的因素作名称，修饰成分少，不带有人为的情感因素，让消费者感觉质朴、亲切、自然，没有矫揉造作之嫌。如"矿泉水""蜂王浆""羽绒服"等，以自然法命名可以给人以朴实无华的印象，看似不带感情因素，其实在商品名称中已自然而然地将商品的成分展现出来，容易使消费者感觉货真价实，引发购买欲望。

② 功能法。功能法以商品的主要功能与用途来命名，直截了当，可以使

消费者迅速了解商品的功效，如"修正液""防晒霜""计算器""手机"等。功能法可迎合消费者对商品实用价值的心理要求。

③象形法。象形法是一种主要按照商品外部形状来对商品命名的方法，它简捷实用、形象具体，让消费者一目了然，如"燕尾服""圆珠笔""凤爪"等。象形法突出商品的优美造型，或对原来不雅的名称作心理意义上的避讳，能满足消费者的审美需求，延长消费者的记忆时间，留下商品的鲜明印象。

④象征法。象征法不直接讲明商品的功能、成分，而以某种意愿、功能隐晦地寓于商品名称之中，给人以丰富的联想空间，如"元宵""佛跳墙"等。以这种方法命名的商品含义和文化内涵比较丰富。但使用中注意要约定俗成，不能滥用。否则会使消费者感觉不知所云，留下故弄玄虚的印象。

⑤借名法。这种方法借用有名的历史或传说人物事件的名字、富有特色的地名为商品命名，可让人感觉其丰富的文化内涵，如"中山装""东坡肉""龙井茶"等。这种方法把特定的人物、出产地与商品联系起来，体现其与众不同的特色，给消费者以历史悠久、工艺精湛、加工地道、品质优良之感，能够引发丰富的联想。

⑥引进法。这是一种将进口商品或历史渊源于海外的商品名称直接"拿来"，用于商品命名的方法。它省却了外来语翻译过程中词不达意的烦恼，如"吉普（jeep）""沙发（sofa）""嘉年华（carnival）"等，都是成功运用这种方法的范例，它们中相当一部分都做到了既保留音译成分，又包含了意译的内容。这种方法随着经济全球化趋势的发展而日益受到重视。在使用中需要根据消费者心理花费一定的工夫，进行艺术的再创作，可以满足消费者的心理。要防止简单的"拿来主义"，以避免还要经过翻译或解释才明白，失去名称本身应有的功能。

体验式学习·生活观察

请列举多种有特点的商品名称，讨论这些名称对消费者心理的影响。

上述方法在实践中并不一定是独立运用的，有时可以将两种或多种方法综合使用，如"鼠标"就是象形法与功能法结合的产物。

2. 商品商标心理

商标是商品的特定标记，是区分不同厂商生产的商品的一种符号。人们选择商品，往往是从认准某种商标开始的。

商标主要有三种构成类型：文字或字母型、图案型、组合型。其中，组合型商标是由文字或字母和图案组合而成的商标。

（1）商标的心理功能。商标是产品标记、企业信誉的象征，对营销主体和消费者具有重要的心理功能。

①识别功能。商标是企业及其商品的代表，是商品直接外在的标志。它可以帮助消费者辨认和区分不同的厂商，确定其商品质量的优劣，寻找自己中意的品牌。现代社会中消费者的品牌意识已日益浓厚，人们在市场上往往会购

买自己喜欢的品牌。

② 印象功能。一个具有特色的商标，常常会使人过目不忘，给消费者留下深刻的印象，再加上其优良的商品质地，会使消费者形成品牌忠诚度。

③ 信誉传播功能。设计出色、朗朗上口的商标，能够透过本身鲜明的文字、图案和色彩，通过媒体的宣传，把它所代表的商品的信誉在更大范围内传播给消费者，并可延伸到企业所生产的其他系列的产品中，发挥巨大的信誉传播功能。

（2）商标设计的心理要求。商标设计应符合以下几方面的心理要求：

① 简练易记，形象生动。商标是供人识别和呼叫用的，也是提高商业广告效果的普遍手段之一，因此，商标的文字必须简练，形象必须生动，能够使人一目了然，易懂易记。要选用简洁明了、易于拼读的字词，单纯醒目、容易识别的图案，来组成商标所要体现的各种意向集合体，能够在短暂的视听传播过程中，比较准确地传递有关商品的信息，给消费者以清晰的印象。这里的形象不仅是指纸面上的图文形象，还应包括通过图文来表现的商品形象，达到图文形式和商品内容的完美结合。

例如，"鸭鸭"羽绒服、"小米"手机、"海尔"洗衣机等商品的商标名称都非常形象生动，很容易使人望文生义、看图知义、过目不忘。

② 造型优美，赏心悦目。要提高消费者对商标的偏爱程度，树立商品美好的形象，还需要努力创作出富有艺术魅力、造型优美、构图平衡的商标形象，使其能够在瞬间为消费者的视觉所捕捉，达到消费者流连忘返、百看不厌的效果，满足消费者的审美需求。

例如，可口可乐商标的美术体字母设计得行云流水，其流畅的线条又与其物质特性相匹配，给人以美的享受。

③ 投其所好，恰如其分。商标是用以向消费者推介商品用的，其文字、图案的选择必然要考虑到消费者的喜好。要研究一定目标市场消费者的独特心理特征，根据他们的生活习惯、受教育程度、商品的特定用途，慎重选择商标的图文、色彩、形状以及读音和韵律，使消费者与其贴近、缩短距离，激发情感，产生美好的联想。

"精工"牌手表的"精工"与人们对手表走时精确、工艺精细的心理要求相吻合；"美加净"牙膏的"美加净"与人们求美求净的心愿相一致，这类商标名称会使人对商品产生好感。

④ 兼顾习俗，避免歧义。现代社会，国内国际市场互联互通，要将商品打进更广阔的市场，就要兼顾各地乃至各国的风俗习惯，对于商标的图文所包含的种种可能的歧义更不可掉以轻心。

例如，在中国使人感觉芳香的"芳芳牌"化妆品，其拼音"fang"在英语中却是狼犬尖牙、毒蛇毒牙之意，不能直接使用。

3. 商品包装心理

商品包装是指用于盛装、包裹、捆扎货物的容器和包扎物。包装一词现已被引申为以视觉的、心理的方法使各类营销对象引发人们关注、提升市场价值的手法。消费者不仅需要包装物质层面的使用价值，还需要包装心理层面的艺术价值。

我国古代有"买椟还珠"的寓言，说的是郑人见楚人卖的珍珠"为木兰之柜，熏以桂椒，缀以珠玉，饰以玫瑰，辑以羽翠"，竟然买其木匣，还其珍珠。购物者舍本取末"傻得可爱"，而商人推销商品善于以包装取悦于人则显得聪敏。一件商品质量性能再好，如若包装平平，很可能就无法体现它应有的价值，甚至无人问津。

商品包装按其与实体商品距离的近和远，一般可分为三个层次：内层包装、外层包装、储运包装。

商品包装具有如下心理功能：

（1）吸引注意。市场上商品种类名目繁多、千姿百态。消费者在无人介绍或没有明确购买目标的时候，常会感到茫然无措，不知如何取舍。而那些带有精美图案、别致造型、醒目文字包装的商品，往往能率先吸引消费者的视觉，进而引起消费者注意，唤起兴趣，促进购买。

💡 营销实践

出产于某小镇的饮料为扭转销售中的不利局面，决定让包装发挥更大的作用。设计者把包装变成品牌的广告，设计了一种精美的绿色长颈瓶，加上显眼的艺术装饰，独特而有趣，很引人注目。绿色长颈瓶突出了饮料是使用山区泉水制造的这一事实，同时在改进了的包装上印有放在山泉里的这些绿瓶子，照片的质量很高，色彩鲜艳，图像清晰醒目，这一设计成为该企业产品从此获得消费者广泛欢迎的关键。人们愿意把它摆在桌子上并坚持认为里面的饮料比别的同类产品更好。

（2）促进认知。商品包装是在营销现场协助选购和指导消费的理想媒介。具有特色的、能在一定程度上反映商品特性和厂商营销文化的商品包装，无疑起到了重要的促进消费者认知的作用。商品包装上加印的商品功能、原料成分、使用方法、注意事项等内容，提供了正确消费的信息，能满足消费者理智消费的心理需要。

💡 营销实践

一家食品公司推出了一款新产品，由于这是一家新公司，消费者的认知度不是很高。于是它创新地以天然的绿色植物作为商品包装的主要图案，并打出了"回归自然，自然带来健康"的广告语，使得该产品在众多同类产品中迅速脱颖而出，取得了很好的销量。该产品的热销使得该公司其他产品的销售量也大大提升。因为消费者已经对该公司产生了品牌识别，而商品的创意包装无疑成了品牌识别的催化剂。

（3）体现价值。商品价值的高低主要由核心商品所决定，但一般作为外行或尚不明商品功效的社会大众并不能简单地知晓核心商品所具有的价值，消费者选购商品时对商品价值的感受往往从包装开始。包装具有重要的象征意义。

（4）增加信任。商品包装上必须印有诸如厂商名称、地址电话、商标图文、原料成分、容量重量、生产日期、保质期限、条形码等信息，这些内容是厂商对消费者负责的表示，可以加深消费者对商品的印象，增加消费者对厂商及其商品的信任度。

4. 商品包装设计心理要求

一件商品要获得消费者的喜爱，除了内在品质，还需要综合运用市场营销学、心理学、美学、社会学以及物理学、化学等知识，在充分理解商品内涵和营销心理的基础上，设计出富有感染力的商品内外层包装。

（1）安全实用、便于携带。商品包装要从维护消费者利益出发，考虑他们的实用、方便、安全，体现科学性和便利性的要求。内层包装要根据不同商品的特点，分别采用不同的方式。

例如，食品饮料类商品事关人体健康，常采用密封式包装；软饮料为便于人们外出饮用，则多采用密封加拉环式包装；细致的休闲食品制造商为方便人们在外食用休闲食品，除使用小包装外，常在坚韧的塑料包装袋边开一个小缺口，消费者可轻松地用手撕开食用。

（2）新颖别致、艺术性强。商品包装新颖别致、与众不同，才能吸引消费者的注意。当一种商品的包装使用了一段较长时期以后，也要考虑推陈出新，加以适当变换，以满足消费者求新心理。在考虑新颖别致的同时，要充分调动装饰艺术的表现手法，做到包装的造型美观大方、图文生动明快、色调清新宜人。

例如，农夫山泉矿泉水包装上的文字和构图艺术感强，使人赏心悦目，并不时改变自己的包装和图案，始终给人留下大自然美好纯净的感受，吸引了消费者的关注。

（3）诱发联想、有针对性。商品包装要采用特定消费者所喜闻乐见的风格，诱发他们的美好联想。人们的个性心理不同，社会经历不同，对同一事物的理解与感受也不同。包装设计要高度警觉这一现实，综合考虑目标市场的各种因素，了解不同购买对象的爱好与忌讳，加强针对性。

红色是一种温暖兴奋的色调，可使人产生热烈欢快的联想，适合用于喜庆商品、礼品的包装；绿色宁静平和，给人以充满生机之感，适合用作保健品的包装；白色素雅高洁，黑色沉稳庄重，可以与多种颜色合理相配使用。

在外部造型方面，对男性消费者应突出造型大方、别致洒脱、容量充足的特点；对女性消费者则应以造型秀美、线条流畅、小巧精致为主。

（4）统一和谐、大方得体。商品包装设计要体现出形式与内容的一致性、包装形象与商品形象的一致性。不同档次的商品宜采用与其身价相匹配的包装设计、包装材料和包装结构，以满足不同消费者的心理需要。消费者自己消费的日用商品，包装一般可相对简约一些；常用作为礼品的商品，包装要充分体现物品的价值并能够适当反映对消费者的美好祝愿之情。需要注意的是，过度装饰会使消费者感到华而不实、喧宾夺主；而大包装小货物难免使消费者产生被愚弄之感。

同步测试

同步测试 3.1

3.2　品牌心理

品牌是一种名称、术语、标记、符号或设计，或是它们的组合运用，其目的是借以辨识某个销售者或是某群销售者的产品和服务，使之与竞争对手的产品和服务区别开来。

3.2.1　品牌心理功能与效应

1. 品牌构成要素与心理功能

（1）品牌的构成要素。品牌的构成要素主要有以下两个方面：一是品牌构成的显性要素，如品牌名称、品牌标志物、品牌标志色、品牌标志字、品牌标志性包装、广告曲等外在的、具象的东西，它可以给消费者以感觉上的冲击，其中品牌名称是最基本的构成要素。二是品牌构成的隐性要素，如品牌承诺、品牌个性、品牌体验等内含的因素，它不容易被消费者感知，存在于品牌的整个形成过程之中，是品牌的精神和核心。

（2）品牌的心理功能。

① 形象塑造。创建品牌的过程，本质上是一个商品形象塑造的过程。一般来说，良好的品牌凝聚了质量、档次、知名度等商品在消费者心目中的良好印象。

② 个性提炼。品牌的核心特征是个性化。品牌个性是人们赋予品牌的一系列拟人化的特征，好的品牌总是包含着某种关于人或物的故事。企业可以通过讲述品牌故事的方式增强消费者的兴趣与关联情感，从而提高消费者的认同与喜好程度。

③ 自我提升。消费者购买品牌商品，不仅是基于对其质量的信任，更是基于对购买品牌商品而衍生出的自身品味与地位的提升，从而在品牌商品购买中实现自我的预期价值。

2. 品牌效应的心理影响机制

品牌效应是指品牌在使用过程中，其所承载的信息为品牌关联者带来的效应和影响。品牌效应的心理影响机制表现为：品牌通过消费者传播相应的信息，促使其辨识品牌信息、选取品牌要素、赋予认知权重、评估品牌价值、形成消费态度，从而引导其对品牌的选择。因此，消费者在辨识某一信息的基础上，对品牌认知要素的不同选取赋予权重差异的组合，使该品牌具有了显著区别于其他品牌的个性化辨识特征，从而影响消费者对于品牌价值的评估与判断，进而影响消费选择。

中国的饮用水市场竞争激烈，农夫山泉能从中脱颖而出，首先起于"农夫山泉有点甜"这一经典的品牌广告。这句蕴含深意、韵味优美的广告语，一出现就打动了大众，令人们牢牢记住了农夫山泉。

3. 品牌效应的表现形式

品牌效应既有正面效应，也有负面效应，品牌正面效应的表现形式如表 3.1 所示。

表 3.1　品牌正面效应的表现形式

类型	含义
溢价效应	即一个特定的品牌商品在行业平均利润的基础上，销售价格高出其品类销售基价的那一部分
晕轮效应	即人们根据某一主体的部分品质或特征，对该主体的本质或整体特征下结论并决定自己对该主体的态度
筹码效应	即强大的品牌拥有者在谈判和交易过程中，易获得与他人的合作机会和较为优惠的合作条件，增加企业与上下游厂商或横向企业谈判的筹码
衍生效应	即品牌积累、聚合了足够的资源，能够不断衍生出新的产品和服务，使企业快速发展并不断开拓市场、占领市场，形成新的品牌

类型	含义
磁场效应	即拥有较高知名度和美誉度的品牌会在消费者心目中树立起较高的威望，表现出对品牌的趋向偏好，从而使企业或产品像磁石一样吸引消费者形成品牌忠诚度，在行为上表现为反复购买、使用，不断宣传，带动其他品牌的使用者关注和使用该品牌商品的良性循环
内聚效应	即品牌内化，指良好的品牌形象会增强企业的凝聚力，使生活、工作在其中的员工会产生自豪感和荣誉感，形成一种良好的工作氛围和企业文化，从而进一步调动员工的主观能动性，激发员工的精神力量

此外，品牌也有负面效应，一是知名品牌会引来众多的仿冒者，给企业带来很大的麻烦，甚至使品牌名誉扫地。二是品牌成名后受关注度提高，形象维护难度增大，一旦维护不当出现负面评价，会严重波及品牌信誉。

3.2.2 品牌定位与变更心理

1. 品牌定位心理

品牌定位心理要求让品牌在消费者心智中占据一个与消费者有关、与竞争者不同的有利位置，使品牌成为某个品类或某种特性的代表品牌。

> **? 即问即答**
> **品牌定位应遵循哪些原则？**

（1）心智主导。即品牌定位要在目标消费者的心智当中建立位置，如东方树叶的"纯茶饮"品类定位。

（2）以特取胜。即品牌定位要有别于竞争品牌，形成自己的鲜明特性。如抖音的"兴趣电商"定位、拼多多的农产品电商定位。

（3）持续强化。即营销人员应持之以恒地将品牌定位信息传递出去，在消费者心智上打上品牌烙印。如"比亚迪电动车性价比高"的认知是比亚迪长期坚持布局新能源汽车市场的结果。

（4）简约鲜明。即在大量信息充斥消费者脑海的时候，唯有简明清晰的定位才能使品牌脱颖而出。如王老吉凉茶的"预防上火"。

在实践中，应从以下维度进行品牌定位心理分析：一是从产品角度定位，如产品属性定位、产品利益定位、产品类别定位、产品价格定位等；二是从目标消费者角度定位，如消费群体定位、生活方式定位、使用场合定位、购买目的定位等；三是从竞争者角度定位，如首席定位、关联比附定位、俱乐部定位、进攻或防御式定位等；四是从品牌识别角度定位，如文化定位、关系定位等。

从产品角度定位：农夫果园有"三种水果在里面"的"混合果汁"新定位（产品属性定位）；新飞冰箱的"节能"定位和美菱冰箱的"保鲜"定位（产品利益定位）。

从目标消费者角度定位：利郎商务男装定位于"简约不简单"（生活方式定位）。

从竞争者角度定位：双汇"开创中国肉类品牌"（首席定位）；蒙牛在初创时打出了"向伊利学习，做内蒙古第二品牌"广告（关联比附定位）。

2. 品牌延伸与更新心理策略

（1）品牌延伸心理。品牌延伸是将现有的成功品牌名称用于新产品或修正过的产品上去，旨在以较少的成本占领较大的市场份额。品牌延伸有向上延伸、向下延伸和双向延伸等方式。

晕轮效应是品牌延伸心理的内在机理，又称"日晕效应"或"光圈效应"，是指在人际知觉中所形成的以点概面的主观印象。在产品品牌树立起来后，它往往占有一定的先天优势，适时地将品牌从原有产品延伸、拓展到新产品，就可以依托这一优势，利用消费者基于原有品牌形成的晕轮效应，将对原品牌产品的信任与偏好迁移到新产品上来，激发消费者购买同品牌新产品的动机与热情。

品牌延伸有利有弊。虽然可以发挥品牌迁移的晕轮效应，低成本、高效率地推广新产品；但是如果新产品质量不好，也可能产生"逆向晕轮"效应，损害原有品牌形象，伤及同品牌的其他产品。

（2）品牌更新心理。品牌更新是企业部分或全部调整或改变了品牌原有形象，使品牌具有新形象的过程。品牌更新是基于"感官疲劳"的形象老化效应和适应目标与环境变化的"衍生效应"为心理机制的。品牌更新主要体现在以下方面：一是品牌再定位，即营销者从商业、经济、社会文化变化以及企业战略发展的角度修正自己的目标市场而引起的品牌再次定位。二是品牌名称更新，即企业出于多种考虑更新了品牌名称这一最基本的品牌要素。三是品牌标志更新，即企业对品牌中可以通过视觉识别传播的部分进行的更新。

2021 年 11 月 18 日，美团外卖官方正式宣布进行品牌形象更新，由一只全力奔跑的大袋鼠形象变成了一个更有亲和力的黄色袋鼠头像。去掉了原品牌图案中的阴影，让整体设计更趋向扁平化。品牌形象升级后，美团外卖对整体的组合标识也进行了相应的调整，字体变大，更加醒目。

以美团外卖为例，数字时代的品牌更新特点可以概括为：

（1）扁平化。在数字化时代，"冲击力"和"清晰性"成了品牌标识更新设计的关键词，而通向这一目标的做法就是：在设计上做减法。在实操层面上着重于使用二维设计，降低多余的视觉噪声，如阴影与边框。

（2）动起来。为适应各种线上平台的传播，各大品牌几乎都拥有了动态版本的标识。动态标识会更加吸睛，在增加互动感与趣味性的同时，激发受众情绪，也能更加立体地表现公司的理念与风格。

（3）国际化。用简洁的设计语言，结合相似联想的图形或色彩，打破文化的国界，更加有效地进行信息传播。

（4）增加亲和力。许多品牌倾向于对品牌标识图形和字体进行圆角化处理，增加图形的流畅感和亲和度。同时，对于识别度较高的无衬线字体的青睐，也体现了品牌对于信息传达清晰度和准确度的追求。

（3）品牌虚拟经营效应。所谓品牌虚拟经营效应是指利用互联网优势，通过多企业生产经营职能虚拟合作的方式，生产与创建品牌的心理反应。中小企业特别是新建企业，实力不足，难以集产品研发、生产、销售、创建品牌于一体，更不宜大搞"全产业链"。这类企业应借助互联网优势，寻找多家合作企业，通过虚拟联合方式，跨时空承担生产、销售等职能，主导企业集中精力做品牌。不但可以有效减少投入，快速成功，还可以通过品牌塑造构建网络节点优势，实现快速发展。这一策略可以充分发挥"名牌效应"，使消费者广泛认同，踊跃购买。

同步测试

同步测试 3.2

3.3 商品价格心理

商品价格对于大多数人来说都是一个敏感的因素，对消费者的购买行为产生直接的影响。

3.3.1 商品价格的心理功能

1. 商品价值认知功能

（1）将价格作为衡量价值的尺度。在现实生活中，人们用价格作为尺度和工具来认识商品。所谓"一分价钱一分货"，就是这种心态的反映。

（2）将价格作为衡量尺度的心理分析。在商品更新换代速度日益加快的今天，新产品不断投放到市场，一般消费者限于专业知识和鉴别能力的不足，难以准确分辨新产品质量的优劣和实际价值的高低，这时价格就成为他们衡量商品质量好坏与价值高低的尺度。那么厂商是否可以随心所欲地制定高价，以谋取高额利润呢？其实对于可比商品来讲，这是不可能的，"不怕不识货，只怕货比货"，消费者可以通过比较分析来判断商品的价格是否合理，是否确实物有所值。

2. 自我意识比拟功能

消费者在购买商品时，除了进行价值衡量，往往还会通过想象和联想，把商品价格与自己的气质、性格等个性心理特征联系起来，与自己的愿望、情感、兴趣、爱好结合起来，以满足心理上的欲望和要求。这就是商品价格的自我意识比拟功能。

例如，有些人喜欢购置、收集、储藏古董物品作为家庭摆设并乐在其中，希望通过昂贵的古董来显示自己喜爱传统文化、崇尚古人的风雅。

这类心理功能因人而异，各不相同，与个人的观念、态度、个性心理特征有关，在日常购物中会有意无意地显露出来。

3. 商品预期功能

（1）价格需求弹性心理。商品价格的高低对供求关系有调节作用，特别是对于需求弹性大的商品。商品价格上涨时，消费者会认为购买商品会导致利益受损而减少购买；商品价格下降时，消费者会认为购买商品会获得更多的利益而增加购买。

（2）追涨等跌心理。价格心理对供求关系的影响还有另外一些复杂的情况，如追涨等跌心理。与通常的薄利多销规律不同，有时候人们往往表现出一种反常的行为举止：当商品价格上涨时，出于紧张心理，以为价格还会继续上涨，刺激了他们急于购买的心理需求；当商品价格下跌时，出于期待价格进一步下跌的心理而持币待购。

3.3.2　主观价格及其心理成因

1. 主观价格的含义

在购买行为过程中，消费者会对商品的客观价格在头脑中依据各自的经验或标准进行相应的评判，做出价格偏高、价格适中或价格偏低的结论。这种消费者在头脑中依据个人感觉判断的价格叫作主观价格。不管消费者是否做出购买决策，这一客观价格在头脑中的反映——主观价格是一直存在的。

？即问即答

什么是客观价格？它与主观价格有何关系？

客观价格是指商品销售过程中的价格，是消费者为购买商品必须付出的客观的货币数量。

主观价格与客观价格的关系：主观价格虽然依据客观价格而形成，但是主观价格与客观价格经常会出现相互不一致、甚至背离的情况。在消费者心目中常会产生这样的判断：商品的价格太高，或者商品的价格偏低。消费者实际上是按照主观价格而不是客观价格来决策的。对于一位经济型消费者来说，购买一件他认为价格偏低的商品才是一种理智的行为；而对于一个有较高自我意识比拟的人来说，却会认为有失身份。

2. 主观价格的心理成因

主观价格并非是人们关起门想出来的，它受到人们经验、个性和心理需求强度等因素的影响，具有深层的心理形成原因。

（1）自我心理定位值。消费者购买过程中对商品价格的高低首先有一个心理定位值，认为高档商品、时令商品、名牌商品应该价格较高，而促销商品、落时商品、一般商品应该价格较低。如果出现与其心理定位不符的情况，就会认为此时的价格不应该是这样。

（2）习惯性尺度。消费者究竟如何定位一种商品的价格，在相当大程度上是由于其在长期购买与消费实践中，对商品价格反复感知而形成的。消费者在主观上确定一种商品价格时，很难有精确的客观标准加以衡量，只能依据在大量购买过程中，通过反复接受各种价格的刺激，形成一个大致的均值作为主观价格。

（3）相对性比较。人们在购物中也会对商品价格进行相对性比较。①相对于其他场合：如在东京乘坐地铁要花 200~500 日元，约合人民币 10~25 元。而在北京乘坐地铁只需要3~7元，从东京回到北京坐地铁的人自然感觉非常便宜。②相对于其他时间：如去年某种螃蟹每500克是60元，今年却是90元，令人感觉变贵了。但这种比较常限于在短期内进行，随着时间的流逝，人们心目中的印象会逐步淡化，渐渐地对现时价格习以为常。③相对于个人收入：同样一个心爱的花瓶，现在花300元购买并不觉得贵，而在以前只需30元却不舍得买。因为那时人们的收入一般每月仅几十元，当然就觉得贵了。

（4）敏感度因素。敏感度是消费者对商品价格是高还是低的感觉变动程度。敏感度越高，对商品价格高低的感觉变动程度越强。敏感度与消费者购买商品的频度有关。购买频度高，敏感度就强；购买频度低，敏感度就弱。学校的师生每天在餐厅就餐，饭菜价格哪怕是变动了5角钱，也会引起议论。而市场上同样一台冰箱价格就是上涨了500元，消费者也并不会放在心上。

（5）价格倾向心理。这是指消费者在购买过程中，由于社会地位、经济收入、个性风格及价值观等因素的差别，而在价格选择上表现出的倾向性。如有的高收入消费者追求的是高档、名牌、高价商品，对这类商品他们会给出较高的价格；而有的低收入消费者更感兴趣于经济实用、价格低廉的商品，通常他们形成的主观价格会较低。

（6）价格倾斜心理。这是指不同人的主观价格的不平衡性与不对称性。一般而言，对同种商品，消费者与商家会出现两个相反方向的价格倾斜：消费者希望价格越低越好，所以总嫌价格高；而商家则相反，希望价格越高越好，所以总嫌价格低。

⬆ **体验式学习·生活观察**

以自己接触过的不同购买实践为例，试分析价格倾向心理与价格倾斜心理的区别。

📱 数字化消费心理
消费者主权心理效应

进入数字经济时代，社会的生产与消费结构发生了重大变革。生产者与消费者之间的权利关系发生了重要变化。消费者主权正在形成并被不断强化，它已成为研究消费者心理的重要课题。

1. 数字经济时代的消费者主权

消费者主权是与生产者主权相对而言的。过去，由于生产力不够发达，信息不够对称，生产销售基本上是由生产者主导的，消费者只能被动按照生产者的意愿与价格接受产品与服务，即处于生产者主权时代。随着数字经济时代的到来，特别是互联网的快速发展，信息变得高度透明、对称，消费者掌握大量关于产品与服务的信息，拥有更大的选择和决策权利，生产者会围绕着消费者的意愿与要求组织生产与销售，进入了消费者主权时代。

2. 消费者主权形成的条件

消费者主权形成的主要条件包括：

消费者主权
心理效应

（1）前提。生产效率显著提高，实现了产品的丰富化。消费市场转变为卖方市场，消费者有更大的话语权，生产者围绕着消费者的意愿与需求生产。

（2）基础。互联网的高速发展，实现了较高水平的信息对称。信息技术的升级解决了传统市场的信息不对称问题，使得生产者与消费者之间的权力关系发生了深刻转变。

（3）关键。网络化互动平台的构建，为互动交流创造条件。互联网的快速发展，为消费者与生产者进行交流互动，表达其购买与消费诉求搭建了平台，从而使消费者主权得以实施与确立。

3. 消费者主权心理反应

消费者获得主权后会产生强烈的维权心理与表达欲望，通常会表现为以下心理反应：

（1）信息知晓。消费者有强烈的获取信息的欲望，要通过各种媒体渠道，低成本、及时地获取他们所需要的信息。

（2）商品个性选择。进入消费者主权时代，消费者要追求自己的个性化需求，利用厂家进行大规模定制生产的方式，挑选自己中意的、个性化的产品与服务，以实现购买与消费体验最佳化。

（3）品牌认可。在消费者追求个性化消费、社会性需求的过程中，购买与消费知名品牌的产品与服务成为重要的选项，从而产生了对品牌认可的欲望。消费者通过广泛收集相关信息，进行品牌的识别与评价，并利用多种形式的自媒体表达自己的判断与诉求，参与相关品牌的建设与传播。

（4）价格决定。消费者主权在相当程度上表现为对商品与服务价格制定的参与权。消费者参与商品的研发、制造、销售等过程，获知全过程信息，从而对产品的成本与费用等有更多的了解。通过各种交流平台与途径，表达自己的见解与诉求。加之商家对消费者的尊重与配合，可以在相当程度上影响到产品与服务的定价。

（5）营销（生产）参与。如前所述，消费者通常会有更高的热情参与商家的生产、营销等全过程。从而，满足其获取信息、参与过程、表达诉求、获取成就感等需求。

（6）学习提高。消费者主权的有效行使，除了各种相关客观环境条件的保证，在相当程度上还取决于消费者自身获取信息、表达诉求、参与决策的素质与能力。

同步测试

同步测试 3.3

中国企业讲坛
企业导师谈商品体验心理

数字时代的模式创新非常重要，但对于企业而言，更重要的是数字内容创新，捕捉消费者的"痛点"，打造满足甚至"创造"消费者需求的好产品，使消费者获得更好的体验——实现价值最大化。

实践与训练

▲ 果汁消费心理调研

【实训目标】

1. 体验消费者对商品名称的认知、记忆、情感、联想等心理功能。

2. 培养对果汁等商品营销的能力。

【内容与要求】

1. 到超市果汁柜台进行市场调查，观察消费者选购果汁的情况。

2. 统计各种品牌果汁的日销售量。

3. 对销售量列前 3 位的果汁品牌，从果汁品牌名称、商标设计、包装（包括瓶罐形状、包装物材料、容积大小、封口方式）等方面了解吸引消费者的主要原因。可以事先设计调查表，让消费者填写，也可以现场访问部分消费者。

【成果与检测】

1. 完成调查统计情况汇总。

2. 写出专题报告，总结销售量列前 3 位品牌的果汁在产品名称、商标、包装设计等方面的成功之处，并对销售量不佳的品牌厂商提出改进建议。

3. 教师进行评估与分析。

模块 4

场景行为：传播与广告心理效应

学习目标

※ 素养目标

- 增强广告传播中的正能量建设，强化正向引导
- 讲好中国故事，传播中国好声音，增强文化自信

※ 知识目标

- 了解营销传播的心理功能
- 掌握传播的心理机制
- 掌握广告心理过程及其模型
- 掌握广告的创意心理和诉求心理

※ 技能目标

- 能够正确运用广告定位心理方法
- 能够正确运用广告诉求的情感元素和理性心理方法

思维导图

```
                              ┌──────────────┐        数字化思维与
                         ┌───→│  数字化视角   │────────  传播心理
                         │    └──────────────┘
  ┌──────────┐           │    ┌──────────────┐        营销传播及其心理功能
  │ 场景行为： │          │    │ 营销传播心理  │────────
  │ 传播与广告 │─────────┼───→│    机制      │────────  传播心理机制分析
  │ 心理效应  │          │    └──────────────┘
  └──────────┘           │    ┌──────────────┐        广告心理过程模式
                         │    │              │────────  广告心理过程分析
                         └───→│  广告心理过程  │────────
                              │              │────────  广告诉求心理
                              └──────────────┘
```

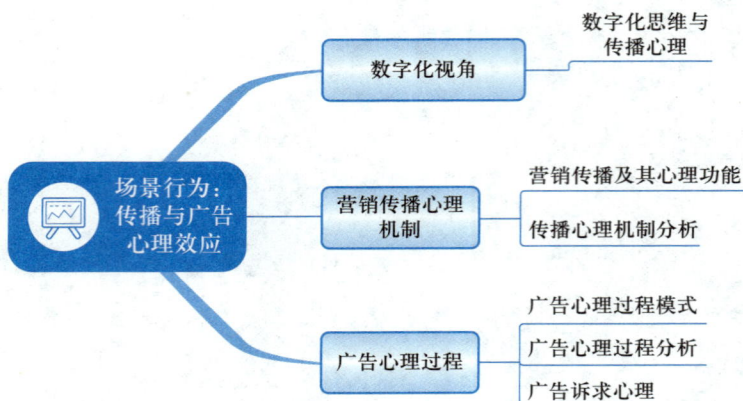

　　营销场景的关键要素与常态化呈现形态是活动或者行为，即消费者与营销者的消费与营销行为。不同场景有不同的活动与行为，大多表现为以商家的营销手段为媒介，消费者与营销者深度互动，进而形成交互式心理效应，决定消费者行为。

📑 学习园地

　　党的二十大报告指出："增强中华文明传播力影响力。坚守中华文化立场，提炼展示中华文明的精神标识和文化精髓，加快构建中国话语和中国叙事体系，讲好中国故事、传播好中国声音，展现可信、可爱、可敬的中国形象。"

学习体会：

　　数字化时代，企业在发布各种营销传播信息与广告，吸引消费者注意的同时，必须认真学习贯彻党的二十大精神，从"加快构建中国话语和中国叙事体系"的战略高度强化中华文明传播影响力，在广告传播与营销的过程中，讲好中国故事、传播好中国声音，展现可信、可爱、可敬的中国形象。

📊 数字化情境
"华流品牌计划"

　　2023 年 5 月 10 日是我国的第七个"中国品牌日"。当天，天猫举行了隆重的"510 世界华流大赏"，将天猫"华流品牌计划"主题活动推向高峰。

1. 创意："社商一炉"

5月10日前，天猫联合100个中国品牌发起"华流品牌计划"，以中国品牌日为契机，以中华文化为切入点，以一系列中国品牌宣传活动为载体，打造了一波引起年轻消费群体共鸣的文化消费趋势宣传，旨在传播中国文化元素，塑造中国形象，引导年轻人消费，激发文化自信与民族自豪感，打造华流消费的世界影响力。

这一营销传播活动既是爱国情怀的体现，也是顺应潮流的营商之道，其核心是在主动适应社会发展大势的背景下，精准洞察年轻消费者的爱国之心，适时捕捉年轻消费者的精神热点与消费追求，打造融爱国情怀与消费潮流于一体的"510世界华流大赏"盛典，在激发全世界华人民族豪情的同时，将中国品牌推向世界，渗透到年轻消费者的生活中。

2. 活动："三全传播"

在"中国品牌日"前后，天猫的"华流品牌计划"活动项目丰富多样，可谓琳琅满目，主要可以概括为"三全传播"。

（1）全要素展现。天猫以传统中华文化与技艺为内核，通过新供给、新营销、新内容、新体验四个方面引领中国文化新消费。该品牌传播计划实现了华流文化内核、特色商品载体、中国品牌形象、现代消费流行符号等诸多要素的全面展现。在新供给上，链接100位艺术家、设计师和IP资源，打造华流文化新赛道；在新营销上，引领东方美学、成分之道、传统精作、服章之美、科技人文、中式滋养、意境东方和国风文创八大华流文化消费新趋势；在新内容上，联合品牌店打造100个文化直播创新案例；同时，携手全国文旅地标，通过线上线下联动，带来文化消费新体验。

（2）全媒体传播。"华流品牌计划"实施伊始，就推出了重量级的宣传片"先声夺人"。在主题为"中国品牌，世界共享"的2023年中国品牌日活动开幕式上，淘天集团公共事务副总裁表示，承载中华文化的商品和品牌阵容正在持续壮大，进入越来越多年轻人的生活，已演变为新的消费趋势。在这一过程中，天猫将继续作为中国品牌生长的沃土，打造文化消费新引擎，助力中国品牌进入下一个增长期。天猫携手央视网共同策划"世界华流 品牌共享"圆桌论坛，邀请中国品牌代表共商未来方向，合力打造强大的中国品牌文化影响力，强化中国品牌标识度。

（3）全时空渗透。"510世界华流大赏"等系列活动首先直接影响的就是我国广大年轻消费者，他们是本次传播活动首要的目标受众；不但要影响他们的消费理念，而且要渗透他们的日常生活；此外，还要影响世界范围内的华人，以及欣赏、喜爱甚至崇尚中华传统文化的外国人。

3. 成效："反响爆棚"

据媒体观察，天猫的"510世界华流大赏"吸引了大量消费者参与，以"打卡世界华流"互动为例，全球各地的年轻华人纷纷用中国符号点亮了自己所在的城市。据了解，截至5月10日，活动吸引了31个国家422座城市的天猫用户，各个城市累计被点亮 33 万次。

（1）"华流"促增长。天猫数据显示，2022 年淘宝天猫上有 2 840 个中国品牌成交额突破 1 亿元，在所有过亿品牌中占比高达 75%。其中，发展速度最快的一个中国品牌，仅仅用了 96 天就实现成交额破亿；还有创立不到三年的新锐国货品牌超越国际大牌，成为细分品类第一。

（2）"华流"引知行。对很多年轻消费者来说，中国品牌已经成为他们的首选，相关商品在年轻圈层爆火，让他们对华流有了新的思考，"华流"成为他们的最爱与流行。"华流"在引领年轻消费者消费的同时，也潜移默化地强化了他们的家国情怀和文化自信。

（3）"华流"成顶流。华流就像水，从五千年的中华文明出发，不断流动，演变成各种形态，直到融入今天年轻人的流行生活趋势。"华流"正在成为中国年轻消费者的最爱，随着"华流"向世界的传播，也成为代表世界消费流行的强劲新趋势，成为众多其他消费者群体的流行新风尚。

情境分析

1. 结合案例分析，天猫举办的"510 世界华流大赏"的成功之处有哪些？
2. 这种新的"华流"消费传播趋势反映出年轻消费者的哪些心理需求？
3. 结合本模块的学习，分享自己对"华流"趋势的理解与消费体验。

数字化视角
互联网思维与传播心理

互联网思维
与传播心理

1. 口碑思维：口碑是最强大的广告

在商业经营活动中很早就流传一句话："满意的顾客是最好的广告"。进入数字化时代，消费者话语的作用则更为重要："口碑是最强大的广告"。互联网数字化的核心在于互联，可以实现相当多的人，乃至全世界人的互联；而且每个人都有自媒体式的话语权，可以形成强大的影响力，这种口碑的传播速度之快、范围之广、影响之深是前所未有的。

（1）基于自媒体的口碑效应。一方面，随着自媒体的发展，每个人都具有相对独立的话语权，可以相对自由地发声；另一方面，随着互联网的发展，人们之间的交往，更多的不是面对面，而是借助于网络；再加上网络传播速度快、传播面广，群体效应明显。因此，口碑效应就变得更加强大，会显著影响广大用户的需求心理与购买行为。

（2）爆款与热门心理效应。强化口碑效应的基本途径是发挥网络传播优势，制造爆款与热门。在网络传播过程中，网民存在着强烈的好奇心，对一些爆炸性新闻、事件不但会积极阅读，还会热情传播。如果商家制造爆款商品或利用热门话题造势，再加上网络群体效应的助推，必然对用户的需求心理与购买行为产生重要的

影响。

（3）评论与排名心理效应。在销售与购买过程中，口碑效应突出表现为商品搜索排名与用户购买评论。当用户在线选购商品的时候，会先查看商品的搜索排名，包括综合排名、销量排名、价格排名等。排名是一种对商品的"投票统计"。人们通常会搜索出上万种可供选择的商品，但是只会看排名在前面的很少一部分，排在后面的几乎无人顾及。而选中其中几种商品后，在查看商品详情的基础上，一定还会看已购者的评论，这是最直接的口碑。这些排名与评论往往是最令用户信服的广告。

2. 流量思维：传播以流量为王

在互联网时代，影响有效传播最基本的因素就是流量，即"流量为王"。只有坚持流量思维，才能发挥口碑效应，广泛而深度地影响用户需求心理与购买行为。

（1）口碑效应的大小主要取决于两个因素。一是口碑内容，即信息的质量与价值，主要是事件与传播目的的吻合度；二是口碑传播的范围与强度。在互联网时代，后者主要取决于流量的大小，而流量的大小既取决于信息本身的质量，还取决于传播平台的总体流量。流量大的平台将对用户心理产生更大的影响。

微信是目前即时通信流量最大的平台之一。所以在微信上传播，往往会获得非常大的流量。流量大就意味着会有更多的用户看到相关的信息并深受其影响。

（2）增加流量的路径。根据上面关于决定流量大小两个因素的分析，可以明确增加流量的两条路径。一是提高口碑信息的质量与价值，增强对网民的吸引力，具体包括：捕捉有价值信息，打造信息的爆点；选准角度，提高制作质量；抓住最佳时机，合理借势发布。二是选好平台，借船出海，具体包括：认真分析平台特点与口碑传播目标的吻合度；扬长避短，将平台优势发挥到极致；跟踪控制，因势利导。

3. 社交化思维：注重交互与情感

在互联网时代进行传播，特别是做广告，最重要的变化就是必须强化社交化思维，注重双向交互并突出交际中的情感因素。社交化思维是对传统广告思维的颠覆。过去通过传统媒体发放的广告，很难把个性化的、有针对性的信息传递给那些有特定购买需求的买家。在广告宣传中强化社交化思维，最基本的路径有以下两条：

（1）买卖双方交互：从单向广告转变为双向沟通。无论是广告还是其他营销传播形式，都应放弃单向推送的"广而告之"模式，取而代之的则应是营销者与用户的双向交流互动，即构建一种"交而流之"的聊天模式。从而使广告为用户所接纳甚至是喜欢，使用户享受在交流中获得帮助的喜悦。

（2）突出情感交流：从刻板的信息传递转变为富有情趣的情感融通。在营销传播中，要形成一个双向的友好交际过程，成为一种借助媒体与用户交际的行为，这就必须强化情感因素。包括内容的精选、形式的设计、传播的实施、社群场景的营造等，每个细节都要充满温情，使用户感受到不是在"被接受信息"，而是在开心地交流感情，使信息传递与动机激发在愉悦的交际中自然而然地完成。

4.1 营销传播心理机制

4.1.1 营销传播及其心理功能

1. 营销中的信息传播

营销传播是指在营销过程中，营销主体为实现营销目标，运用各种传播手段，将营销信息传递给消费者或客户，以激发其购买动机的信息传递与沟通过程。信息传播对营销活动非常重要。

营销传播的基本手段可以划分为两类：

（1）语言传播手段。指用来将营销信息由社会组织传送给公众的口头语言和书面语言。这是营销传播最基本的手段。

（2）非语言传播手段。指用来将营销信息由企业组织传送给公众的各种体态语言，类语言和空间运用等手段。这是营销传播的辅助手段。

营销传播的方式主要有三种，如表 4.1 所示。

表 4.1　营销传播方式的类型

类型	内涵
大众传播	是指企业组织借助大众传播媒介将营销信息传送给公众的方式。例如，一家企业通过社交媒体做广告，就是一种大众传播方式
人际传播	是指企业组织不借助大众传播媒介，而通过人与人之间的直接联系将营销信息传送给公众的方式。例如，登门拜访用户就是一种人际传播方式
综合传播	是指将大众传播与人际传播两种方式结合起来而形成的一种组合传播方式

2. 传播的心理功能

（1）促进认知。营销传播虽然是信息的传递过程，但其效果受到传播主体、对象心理因素的重要影响。如传播主体（营销人员）是否真诚、热情，传播对象（消费者）是否需要、信赖，这些心理因素会影响信息传播的有效性，直接影响营销信息的准确接收，以及相应的分析、判断，进而决定认识的程度。

（2）融通情感。信息在传播与沟通过程中，会引起营销人员与消费者之间心理、情感上的变化。愉快、坦诚的交流会进一步增强双方之间的信任，融通相互之间的情感，从而使营销过程成为双方愉快合作、互惠双赢的过程。

（3）激发动机。消费者的购买欲望与决策是基于认知的理性过程。但是，这一过程又不可避免地受到消费者心理、情绪等因素的影响。当消费者在做出理性的利益比较选择后，最后的购买意向与决策，就会取决于营销传播与交流

体验式学习·生活观察

请介绍一个营销传播实例，以此为基础说明营销传播的三个心理功能。

过程中的心理与情感因素。

4.1.2 传播心理机制分析

1. 消费者对传播主体的认知与评价

消费者能否有效地接收企业的营销信息，在相当程度上受到消费者对信息发布者相关方面认知与评价的影响。主要包括：

（1）专业权威性与知情程度。消费者对于由专家或知情者发布的营销相关信息容易接受，认为这些信息是可靠的。例如，由医学权威推荐的产品往往会更令人信服。

（2）道德水平与性格、态度。消费者容易相信道德水平高的传播者提供的信息，对于真诚的、坦率的传播者的信息也容易相信。如果企业的管理者或员工以真诚的态度对待消费者，其所提供的相关营销信息就更容易为消费者所接受。

（3）提供信息的动机。这是极为重要的一个方面。如果提供的信息明显有利于信息提供企业，消费者就不容易接受。当信息提供企业不是出于私利，而是出于公心，特别是有利于消费者时，其所提供的信息就很容易被消费者接受。不少企业打广告，宣传其商品如何好，难免有"王婆卖瓜，自卖自夸"之嫌，消费者总是将信将疑。而如果是购买了这种商品的消费者的现身说法，其他消费者就会更容易相信。即"满意的消费者是最好的广告。"

（4）传播者受欢迎的程度。如果信息的传播者同消费者有良好的关系，或者非常受消费者的欢迎，那么，消费者对于他们提供的信息就会容易接受。例如，一些产品由颇受公众欢迎的著名体育冠军做广告，消费者会更容易接受这些广告信息。

2. 传播过程的心理分析

（1）传播方式中的消费者心理。

① 人际传播心理。在人与人面对面进行传播时，传播信息更具有准确性与可信性。耳听为虚，眼见为实。同时，人际传播也可能受到传播者人格等因素的影响。此外，人际传播可以使信息传播的过程更多地渗透进心理与情感交流的成分。这种心理与情感交流可能有助于或妨碍信息传播。

一位企业营销人员拜访客户时，有效地进行了情感沟通。客户十分认真地倾听，不断地询问，双方谈得很投机，不但准确地传播了相关信息，而且令客户对营销人员及其企业产生了极好的印象。不但谈成了生意，而且还交了朋友。

② 大众传播心理。大众传播借助媒体，使传播面明显扩大。消费者对这种方式的心理反应包括：一是使消费者觉得这种大面积公开发布的信息可能更

可靠，特别是经由一些主流媒体发布的信息；二是由于通过中间媒介，也可能使消费者怀疑信息的失真问题。因此有的消费者宁可更相信自己直接看到的。

> ### ⭐ 思想淬炼
> **最好的风景是愿景**
>
> "最好的风景是愿景，前行的方法是价值观，使命是我们前进的动力。"某知名互联网创业公司以"建设全球创作与交流平台"为愿景，以"激发创造，丰富生活"为使命。该公司认为，使命不是抽象的，而是可以在日常生活和工作中和员工发生连接、提供动力的具象目标。该公司的成功与他们坚定不移地坚守、践行企业使命密不可分。
>
> 1. 了解社会，贴近用户
>
> 该公司刚进入市场时，员工们深入一线进行调研，到用户家里访谈，了解用户的生活情况，包括用的什么手机、网络环境如何等。他们去了不同的地方，测试不同的网络环境下产品运行的情况。再根据调研结果，做对应的适配、优化预加载等，提升了用户体验，产品使用率慢慢就增长起来了。
>
> 除了调研，公司更深入地参与到客户应用场景里去。一位员工为了让公司的协同办公产品更好地帮助客户，干脆在超市做起了"兼职"。最终提出了新的协同工作方案，为超市 300 多个工作人员每人每天节省了约 3 个小时的工作时长。这位员工也顺便练成了超市里的切瓜好手。
>
> 2. 关注社会价值，服务社会
>
> 在践行使命中要特别关注社会价值，把社会价值视作工作的根本。该公司关注的社会价值包括业务本身给社会带来的价值，以及企业的社会责任。公司要求每个同事都积极参与公益活动，多做贡献，积极研发基于产品的公益活动。为了支持大家参与公益活动，公司也提供了相应的平台和支持政策。
>
> 在企业社会责任方面，该公司利用视频处理技术，把过去模糊的经典动画片，免费修复成 4K 高清视频并进行分享；还和高校一起做古籍数字化工作，让古籍的知识变得更容易理解。公司计划在三年内整理一万种古籍，基本覆盖儒家、道家的经典书目，之后将对用户免费开放。

"最好的风景是愿景"

（2）传播媒体与消费者心理。传播营销信息的媒体不同，其信息传播效果就会有所不同。印刷广告适于消费者记忆、储存、查询，并有助于使消费者了解详细信息；电子广告对消费者刺激明显，容易引起消费者注意，加深印象并增强形象性、动态化认知，更容易使消费者接收。

（3）传播手段与消费者心理。企业营销传播主要靠语言传播与非语言传播两种基本手段。传播手段的运用会在消费者心理引发不同的反应。①营销传播的手段适应消费者需要，会促使消费者更愿意接受和理解信息；②语言运用的科学性与艺术性，会增强消费者接收信息的有效性；③沟通中情感因素的有效运用，会缩短营销人员与消费者的心理距离。

（4）传播信息与消费者心理。消费者对传播信息的心理反应主要体现在：①消费者对信息内容的感兴趣程度；②消费者对信息真实性、准确性的判断；③信息的传播渠道、载体或方式是否为消费者所喜欢或易于接受；④信息是否具有知识性、趣味性和生动性。

3. 传播对象（消费者）心理分析

企业营销传播的有效性，还在相当大程度上取决于消费者自身的因素。

（1）消费者的人格因素。消费者能否接受关于企业营销的信息，主要受到以下消费者人格因素的影响：①自我尊重程度。自我尊重程度高，可能不容易受外界信息的影响。②思想方法。思想方法科学、灵活还是僵化、死板，也影响到对信息的接收。③性格。性格粗直的人多容易较快地相信一些信息。④心理成熟与心理健康程度，也会影响到对营销信息的接收。

（2）消费者现有态度情况。当消费者现有态度与企业营销信息不一致，企业想改变消费者的态度时，其现有态度本身的一些情况也影响消费者对企业信息的接受。消费者现有态度情况主要包括：①态度形成时间的长短、态度的一致性程度、态度的强度。如果属于长时间形成的、高度一致的、高强度的态度，对于改变其态度的信息就不容易接受，态度也不易改变。②现有态度与消费者利益的关系。如果态度的改变将导致消费者利益的损失，那么，消费者会强烈抵抗这方面的信息，坚持现有的态度。③消费者的这种态度是否公开，是否已采取行动，是否还涉及其他方面。如果消费者的这种态度已广为外界所知，或者已付诸行动，或者涉及其他方面的关系，则消费者将抵制要求其改变态度的信息并顽固地坚持其态度。

（3）消费者对信息做出的反应。主要包括：①信息正好满足消费者的需要，消费者会做出积极的反应，认真接收信息，迅速改变态度。②信息与消费者的态度不一致，消费者可能采取多种方式抵制信息：如驳斥信息正确性；贬损信息传播者；歪曲信息的内容等。如果出现后一种情况，显然不利于企业形象树立和营销信息传播。

企业必须认真分析消费者心理，研究消费者需求与特性，有针对性地运用心理策略，营造有利于传播的营销心理环境，以促进营销信息的有效传播。

体验式学习·参与体验

联系自己所参与过的营销实践，分析讨论传播主体、过程、对象在营销中的心理反应。

同步测试

同步测试 4.1

4.2 广告心理过程

4.2.1 广告心理过程模式

1. 广告心理过程的含义与构成

广告的心理过程是指广告通过其特有的手段作用于公众与消费者，引发其心理活动的反应方式和发展环节。

消费者接收广告信息并做出相应的心理反应，其一般心理过程是由既相对独立，又彼此联系、交互作用的三种活动构成的，即消费者的认识过程、情感过程和意志过程。这一过程还受到消费者个性心理特征的影响。

2. 广告心理过程理论模型

在广告作用下，消费者的各种心理活动可以大致概括为学习、态度和行为三类，其主要模式包括：

（1）主动学习模式。这是最基本、最普通的模式。它假设广告能将产品信息有效传播到消费者那里，影响他们对广告商品的态度，最后影响到他们的购买行动。

其模式为：学习→态度改变→行为改变

这种模式主要适用于新产品和高档商品。因为这两类商品都需要通过广告让消费者了解有关信息，有一个学习、认知的过程，影响消费者的态度，令其感兴趣；在广告的作用下，消费者在认知和态度改变的基础上采取购买行动。

（2）低程度介入模式。这一模式假设人们对广告商品的介入程度较低，不需要详细的分析、评价与体验即可购买，而在商品购买之后才发生态度的改变。

其模式为：学习→行为改变→态度改变

这一模式主要适用于日常生活用品和挑选性小的商品。因为购买这类商品通常不需要复杂的收集信息、学习的过程。在大致接收广告信息之后，消费者由于生活上的需要而付诸购买行动；在购后使用的过程中，才逐渐形成对这些商品的印象或偏好。

（3）减少不满模式。这一模式是假设人们对广告商品的介入程度较高，而又缺乏有关的信息资料，但又必须立即购买，常在购买后产生不满情绪，而通过广告可以提供有效的营销信息，减少其不满情绪。

其模式为：行为改变→态度改变→学习

这个模式适用于生活必需品和独家（或少数厂商）生产的商品，以及质量、品种、规格差别不大的产品。因为产品没有选择性或无法辨别差异，只有在购买后才会形成或改变对商品的态度。所以，消费者寻找信息来深入感知商品。此时，通过广告提供所需信息，以期促进消费者行为改变或减少不满情绪。

3. 广告的心理一般过程的构成

广告的心理一般过程由以下步骤和环节构成，如图 4.1 所示。

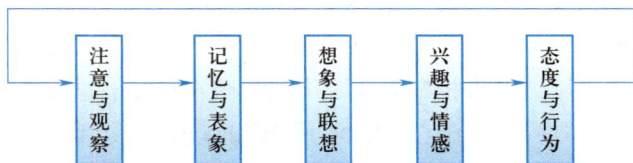

图 4.1　广告心理过程模型

①通过广告引起消费者的注意，使消费者的意识转向广告商品并对有关信息加以观察。②广告给予受众一定的信息，使人们对广告商品增进了解，形成记忆与表象。③使消费者进一步产生记忆、表象与想象、联想交互作用的心理过程。④当以上过程产生积极的感受以后，会引起兴趣，诱发情感，增强购买商品的欲望和做出购买决策的动力。⑤形成一个良好的商品形象，产生对该商品积极的态度评价，诉诸购买行为。

当采取购买行为以后，得到满意的使用效果或接受来自他人的赞美信息，会进一步加强对该商品的注意、记忆与联想、情感，进而形成品牌忠诚度。

4.2.2　广告心理过程分析

1. 引起注意

人们每天通过各种媒体可接触到成百上千的广告信息，这些信息中的大部分都被忽略了，据研究，其中只有约 5% 的广告才能引起人们的注意。

注意是人们对一定事物的指向和集中，是广告整个心理过程的起点。广告能否引起人们的注意，是能否取得预期效果的基础。能引起人们注意的广告，所提供的信息应具备以下因素。

（1）信息的刺激性。首先要对人们的感官有较强的刺激，引起人们无意的或有意的注意。刺激性强的广告信息的特征具有变化性，例如，表演展示中活动模特身上穿的服装就比橱窗中挂着的服装更容易引起人们的注意。

（2）信息的趣味性。人们对有趣的信息会表现出兴趣，加深注意。

据统计，在某网站的广告阅读者中，男性消费者阅读汽车广告比阅读女装广告要高出四倍；而女性消费者阅读女装和化妆品广告的比例比阅读男装广告要多出一倍。这是由于男、女性消费者对不同种类物品的兴趣具有明显差异的缘故。

（3）信息的有用性。凡是能够帮助人们做出满意购买决策的信息，就是有用的信息。尤其是当商品的价格比较高，人们对它又不熟悉的时候，这一点就显得更为关键。

保健品种类繁多，功效各异，人们往往不知如何选择。要在激烈竞争的保健品市场中脱颖而出，就要注重对商品性能效用恰如其分的客观宣传，开展知识营销，让消费者对其产品增强了了解。

2. 增强记忆

记忆是以往经历过的事物在人头脑中的反映。记忆有助于人们加深对广告商品的认同。广告能否在受众心目中留下深刻的记忆，受到以下因素的影响。

（1）重复程度。心理学家研究证明，人的感觉记忆时间很短，只能保持0.25~2秒，受到注意的感觉记忆可转化为短时记忆。短时记忆的时间略长于瞬时记忆，但最长不超过1分钟，容量只不过有7 ± 2个记忆单位。重复可以使短时记忆转化为储存时间超过1分钟的长时记忆。重复可以使人对所接触到的信息在头脑中留下深刻的印象，直至保持终生的记忆。

（2）形象化程度。一般来说，直观的、形象的、具体的事物比抽象的事物更容易给人留下印象，加深记忆。直观形象是人们认识事物的起点，它有助于掌握事物的概貌，使人一目了然，增强知觉度，提高记忆效果。如果说图文并茂、色彩绚丽的画面能比只有文字的页面给人以更深的印象，那么原因就在于它的具体视觉形象所起到的独特作用。

枯燥无味的电话号码很难使人记得住，而老上海强生出租的40000叫车电话以"四万万同胞拨四万号电话"的广告语曾使得妇孺皆知；后来它的62580000叫车电话以谐音"侬让我拨四个零"作顺口溜，可帮助人们容易地进行形象化记忆。

3. 产生联想

广告在人们心理活动过程中的作用还表现在联想上。联想是由一事物的经验想起另一事物的经验，它包括四种类型，如表4.2所示。

表4.2　联想的四种类型

类型	内涵
接近联想	在空间或时间上相接近的事物形成接近联想，如由光盘可以联想到计算机、刻录机
相似联想	对一事物的感知或回忆引起的和它在形状上或性质上类似的事物的回忆，形成相似联想，如看到乒乓球可联想到排球、足球
对比联想	由某一事物的感知或回忆引起和它具有不同特点、相反特点或某些性质的事物的回忆，叫作对比联想，如由我国乒乓球运动的长盛不衰又可以进一步联想到我国足球运动发展的困惑迷茫
关系联想	由事物之间的各种联系而产生的联想，如由太阳可以联想到温暖，由茶叶、咖啡联想到提神、醒脑

广告使受众引起何种联想，主要受两个方面的影响：一是联系的强弱，二是

人们的定向兴趣。人们的社会背景、风俗习惯、文化特征、经济地位各不相同，由此形成的欣赏情趣和审美要求也不尽一致，因此要针对不同的受众，研究为他们所喜闻乐见的、能产生积极联想效果的广告表现手法。

4. 诱发情感

消费者在购买活动中，情感因素对最终购买决策起着至关重要的作用。广告在引起注意、增强记忆、产生联想的过程中，注重艺术感染力，讲究人情味，能诱发人们积极的情感，压抑消极的情感。一般来说，积极的情感有利于强化购买欲望，坚定购买信心。符合自己需要的，消费者会感到喜欢；不能满足自己愿望的，消费者会感到失望。只有那些与消费者需求有关、能满足消费者需要的商品，才能引起人们积极的情感体验，形成产生购买行为的动力。因此，绝对不能认为，仅仅增加广告的播放频率就能激发消费者的购买欲望。

4.2.3　广告诉求心理

广告诉求是指在广告的策划和设计中，通过对人的知觉、情感的刺激和调动，对人们观念、生活方式的影响，以及对厂商、商品特点的宣传，来迎合和诱导人们，以最终启发消费者购买动机的过程。广告诉求的基本目标是唤醒或激发消费者对自身潜在需求的意识和认知。在广告诉求的各项内容中，尤以情感诉求更为敏感，更受到人们的重视。

1. 消费者对广告的情感反应

消费者对广告的情感反应有两种类型。一是积极的反应，如愉悦、热心、主动、激昂等；二是消极的反应，如气愤、焦虑、压抑、害怕等。情感的影响有以下几方面。

（1）影响认知。当情感同广告的内容相一致时，人们的记忆、认知和回忆均会得到强化。一个亲切感人的广告，可以使人在对其产生好感的同时，愿意重复接受，进一步了解有关的内容，对其加深印象，从而获得较多的认知。

（2）影响态度。由广告引起的情感，会导致对该广告的态度，进而同其商品联系起来，影响到对该商品注册商标的态度和商标的选择。

例如，某品牌广告词"让我们做得更好"含有自豪、鞭策、奋发向上、永不停步的深刻内涵，使人感受到它的谦逊努力，增加了人们对它的好感。

（3）影响体验。情感的作用还会转化为使用中的体验。当人们受广告中惹人喜爱的主人公使用特定商标所产生的积极情感影响时，通过该广告与使用体验的重复就会产生同感，进而转化为实际使用中的体验。

例如，"××西服，不要太潇洒"的广告词，配以英俊的模特穿着优雅飘逸的西装，使人感觉自己穿上这种品牌的服装也是那样潇洒。

2. 情感诉求因素

情感诉求往往与人类较高层次的需要建立了密切联系。如能在充分体现广告主题的基础上，利用情感诉求来唤起消费者较高层次的需要心理，往往可以提高广告说服效果。广告创意中常用的积极的、高层次的情感因素主要有以下几种。

（1）关爱感。关爱感是常用的情感诉求因素。消费者希望获得亲人的关爱、朋友的关爱、社会的关爱。

例如，某感冒药"××宁"的广告，以妻子给出差的丈夫备好药品并留下温情关爱的纸条的动人画面，推出"××宁，保护您"的广告词，商品广告中融入了亲人深深的关爱，顿使人感受一片温情。

（2）美感。美感是广告常用的情感诉求因素。爱美之心，人皆有之，从某种意义上来讲，美也是人们获得尊重的一个重要因素。以美感进行情感诉求，非常容易为消费者所接受。

（3）成就感。成就感是人的需求的最高层次，广告诉求中常用象征的手法暗示消费者，如某成功人士也使用这一产品，那么其他购买使用这一产品的消费者也会像那些人一样成功。

一些饮料常常在进行奥林匹克运动会赞助的同时，标出奥运会指定饮料的字样，使人感受在奥运会上争金夺银的体育健儿步入领奖台时的荣誉感和成就感。

3. 广告元素的情感因素

在广告设计中，色彩、图案、文字和音乐都可能与一定的情感体验发生联系。正确合理地使用这些元素，可以诱发消费者特定的情感。

（1）色彩。色彩是具有情感意义的重要元素。由于习俗的影响和社会文化的长期积淀，许多色彩都具有一定的象征，能产生某种情感体验，引起某些联想。

箭牌口香糖曾有四种口味，分别以四种色彩的纸包装：绿色薄荷香型，称为"清新的箭"，其口味清新香醇，令人清爽舒畅；红色玉桂香型，称为"热情的箭"，使人散发持久的热情；黄色鲜果香型，称为"友谊的箭"，让人缩短相互间的距离，打开友谊的心扉；白色兰花香型，称为"健康的箭"，提醒运动有益于健康。

（2）图案。图案是广告设计中最形象化的元素，它能以其对消费者感官的直接刺激，使人受到感染。

中国银行的系列电视广告中有一个是以麦田为主要画面的设计：辛勤的农民走在金黄的麦田里，高声呼啸；站在麦田中央，不停地低下头来和身边的收成对歌；半闭眼，像在等待麦田的回应；傲然而立，半截身子被麦田盖过。随着他的呼啸声和回音，中国银行的商标出现在画面上。这一系列的图案形象化地向人们展示了"丰饶""勤奋""富而不骄"的主题和意境。

（3）文字。广告中的文字包括标题、广告词和文案。标题、广告词言简意赅，可起到画龙点睛的作用。文案可以有一定的篇幅，给富有感染力的表述以充分发挥的空间。

某品牌食品广告的标题是"理解与沟通——餐饮新概念"。它的广告词写道："相互理解，促进沟通是本品牌的观念。抱着不断创新的开拓精神，创造出更营养、醇美的食品，让大家能在那喜庆的一刻，充分享受理解的欢乐，在沟通的氛围中创造个性的自我。'品美味，交真朋友。'文字中充满了感情色彩。

（4）音乐。在视听媒介中，音乐能以其优美而富有感染力的旋律，深深打动听众，发挥其他广告元素难以发挥的独特作用。

4. 广告诉求的理性心理方法

广告诉求除了情感的、感性的方法，还常使用论理的、理性的方法。理性心理方法根据人们的心理，充分说明商品的好处，以促使消费者购买。这类广告方法重视证据，逻辑性强，以理服人，富有哲理，常采用权威机构或专家的鉴定或赞许来使人们信服，影响消费者的认知。理性诉求有时与感性诉求结合在一起使用。

（1）证实的方法。即用事实证明广告所介绍的商品性能可靠，质量优越，以使消费者确信。证实的方法一定要实事求是，不能夸大其词。

一家厂商为打入法国市场，为其产品"超级3号胶"强效粘胶剂设计广告：在一个人的鞋底点上四滴"超级3号胶"，然后把他倒粘在天花板上，保持十秒钟。结果广告播出后六个月内，产品销售量达到50万支。

（2）证据的方法。广告诉求若不适宜采用证实的方法时，可采用证据的方法，即通过提出使用或实验的证据来证明商品的特性。

天真无邪的孩子在大庭广众之下揭了母亲的心病："妈妈，你的肩膀上有一粒粒白点。"头皮屑使年轻的母亲十分难堪。某品牌洗发水广告的画外音响起了母亲的内心独白："还好，我看到了×××的广告。"然后在用图像进行比较的同时继续介绍："四个星期以后，用普通洗发水这边还有头皮屑，用××这边就完全没有了。"告诉消费者，该品牌"护发去头皮屑，更胜一筹。"

（3）主张的方法。这是一种阐明厂商经营宗旨和经营目的的方法。

"76年来，××药业不懈努力制造优质药品。信谊，除了好药，还有信誉和友谊。"××药厂推出的这一广告词巧妙地将品牌名称拆开，组成另外两个词，恰到好处地阐明了企业的宗旨。

（4）论证的方法。这是用论理的说明向人们诉求的方法。

某公司在市场上取得了辉煌的业绩，其广告最常用的方法之一就是论证中的专家法。首先指出消费者面临的一个问题来吸引注意，然后由一个权威的专家来告诉消费者，有一个解决的方法，那就是使用该品牌的产品。

企业导师谈
传播与广告
心理

中国企业讲坛
企业导师谈传播与广告心理

数字时代的传播与广告发生了重大变化，从直白告知说教转变为全领域交流，特别是营销本身的行动，因为"行动是最有效的广告"。其核心则是坚持以"消费者是否满意"为最高准则，真正令消费者实实在在"获得实惠"。

实践与训练

▲ 营销策划与广告心理分析

【实训目标】

1. 掌握广告定位心理方法。

2. 学会使用广告诉求的情感元素和理性心理方法。

【内容与要求】

1. 选择你感兴趣的一种商品，进行营销与广告策划。

2. 对目标消费者进行特征归纳和心理分析。

3. 拟定简单的营销策略文案，包括场所的选择、产品品种数量的准备、价格的确定、时间和人员的安排。

4. 提出广告创意，编写广告词，对消费者预期心理效应进行简要分析。

5. 有条件地征询消费者对广告的意见，提出改进计划。

【成果与检测】

1. 在班内组织交流与评价。

2. 教师根据学生在交流与评价中的综合表现打分。

模块 5

场景行为：推销与说服心理效应

学习目标

※ 素养目标

- 加强推销与说服中的文明礼貌修养
- 增强抗压能力，培养克服困难、百折不挠的顽强意志

※ 知识目标

- 了解客户的心理类型
- 掌握推销过程中的客户心理反应、心理特点与影响因素
- 掌握推销过程中的客户心理与异议转化方法
- 了解客户个性对谈判的影响，掌握推销劝导心理与策略
- 掌握客户态度的形成与改变机制

※ 技能目标

- 能够在人员推销过程中观察分析客户的心理活动
- 能够运用营销心理策略进行推销、谈判

思维导图

```
                                        数字化视角 ——— 数字化思维与推销心理

                                                    ——— 客户的需要与心理反应
                                        客户心理
                                                    ——— 推销心理特点与影响因素
        场景行为：
        推销与说服                                   ——— 推销阶段心理分析
        心理效应            推销过程心理
                                                    ——— 客户异议及其转化

                                                    ——— 谈判者个性心理
                                        谈判与劝导心理 ——— 推销中的劝导心理
                                                    ——— 客户态度形成与改变
```

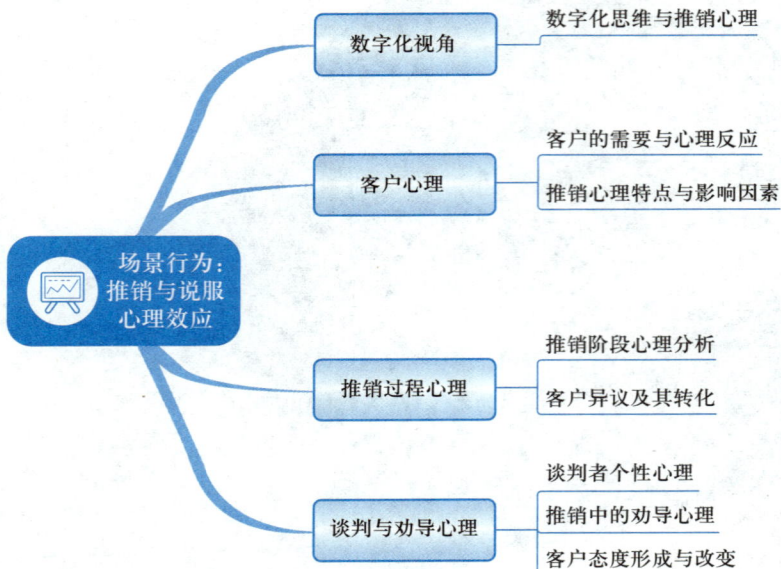

　　推销与说服是典型的营销场景活动与行为。通常采用面对面现实交流，或者是在线交流，有利于直接触发双方的心理交流与融合，对于考察了解消费者心理，激发预期心理效应，是极为重要的。

数字化情境
徐闻菠萝的数字化转型

　　从滞销到畅销，从默默无闻到全网爆红，从单一鲜果到多样化产品……徐闻菠萝"逆袭"的背后，是数字经济推动传统农业产业升级的实例。

　　2018 年，菠萝产量占全国约三分之一的"菠萝之乡"徐闻县遭遇了气候和市场的双重"寒冬"，受寒潮和市场滞销影响，徐闻县菠萝滞销面积达 10 万余亩[①]，收购价格一度跌到 0.3 元 / 千克，而果农的种植成本就超过了 1 元 / 千克，可谓是"卖一斤赔一斤"。

　　面对此难题，作为专门从事互联网 B2B 农产品流通的数字服务平台"一亩田"以农业大数据、数字化市场拓展及品牌打造与推广等解决方案，帮助徐闻菠萝实现了产值的连年跨越。

　　2020 年起，"数字化""品牌化"成为徐闻菠萝产业升级的关键词。在成功的网络推广和事件营销下，徐闻菠萝闻名全国，成了人人皆知的"菠萝的海"。直播电商等新模式推广应用方兴未艾之际，徐闻县于 2022 年举办"菠萝的海"培训直

――――――――――
　　① 1 亩 ≈ 666.67 平方米

播及数字营销行动，创办"没有围墙的田园大学堂"，策划了"十万亩没有围墙的大卖场"，培养运用直播技术和互联网手段会种又会卖的新果农。

如今，互联网电商平台与区域产业结合迸发出了巨大能量，正以数字营销的新方式推动地区特色农产品产业持续升级，让每一位新农人感受到数字化的力量，真正实现产业兴旺、农民增收。

情境分析

1. 结合案例查阅资料，徐闻菠萝在数字化转型过程中，是如何通过直播及数字营销活动对消费者进行推销和说服的？

2. 在营销活动中，企业应该如何充分发挥推销与说服心理效应的重要性？

数字化视角
互联网思维与推销心理

1. 用户思维：一切为用户着想

在互联网时代开展推销，最重要的就是强化用户思维，一切为用户着想，真心实意地使用户价值最大化，并使其获得良好体验。

（1）树立一切为用户着想的理念，把推销变"推心"。用户思维最核心的就是树立一切为用户着想的现代推销理念。要成功推销，最重要的不是如何将商品推销出去，而是如何将用户利益摆在首位，真心实意地为用户着想，使用户获得最大价值。这不但体现了数字时代企业使命的要求，也可以从根本上得到用户对企业的认可与支持，促进商品销售的成功。

心理学相关研究证明，利他主义是人类大脑中的一种"源代码"。之所以会有利他的举动，是因为有一种神经机制在引导人们这么做，它会让人们产生为他人利益服务的倾向。用户对营销人员的反应行为也完全符合这一规律，即当营销人员真心实意地为用户着想时，用户也必然报之以"惠顾"。

（2）解决"痛点"，把推销变成帮助。营销人员对用户的推销或劝说，一定要准确把握用户的需求，特别是找准用户的"痛点"，即用户在生活中存在的令其头痛的难题，或者购买与使用过程中的担心与困惑。只有针对这些"痛点"提出有效解决这些难题的方案，提供符合用户需求的产品与服务，才能吸引用户，促使其做出购买决策。因此，只有针对"痛点"，提出解决办法，把推销与劝说过程变成帮助用户解决问题的过程，才能获得成功。如开展各种形式的个性化购物推荐，提出"七天无理由退货"，商品出现问题由第三方先行赔付等。

（3）向用户提供全天候咨询服务。推销既包括营销者主动向用户推送信息，也包括用户在选购与使用中主动向商家的询问，后者更是一种不可忽视的"软推销"。如华为为中国银行打造的全天候、高质量的客服中心网络，实现

了 7×24 小时的客户服务，使用户感受到全天候热情服务，必将有效促进业务的开展。

互联网思维与推销心理

2. 社交化思维：把推销转变为交际

（1）从"令人生厌"的推销转变为"令人愉悦"的交际。推销在企业看来是关系其生存发展的重要营销活动，而推销在消费者看来却是一种"干扰"，甚至"令人讨厌"。在数字时代，营销传播的本质是交际，社交化思维的推销，是一种营销者与用户之间的交际，应该是富有兴趣、轻松愉悦的社交过程。因此，企业要注意推销的这种转变。

（2）强化推销与劝说中的情感因素。推销与劝说的心理过程包括认知过程、情感过程和意志过程。在数字时代，由于传播与交流的空前便捷，人的情感因素在用户购买决策中的作用越来越大。因此，在推销与劝说过程中，必须突出情感因素，以真情实感同用户交流，以情动人，促成用户的"心动"。

（3）渗透社群、社区营销。利用各种网络形式与平台，开展聊天式的社交营销。企业应注重利用微信等即时通信软件，在聊天中渗透营销活动；建立或参与多种在线社群与社区，开展隐性推销与劝说，在愉悦的社交活动中实现营销目标或扩大组织影响。

3. 参与思维：让用户自己决策

由于用户话语权的增强，企业在数字时代进行推销与劝说时，应尽可能避免传统的单向劝说，充分尊重用户的话语权，鼓励用户广泛参与，使用户独立、自主地进行选择与决策。

（1）"在用中买"与体验式营销。要创造多种吸收用户参与的营销方式，尽可能在用户试用商品的过程中，用事实说话，使其提前获得愉悦体验。把推销嵌入使用之中，让用户边体验、边决策，真正做到"在用中买"。

（2）发挥口碑效应，由用户"推销"。要充分利用互联网，特别是全媒体的传播优势，构建良性机制，鼓励用户晒单并分享购买与使用体验，引导用户交流经验体会，广泛转发评论，充分发挥口碑效应，由用户进行免费推销。

（3）共同学习，引导消费。对于知识含量较高的产品与服务，可以采用办讲座、个别辅导等方式使营销者与用户共同学习。这不但规避了招致用户抵制的"硬推销"，而且可以通过共同学习的形式，在相互交流中开展"软推销"，有利于提高用户素养，引导用户消费。

5.1 客户心理

客户是指购买本企业产品或服务的社会组织与个人。本项目所讲的客户，特指在人员推销过程中，营销人员面对面沟通、说服与服务的对象。

例如，某工厂营销人员向一家商场推销其产品，则该商场成为其客户；如果是进行直销，直接向消费者家庭或个人推销产品，则这种家庭或个人是其客户。

5.1.1 客户的需要与心理反应

1. 客户的心理期望

客户在接受营销人员推销的过程中，主要有两大类需求：

（1）物质利益需要。如果客户需要商品，那么客户首先期望的是能以较低的价格购买所需要的商品或服务，寻求购买的最大效用。他们特别担心在推销中受骗而使自己的利益受损。

（2）社会心理需要。推销的过程是人与人交际的过程。客户在购买商品有用性的同时，还期望在与营销人员交往的过程中获得多种社会心理上的满足。包括与高素质的营销人员交往，获得友谊的需要；得到营销人员及相关人员的尊重，在购买中提高威望与地位的需要；在挑战性的购买决策中自我表现、自我实现的需要；不受令其讨厌的营销人员的打扰，寻求安宁的需要等。

> **？ 即问即答**
> **你了解顾客的需要吗？**
>
> 一位顾客对经销商说他想要一辆"昂贵"的汽车。那么他真正的意思是什么呢？
>
> 点评：一家公司可以定义其目标市场，但未必能真正理解某一具体顾客的需要。此情境中的顾客需要可能是：①说出来的需要。他想要一辆昂贵的车。②真正的需要。他希望此车售价不低，但开起来省钱。③没有说出来的需要。他想获得优质服务。④愿望满足后令人高兴的需要。购车时附赠一些常用的必备品，如免费洗车卡、汽车保养卡等。⑤秘密需要。能够被朋友们看成是识货之人的需要……

2. 客户对人员推销的心理反应

面对营销人员的推销，客户会产生明显的心理反应，这些反应构成推销过程中极为重要的心理因素与心理环境。

（1）心理障碍。在人员推销中，客户的一些阻碍营销顺利进行的心理问题构成了营销心理障碍，客户的一般心理障碍如表 5.1 所示。

表 5.1　客户的一般心理障碍

类型	内涵
认知障碍	客户不能正确接收营销人员传递的有关商品的信息，从而产生多种疑虑和误解，导致其拒绝推销
情感障碍	由于客户对营销人员的偏见或营销人员沟通不力，会使客户产生对营销人员及其推销行为的反感，在相互关系和情感上出现排斥推销的心理。甚至由于双方关系上的问题，导致互惠性交易行为的失败
意志障碍	由于客户意志方面的问题或营销人员推销行为不当，使客户在购买决策中产生动摇心理，或使推销过程效率降低，不能使客户果断购买

（2）心理状态。面对营销人员的推销，客户将出现形形色色的心态。这些心态可归纳为三种：

① 不利的客户心态。主要表现为：戒备，即怀疑营销人员的动机，怀疑其商品或服务的质量等；厌恶，即对营销人员的登门造访很反感，自己本不需要这种商品，却来打扰自己，持排斥态度；逆反，对营销人员的商品推介，讲得越好越认为是"老王卖瓜，自卖自夸"，不但不信，还持明确的拒绝甚至反对态度。

② 中性的客户心态。主要表现为：不关注，即对推销人员的到来不冷不热，对推销的商品既不反感也不感兴趣；礼貌地拒绝，即拒绝购买，但对营销人员礼貌相待；犹豫，即在营销过程中犹豫不决，多有疑惑等。

③ 有利的客户态度。主要表现为：注意，即对推销行为引起高度注意，这极可能导致成功；欢迎，即对营销人员的到来表示欢迎，或者已建立很好的关系，或者是对商品或服务有较强的购买需求；尝试，即客户对推销行为虽然没有完全消除疑惑，但已在相当程度上接受了，并产生了想要尝试的心理；信任，即客户对营销人员产生信任，对营销行为完全接受。

📱 **数字化消费心理**
神奇的"社群式"推销

在数字经济时代，传统、单向的推销方式已经被逐渐淘汰，取而代之的是与数字营销发展相适应的新型"社群式"推销。这种推销是数字推销新模式，其核心是：从营销者主导的单向式传输转变为用户参与、注重体验、双向互动的社交式融合。

位于北戴河新区的阿那亚地产项目，在 2012 年开盘时非常凄惨，2013 年甚至被评为不良资产。摆在阿那亚面前的第一个关键问题就是：如何策划一场与众不同、起死回生的有效促销活动？

1. 从微信群出发

当时，微信刚刚兴起。阿那亚的创始人思考，能不能通过微信群的方式来直接面对和服务业主？阿那亚开辟了微信群营销的全新路径，制定了"5分钟内回答，30分钟内出解决方案"的承诺，快速为首批购房业主解决交房问题。以这个业主群为雏形，阿那亚相继孵化了70多个基于兴趣爱好的业主群，包括诗歌、读书、美食、滑雪、跑步、摄影、教育等方面，开始将不同的业主拉入阿那亚的人际关系网络。

2. 紧密连接，组建社群

阿那亚从社群运营的主导者逐步向社群运营的连接者方向发展。作为连接者，阿那亚需要做的就是推动大家实现融合。阿那亚围绕着顾客的生活方式和价值观组织了很多活动。

阿那亚希望构建一个未来型社区，但社区仅仅是一个载体，它更重要的内核是社群。社群的运营其实是阿那亚独具特色的运营方式，它赋予所有参与者足够的权限，将决策权赋予参与者，并且让参与者感受到了充分的尊重。到目前为止，阿那亚每年举办超过1 500场活动来促进业主交互，而其中多达一半的场次是用户自发组织的。

3. 共同决策，构建生态

阿那亚从社区建立之始，就不遗余力地推动建立社区规则，倡导邻居们一起过公共生活。《业主公约》《访客公约》《宠物公约》……社区的各种解决方案是在一次次讨论中逐渐形成的，这是社群议事的一种创新，这种创新的本质就是让用户参与社群的自治和管理。

2019年，阿那亚开始呈现出更丰富、更全面的社区样貌。沙丘美术馆、单向空间书店、电影院开业了；在生活配套上，各种特色餐饮给业主们更多选择，还开起了"深夜食堂"，邻居们掌勺、跑堂，既尝到了各家的拿手美味，更是开启了亲密温暖的邻居聚会。

越来越多业主以各种方式参与到阿那亚社区的建设中，成为新的"美好事业合伙人"，形成阿那亚与业主之间的一种共同体关系。这好像不是在推销，而是营销者与用户沟通，向用户提供更好的服务，使业主获得更高品味的生活体验。其实，这就是数字经济时代"社群式"推销的全新模式。

5.1.2　推销心理特点与影响因素

1. 推销心理特点

（1）心理互动的直接性。在人员推销中，营销人员与客户之间是面对面直接交往的，双方的心理影响是交互进行的，并且是不借助媒介而直接实现的。所以，尽管人员推销是费钱的营销手段，但是由于具有心理互动的直接性，使得它可以最有效无误地传递信息，特别是能充分地进行各种感情融通。

（2）心理反应的即时性。由于是面对面沟通，营销人员可以及时获得各种营销行为与手段所引起的客户心理反应，即时得到相关的信息反馈，随时调整推销策略，从而更有针对性地开展营销，使推销步步深入。

（3）心理影响的复杂性。在推销过程中，客户的各种心态或心理反应，是多种因素的综合体现。客户的心理既受到商品与服务因素的影响，又受到营销人员语言、感情、动作的影响，还受到客户自身素质、社会角色、心理特征等因素的制约；此外，还受到推销过程中各种环境、氛围等因素的影响。

营销实践
推销方格和顾客方格

管理学家提出了推销方格理论（见图 5.1），建立了顾客方格（见图 5.2）。

根据对实际业绩的考察，管理学家总结出推销人员方格和顾客方格搭配关系表，如表 5.2 所示。

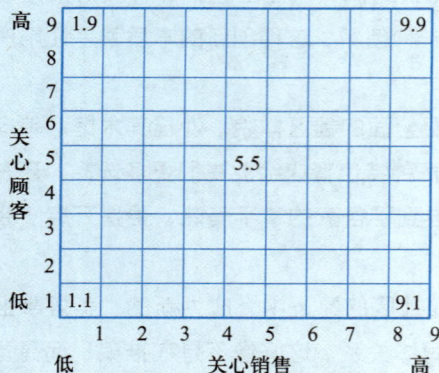

图 5.1　推销方格图　　　　图 5.2　顾客方格图

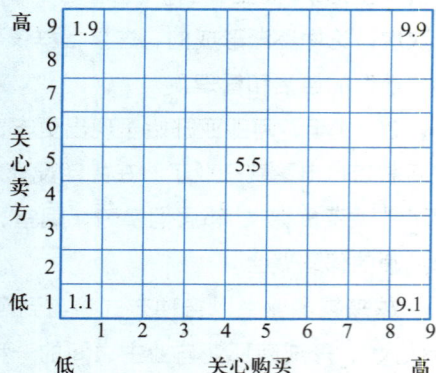

表 5.2　推销人员方格与顾客方格搭配关系表

顾客类型	满足需求型（9.9）	强力推销型（9.1）	推销技术型（5.5）	顾客导向型（1.9）	事不关己型（1.1）
漠不关心型（1.1）	+	0	0	−	−
软心肠型（1.9）	+	+	+	+	−

顾客类型	满足需求型（9.9）	强力推销型（9.1）	推销技术型（5.5）	顾客导向型（1.9）	事不关己型（1.1）
干练型（5.5）	+	+	+	0	−
防卫型（9.1）	+	0	−	−	−
寻求答案型（9.9）	+	0	0	0	−

表 5.2 是一个简单的搭配关系表，其中："＋"表示推销取得成功的概率高；"－"表示推销失败的概率高；"0"表示推销成功与失败的概率几乎相等。在推销活动中，可参照这一关系进行具体的营销实践。

2. 影响客户购买心理的因素

影响客户购买心理的因素主要包括：

（1）企业与产品的形象。客户对企业形象，包括对其提供的产品或服务的认知程度，直接决定其印象与信任程度。这是推销能否取得成功的基本心理因素。如果企业形象或其产品质量受到怀疑，客户是不可能同意购买的。

（2）营销人员的形象。客户对商品或企业是否信任，受其对营销人员的认知和态度所影响。营销人员作为企业的代表，作为商品或服务的提供者和信誉担保人，在客户心目中占有举足轻重的位置。营销人员的仪表风度、一言一行，都会对客户产生重要的心理影响。客户对营销人员产生信任感后，往往才会对其所推销的商品产生信任感。

（3）商品推介。在本质上，人员推销是一个有关商品或服务信息传播的过程。营销人员只有采取正确的策略、有效的手段，令人信服地向客户推介商品，真正解决客户对商品或服务的认知问题，才能有效解决客户的各种疑虑和犹豫，从而使其采取购买行动。商品推介过程是影响客户心理最直接的因素之一。

（4）情感融通。客户对推销过程的期望，不仅是关于物质利益的满足，还特别关注社会心理需求的满足。因此，在人员推销过程中，感情融通和关系管理是影响客户心理及购买决策至关重要的因素。特别是当交易中的物质利益在市场中趋于均衡化之后，购买哪家的商品最终将取决于客户的情感与关系倾向。

（5）购买群体的行为与倾向。当客户是个体购买者时，其心理在相当程度上受相关群体消费观念、习俗、购买行为等因素的影响。这种行为与倾向突出的表现为从众购买、逐新购买等。

同步测试

同步测试 5.1

5.2 推销过程心理

5.2.1 推销阶段心理分析

在市场营销活动中，推销可分为准备、初始（摸底）、报价磋商和成交认可四个阶段。每个阶段都有不同的客户心理和应对策略。

1. 准备阶段

在准备阶段，准备工作的完成情况直接关系到推销工作的全过程，关系到最终能否实现营销目标。

（1）客户心理。推销过程开始之前，企业要了解客户的相关心理：①决策心理。客户在此阶段首先会明确三个问题：一是采购活动是否必须进行；二是采购对象如何选择；三是如何确定采购人员。参与采购的人员，应是企业中懂技术、懂法律、懂财务的专业人员。②人际心理。即客户对推销人员在人际关系上的种种心理。一是戒备心理，甚至包括拒绝心理；二是友好交际心理；三是希望得到尊敬心理。③期望成功心理。一是希望交易成功，获得最大利益；二是希望有好的开端，洽谈过程顺利，合作愉快。

（2）应对策略。由于客户采购与消费者购买有一定的差别，企业在应对客户时，应该特别重视其准备阶段的心理因素。①了解客户的需要，有针对性地满足。应搜集有关客户的信息，弄清其心理类型，掌握其需求并研究如何加以满足。对于现有客户，企业应定期主动联系，最好的方法是能够在日常交往中逐步解除客户的戒备心理，形成固定的、相互信任的业务合作关系。②创造令客户信任的条件。如果企业的产品质量、技术标准过硬，售后服务优良，就更容易在长期合作中得到客户信任；通过企业形象塑造，提高企业的社会声誉；采取得力措施，得到客户的认同，使其消除顾虑心理。

2. 初始（摸底）阶段

（1）客户心理。在此阶段，客户心理主要表现在以下几个方面。①风险知觉。人们的消费行为含有一定的冒险成分，这种风险知觉由不确定性和后果两部分构成。不确定性是指客户对风险行为后果不可预测性的知觉，后果则是指购买和使用商品后的可能得失。不确定性越小，知觉到的风险越小；反之亦然。②采购前的思考比较。客户在获取足够的信息以后，为了进一步减少风险，在做出决策之前，要经过反复的思考，这是根据自己的选择标准对各种备选产品及企业进行较长时间的比较衡量、权衡利弊的过程。③风险判断。为了减少购买风险，客户依据自己对商标品牌的信赖度高低进行风险判断。对于著名品牌产品，客户的信赖度高，在做出购买决定时知觉到的风险小；反之，则知觉到的风险大。在商品采购市场上，客户往往忠于原有采购品牌或声誉高的品牌，并不会轻易选择不熟悉的品牌。

（2）应对策略。根据以上对客户的心理分析，厂商应把工作做在客户采购前：①设法利用各种渠道向客户提供充分的咨询和全面客观的宣传，设法减少产品功能、质量和使用后果的不可预测性，降低客户风险知觉水平。如承诺产品"三包"，公布产品的检验合格率，恰如其分地进行产品介绍，请社会知名人士推荐等。②加强与客户的沟通，站在客户角度，真诚、客观地提供分析意见与建议，以帮助客户进行比较分析，权衡利弊。

营销实践
推销中的随机应变

销售人员在业务过程中，除了要具备丰富娴熟的业务知识，还应该仔细揣摩客户心理，随机应变。

某公司的两名直销员来到一家房地产公司，向其老总宣传自家的手机。房地产公司老总饶有兴趣地听取了两名直销员对手机优势的介绍后，突然问："你们把手机说得这么好，难道它就没有缺点吗？"一名直销员灵机一动，把自己的手机递过去说："我们的手机有一个不容忽视且需要马上解决的缺点，就是通话时对方声音特别大，旁边的人都能听得见，不太利于保密。"老总一听高兴地说："我就喜欢通话时声音大的手机，因为我常到工地上指挥工程，机器的轰鸣声、挖掘机强大的噪声使我无法听清对方的声音。你的手机正好解决了我的问题，我现在就要一个。"

3. 报价磋商阶段

（1）客户心理。客户在此阶段，大致有以下表现：①客户对商品营销价格习惯性的意识。客户对商品的价格认识，一般是根据多年的购买经验形成的，这种对价格的认识一旦形成就很难改变，尤其是商品在市场上已经形成了习惯性价格以后，厂家再想改变就要花费较大精力。②客户对商品营销价格的敏感性。即客户对商品的价格变动在心理上的反映程度与速度。如果客户的价格意识很强，报价太高将直接影响到购买需求，甚至出现抵触情绪。③客户对商品营销价格的感受性。即客户对商品营销价格高低的感觉程度。一般来说，客户对价格的高低判断，是从他们对商品质量的判断而来的。客户判断其购买的价值会受到诸如商品的使用价值与社会价值、销售场所、服务方式商品包装等因素影响。④客户对商品营销价格的倾向性。这是指客户在购买过程中对商品价格的选择性倾向。这种心理的形成一般受到客户个性、价值尺度、购买经验、文化修养等因素的影响。

（2）应对策略。①针对客户在报价磋商阶段的心理状态，企业在报价时应该先了解客户的看法，准确分析与把握客户的价格心理。②要做深入的、令人信服的分析比较，以理服人。应该让客户知道：也许企业定价略高于竞争者，但本企业商品的更高质量意味着商品的使用期更长，最终总成本摊在每一年就可能低于竞争对手；另外，企业还会提供给客户优质的服务，节约客户的时间与精力，总之是值得的。

4. 成交认可阶段

成交认可阶段是销售工作的关键阶段。由于商品的不同、对象的不同、所处的社会环境和条件的不同，因而采用的成交技巧与策略也会不同。

（1）客户心理。成交阶段的最大障碍是客户的疑虑心理，要化解客户心中的疑虑，前提是设法引导客户说出顾虑之所在。一般来说，发生异议的原因主要与价格、货源、自己不能做主或忽然感到缺少全盘考虑等心理活动有关联，这时，应以消除客户疑虑为目标，把成交以后的利与弊客观地加以比较，促使客户做出购买决定。

（2）应对策略。①给客户描述购买商品后在哪些方面会满意。应该重点描述使用这些商品以后为对方带来的好处，再次给客户留下良好印象。②要营造积极肯定的气氛。可以使用连续发问的方法，使客户回答时只能做出"对的""好的"等肯定的回答。运用连续肯定法，需要推销人员具有敏捷的思维能力与推销技巧。③把焦点集中在客户反映最强的地方，针对焦点问题说明销售要点。在成交时，要使客户再次想到该商品的优点，注意不要强迫客户下决心，要由客户自己最终拍板。④虽然订立合同的营销人员不亲自交货，但是，必须核实商品确实按照约定的时间、场所、数量等准确交货后还应主动向客户表示感谢。

5.2.2 客户异议及其转化

1. 正确对待客户异议

所谓客户异议，是指客户对推销人员、推销品或推销活动所作出的一种在形式上表现为怀疑、否定或反面意见的反应。具体表现为客户在面谈过程中提出各种各样的购买异议。这些购买异议是客户的一种对抗心理。正确对待和妥善处理客户异议，是推销成功的关键。

出现客户异议时，作为排除异议情绪的基本心理准备，应做到以下几点：

（1）弄清产生异议的真正原因。有时异议的产生表明对方已对产品产生了兴趣。因此，有些障碍来自对方对商品的兴趣，它是买卖成交的信号。当然，不能否认有一些客户异议并非是购买的信号。如果无法查明异议的真正原因，就无法进入建议成交这一阶段。

（2）尊重客户的异议，把对方的意见听完。如果针对对方的异议立即加以解释，反而会引起新的逆反心理，因此，客户产生购买障碍时，必须把对方的话听完，适当地岔开话题，避免客户对某一点异议感情用事，由表面的抵触变成真正的抵触。如果客户的异议对达到成交的目的没有大的妨碍，并不需要实行异议排除手段，而应抓住时机，商谈签约事宜。

（3）保持冷静的头脑。即使是面对巨大的异议压力以及受到对方的直接非难，甚至是对方的争辩理由站不住脚时，也一定要保持镇静，在答辩中应对对方的要求时，依然要小心谨慎。

2. 异议产生的心理根源

异议最主要的根源来自客户的心理障碍。因此，对客户的心理障碍进行分析，将有助于推销员施展推销技巧来转化客户异议。具体而言主要包括以下几点：

（1）客户的认识障碍。客户的认识障碍主要表现为：推销员的推销建议与客户所持的观点相距太远，以致显得相互对立，因而使说服遭到拒绝。从接受心理上分析，当一个人接触他人的观点时，如果觉得与原来认识结构不一致，就会在心理上引起不同的反应。

（2）客户的情绪障碍。任何人的心理活动在不同时期，都有理智占上风和情绪占上风的交替过程。当一个人理智占上风时，他能尊重客观事实，接受正确建议；当情绪占上风时，会使其从主观愿望出发来排斥他人的观点，形成情绪障碍。

（3）客户的行为障碍。客户有时会对产品的各种属性或交易问题表现出一种态度。这时，当推销员的建议与客户不一致时，客户不愿意改变原来的表示而拒绝推销员的说服，成为对抗说服时的行为障碍。

3. 客户异议心理转化策略

下面根据客户价格异议、货源异议、时间异议的不同心理提出应对策略。

（1）价格异议心理。价格问题直接涉及买卖双方的实际利益，是影响推销的重要因素，是双方争论和产生异议的焦点。因此，推销员在运用价格异议转化技巧时，应本着多谈价值、少谈价格的原则，掌握好提出价格问题的时机。可以在客户价格异议刚一提出时，就马上采取反问的方式，"迫使"客户自省，

体验式
学习·自我
剖析
你在面对推销与说服时，出现过这三种客户的心理障碍吗？

使其得以转化。

当客户对推销员说："价钱太贵了"。推销员不妨询问："那您认为什么价格更合适呢？"类似这种价格异议，推销员不妨要求客户进行说明，然后再作调价准备，或用其他方法使其转化。同时，可以再次强调产品本身的优点，客户提出的价格异议有可能会在推销员逐一强调、分析和比较产品优势的过程中消除。

（2）货源异议心理。货源异议是指客户对推销员提供的产品及企业不表示赞同或存有疑虑时，提出的使推销员处于不利地位的意见。此类异议一般有以下几种原因：产品交货、运输不及时；产品规格不符合规定；销售服务不周到；企业声誉不佳。这种障碍的发生，皆与推销员所在企业的交货能力、售后服务、信用状况等问题有密切关系。

一般货源异议的转化方式有：①缓和情绪，以礼相待。推销员要心平气和，尽量设法缓和客户的情绪，然后进行说服。就一般常情而论，最初客户的怨气最盛，经两三次洽谈后，逐渐缓和，最后，往往会因受感动而心平气和地再次接受推销员的产品。②有效类比。可运用比喻和类推来应付一些微妙的货源障碍。③理智与感情双管齐下的转化方式。举证是理智的劝导，劝诱是感情的说服艺术，可以用举证来证实产品质量的优良与供应能力和条件，用感情的说服艺术来获得客户的认可和信任。

（3）时间异议心理。时间异议的表现方式是对方在谈到实际购买时，搬出种种理由以示抵触，不想当时拍板决定。现代市场经营环境瞬息万变，客户拖延购买时间越久，可能导致不利于推销的变化越大。

时间异议的转化技巧有如下几种：①货币时间价值法。推销员向客户讲清楚货币的时间价值观念，指出"立刻购买"与"拖延购买"之间客观上存在的利弊关系，早一点购买和晚一点购买货币的价值就大不相同。②利用推销中的特定"稀有机会"或是"意外受损"来激励客户。如"我这里仅有这最后一批货了，将来什么时候进货就不知道了"，激励客户早日购买。③利用客户意想不到但又即将发生的变动因素（如物价上涨、政策变化、市场竞争等可能意外受损的情况），建议客户及早做出购买决定。

同步测试

同步测试 5.2

5.3 谈判与劝导心理

5.3.1 谈判者个性心理

在数字化时代，推销不再是推销员单向推介的过程，而是客户充分参与下的互动过程，因此谈判者也包括客户。

1. 谈判者气质与谈判

谈判者的气质表现了人的心理活动强度、均衡性和灵活性等方面的心理特点。气质无优劣之分，它只是个性形成的生理、心理基础，后天的社会实践可以改变或掩盖一个人气质方面的不足。而且，气质类型的划分是相对的，人很难属于某种纯粹的气质类型，一般都是混合类型。无论是谈判对手还是自己，心理素质都要好，尤其是谈判人员之间的气质类型要互补，这对于应对各种谈判对手都是必要的。

例如，如果谈判对手是胆汁质的，其神经系统强而不平衡，对成功的期望值很高，因此求成心切，心理急躁。他们往往宁愿谈判破裂，也不肯答应不太让其满意的交易。对于这种客户，可以采取比较缓和的谈判方式，否则很容易使谈判不欢而散。对于其他气质类型的客户，同样应该顺应对方的气质特点，对症下药，这样才能达成交易。

2. 谈判者性格与谈判

谈判者要有效地辨别客户的个性类型和性格特点，并据此调整自己的谈判技巧与策略。一般谈判者可归纳成三类，即主导型、说服型和保守型。

（1）主导型。主导型谈判者自我意识较强。他们在谈判过程中通常：①力图不妥协地使自己成为权力的中心，驾驭或支配整个谈判过程；②敢于冒风险，决策果断，对于决策有把握且充满信心，能当机立断，大胆拍板；③需要不断地寻求并应对挑战、战胜困难，显示自己的能力；④在谈判中由于受到获得更大权力的驱动，处事干脆、利落。但此类谈判者容易缺乏耐心，他们讨厌拖延，易于冲突，容易激动。

遇到主导型的谈判对手时应有充分的思想准备，并采取相应的对策方法。①欲擒故纵法。这是指己方欲达到某些交易，却似满不在乎。采用时冷时热，似紧非紧的做法，不让谈判对手顺利地达到其目的。同时，可以给自己营造一些谈判优势。②旁敲侧击法。这是指谈判过程中通过此来说明彼，不道破真意。让谈判对手在达到目的的同时付出代价。

（2）说服型。说服型谈判者在谈判中十分随和，能迎合各种对手的兴趣，在不知不觉中将对手说服。他们往往很注重自己的名声，善结人缘，对社交和自尊的需求最为显著。他们有实现目标的雄心，但小心翼翼，以其热情、友好来感染对手，在不知不觉中说服对手，实现目标。他们团体性强，不喜单独工作，需要同事的协作，善于处理与同事之间的关系，善于利用团体的力量取胜。他们不拘小节，不适应陷入琐事，或长久局限于某个具体问题，希望以友善的方式解决实质问题。

对于说服型谈判对手，通常用以下策略方法：①平稳推进法。谈判过程中不要流露出急于求成的心理，哪怕十分希望尽快达成协议，也应不急不躁，耐心与对手周旋。②先苦后甜法。谈判中先给对手一定的心理压力，然后逐渐让步，以达到自己的目的。针对说服型客户注重社交的特点，先给对手比较苛刻的条件，而对手也不好意思撕破脸来计较。③各个击破法。在谈判中分解对手，削弱其集体力量。由于客户团体性强，单兵作战能力差，故采用此对策时往往行之有效。

（3）保守型。保守型谈判者习惯于墨守成规，对变革无动于衷，不愿接受挑战，维持现状是他们最大的愿望。其主要特点如下：①独立性差，对事犹豫不决，怕承担责任；②循规蹈矩，顽固地照章办事，喜欢以过去的方式来做工作，反对变革和创新；③注意细节，对宏观格局缺乏把握，但喜欢把思路细节化、具体化，往往认为解决和回答问题的最好方法是积少成多，不轻信没证实的设想和途径；④安于现状，追求稳定和安全，缺乏进取精神，往往喜欢做以前做过并做得好的工作。

针对保守型的谈判者，关键是要具有耐心，特别需要冷静、克制，不能急于求成。通常选用以下策略：①投其所好。在谈判过程中，应尽量接近对手，最大限度地满足对方的需要，从而赢得对手的信任。保守型谈判者往往安于现状，可针对其心理投其所好。②攻心为上。在谈判中运用心理学手段，影响和改变对方的心理活动。通过对对手的认同，唤起其对己的认同。保守型谈判者往往注重社会与其他人对他的肯定及认同。

以上是常见的三种性格类型的谈判者。在实际谈判活动中，有的谈判对手性格属于某个类型，而且非常典型；有的谈判对手则以某个性格类型为主，兼有其他类型的特点。因此，在辨别谈判对手的类型时，必须具体情况具体分析，并在采用策略时进行相应调整。

3. 谈判者能力与谈判

谈判工作的完成是多种能力综合的结果。在谈判中，谈判者能力反映在以下几个方面：

（1）观察能力。可以通过观察客户，从他们的行为模式中推断出对方的能力，了解对方的真实意图。有经验的谈判者都是善于观察的高手。对于谈判者，在观察能力方面应该具备客观性与全面性：客观地看待事物，能有意识地克服谈判中各种因素造成的错觉；全面观察、仔细分析谈判中对手或真实或虚假的表现。

（2）记忆能力。谈判者的记忆能力对于谈判的成功与否关系重大。谈判者在谈判中要迅速记住对方的姓名、爱好及对方公司的数据资料、谈判中不必翻阅笔记资料就可以引经据典来支持自己的观点，这对于满足对方希望得到别人认可的心理需要，以及增强对别人的影响力与吸引力有很好的辅助作用。

（3）交际能力。这是谈判人员所必须具备的基本能力。谈判工作实际是以人为中心的交际活动，一个合格的谈判者，应当熟悉和了解交际的内涵与形式，并在谈判交际中树立良好的形象。同时，通过交际掌握对手的心理特征及其为人处世的态度特点，在谈判活动中有针对性地施展交际技巧，促使谈判顺利进行。

（4）领悟思维能力。在谈判中迅速领悟对方发出的信息并做出正确的反应，经过分析综合、判断、推理等逻辑思维活动对面临的问题给出结论，这种思维活动的结果就是揭示事物的本质和规律。这是谈判者应当具有的领悟思维能力。这种能力人人具有，但是对谈判者来说，这种能力要求应高一些。因为谈判中的信息判断与处理直接决定谈判的成败，而领悟思维能力强则可以做到深谋远虑，克敌制胜。

（5）应变能力。谈判不会按照固定的程序进行，在谈判中也可能出现突发事件，这就需要谈判人员善于运用自己的智慧与经验，对形势进行科学分析与预测，未雨绸缪。同时要有较好的应变能力，随机应变，顺利完成预定目标。

🔵 营销实践
巧妙推销

某厂家向一个公司经理推销自己生产的专利产品——防克菜篮。这是一种可以防止短斤少两的菜篮，希望由该公司总经销。可是一切都谈好后，却在价格问题上陷入僵局。

后来厂方推销员约见该经理，并对经理说："先生，今天我们不谈这个价格问题，我想向您请教一个问题，可以吗？"经理欣然接受了。厂方推销员说："听说您是厂长出身，曾经挽救了两个濒临倒闭的企业，您能不能给我们一些点拨？比如这个菜篮子，如您所说价格偏高了，所以推销第一站在您这里就受阻了，这样下去，工厂非倒闭不可，您能否告诉我，如何才能降低这菜篮子的成本，达到您所说的价格而我们又略有盈余呢？"然后，厂方推销员与经理逐项算账，从原材料的型号、价格、用量，到生产工艺、劳务开支等，进行了详细核算，并对生产工艺进行了多方改进，结果价格只是微微降了一点。厂方推销员对经理的"点拨"报以真诚的感谢，并送上了小礼品，同时表示接受经理意见，改进工艺，降低成本。

当厂方推销员再次与经理谈到总经销价格时，对方毫不犹豫地接受了，并说："看来这个价格的确不能再降了，你们做出了努力，我们试试吧。"

5.3.2 推销中的劝导心理

1. 推销中的劝导

推销劝导是指在人员推销过程中，营销人员为促进消费者购买，运用信息传递、情感融通、利益比较、情境营造等手段，对客户所进行的劝说、诱导等行为。人员推销在本质上是一个营销人员有意识地劝服、诱导客户，激发其购买欲望并采取购买行动的过程。因此，推销劝导是人员推销的核心环节，是推销能否成功的关键所在。

2. 推销劝导心理分析

（1）客户对待推销的矛盾心理。营销人员在推销过程中遇到消费者或客户的拒绝甚至抵制，是很正常的现象。但是，推销成功者更是不乏其例。透过这一现象，可以看到一个基本的规律：消费者或客户存在购买与拒绝的矛盾心理。

① 消费者或客户对待推销者存在很强的拒绝心理。主要是对推销者不了解、不信任；对所推销的商品不熟悉、不相信；担心上当受骗，利益受损。

② 面对营销人员的推销，客户又潜藏着购买欲望。主要是面对实用或时尚商品的诱惑，会被激起购买欲望；在营销人员劝导下，会感到有利可图，购买了可能获得额外利益，放弃购买则会失掉可能得到的利益。因此，会形成为获得更多利益而购买的冲动。

营销人员劝导的过程，就是消费者或客户这两个心理不断冲突的过程：如果拒绝心理占上风，就会放弃购买，这意味着劝导失败；如果购买欲望占上风，就会采取购买行动，这意味着劝导成功。劝导的核心价值就是减弱或消除拒绝心理，强化购买欲望，使其占据优势地位。

（2）人员推销中的客户心理过程。人员推销中的客户心理过程模型如图 5.3 所示。

图 5.3 人员推销中的客户心理过程模型

① 认知。人员推销中的客户心理过程始于客户的认知。即来自营销人员及其他渠道的信息，通过感觉、知觉，认知所推销的商品、服务，以及有关生产经营企业的特征与属性，形成认知结论。如是什么样的商品、什么样的服务、什么样的企业。

② 情感。客户在对商品、服务、企业认知的基础上，形成兴趣、喜好、偏爱，这样，对商品、服务及企业就会形成一定的情感。如感兴趣还是无兴趣，是喜欢还是厌恶，是友好还是敌视。

③ 态度。客户的态度是在认知与情感的双重作用下形成的。对商品、服务及企业的认知，是形成客户态度的基础，但态度也受到情感的影响，而且情感本身就是态度的组成部分。如客户对商品、服务与企业是信任还是怀疑，是肯定还是否定，是购买还是放弃等。客户的态度形成过程与购买决策过程是紧密相连的，态度决定决策，两者是部分重合的。

④ 意志。意志是由态度决定的，并受到人的个性心理特征的影响。客户的态度形成之后，就会形成相应的意志，即购买的态度决定了购买行动的意志。而且，态度的强度决定着意志的强度。如坚定的购买态度就会在购买行动中产生坚定而不动摇的购买意志。当然，购买过程中的意志也会受到客户本人性格、气质等因素的影响。

⑤ 行动。一方面，客户的购买行动是由其是否购买的态度决定的。形成了购买态度，完成了购买决策，客户就会采取购买行动。另一方面，购买行动过程又受到意志的影响，即能否坚持到底，实现购买目标，又是由意志决定的。

（3）作用于客户心理的推销劝导行为。推销劝导行为是针对客户的心理过程与阶段实施的。

① 信息传递。这主要是针对客户认知心理过程。营销人员在推销中，运用以口头语言为主的传递手段，全面、准确地向客户传递有关商品、服务及企业的信息，是整个劝导的前提与基础。首先，要运用各种手段引起客户的注意；其次，要全面、清楚、准确地向客户传递信息；最后，要注意信息反馈，实现双向交流。这其中最重要的是使客户全面、准确地掌握所传递的信息，真正认知商品与服务。

② 交际与融通。这主要是针对客户的情感心理过程。为了消除客户的拒绝与防范心理，营销人员必须重视在推销过程中与客户关系的协调问题，解决好推销过程的情感问题。这就要加强与客户的交际与沟通，运用各种有效手段与方式，促进营销人员与客户的感情融通，满足客户的社会心理需要。这就会有效消除客户的拒绝心理，增强信任感和亲密感，为交易合作提供情感基础。

③ 利益比较。这主要是针对客户态度的形成与改变过程。这是整个劝导过程中最关键的环节。要通过摆事实、讲道理，直至实物展示等方式，帮助客户深入分析购买商品能给客户带来的实际利益。一定要站在客户的立场进行分析，最重要的是使客户自己认识到购买商品所能带来的利益。

④ 促进与强化。这主要是针对客户意志与行动过程。客户形成购买态度，做出购买决策后，就要抓住时机，运用各种手段不断促成客户实施购买行动，以尽快完成购买。当形成购买态度，做出购买决策之后，也有客户会出现心理

逆转，而使营销人员功亏一篑。所以，这一促进强化行为是必要的。

⑤ 情境因素的运用。在整个劝导的过程中，有效地运用各种时空情境因素，促进购买是重要的环节。一是营销人员与客户代表在洽谈过程中的社会心理距离与空间距离的巧妙运用；二是劝导过程中各个阶段时机的把握。

💡 营销实践
试驾，聊天，还是推销？

史先生经营一家汽车修理厂，同时还是一位十分有名的二手车推销员，他总是亲自驾车去拜访想临时买部廉价二手车开的顾客。

他总是这样说："这部车我已经全面维修好了，您试试性能如何？如果还有不满意的地方，我会为您修好。"然后请顾客开几公里，再问道："怎么样？有什么地方不对劲吗？"

"我想方向盘可能有些松动。"

"您真高明。我也注意到这个问题，还有没有其他意见？"

"引擎很不错，离合器没有问题。"

"真了不起，看来你的确是行家。"

这时，顾客便会问他："史先生，这部车卖多少？"

若这时生意还没有谈妥，他会怂恿顾客继续一边开车一边商量。如此的做法，使他笔笔生意几乎都能顺利成交。

（4）推销劝导心理分析模型。综上所述，推销劝导心理分析模型如图 5.4 所示。

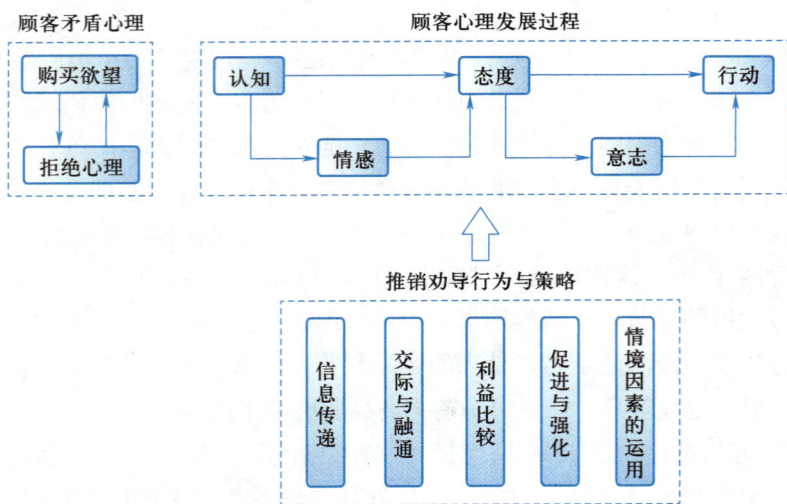

图 5.4 推销劝导心理分析模型

5.3.3　客户态度形成与改变

1. 态度与营销劝导

态度是客户购买心理的核心内容。用户或客户的购买心理，是以其对商品与服务，乃至企业的态度为核心的。客户如何认识与评价商品及企业，形成何种情感，具有怎样的行为倾向，是客户能否购买的根本所在。

形成或改变态度是营销劝导的关键环节。客户能否形成购买动机，采取购买行动，关键在于其对商品及企业的态度。扭转或改变对商品与企业的不利态度，通过多种有效劝导方式或手段，使客户形成对本企业及商品积极、肯定和全力支持的态度，是营销劝导的核心内容和关键环节。

2. 态度的基本概念

（1）态度的含义。态度是人们对客观对象所持有的主观上的内在意向，它是对客观现象的一种认知、情感表达和行为倾向的相对稳定系统。

例如，一家工厂所在社区居民对其态度主要表现为：对这家工厂职能、规模、信誉等多方面的了解，对这家工厂是普遍欢迎还是反感，对工厂的一些行为是支持还是反对等。

? 即问即答
态度具有哪些特点？

一是对象性。态度必须指向一定的对象，是针对某一对象产生的，具有主体和客体的相对关系。没有对象就谈不上态度；二是习得性。态度不是生来就有的，而是在长期社会实践中不断学习、总结、积累而获得的；三是相对稳定性。态度一经形成，在一定时间内会保持相对稳定；四是内隐性。态度是一种内在结构，一个人究竟具有什么样的态度，他人只能从其外显的行为中加以推测；五是差异性。态度的形成受多种因素的影响和制约，并且各种因素在内容、作用强度及组合方式上千差万别，因此，个人的态度也存在众多差异。

（2）态度的多元两极性结构。这是指态度是由许多个具有两极倾向的对象因素配置组合而成的。一方面，态度构成因素具有多元性，比如客户对一家公司的看法，包括规模、信誉、产品、服务、管理等多重因素；另一方面，态度的每类构成因素中又是具有两极性倾向的，诸如企业规模大小、信誉高低、产品优劣、管理好坏等。

（3）态度的三阶层次性结构。态度是由认知成分、情感成分和行为成分三阶层次构成的结构。认知成分是指对客观事物的了解和评价；情感成分是指对客观事物的喜好或厌烦情绪；行为成分是指对态度对象的反应倾向，即行为的准备状态，表现为表达态度的语言和行为等。三者的关系是：态度以认知为基础，情感对态度起调节作用，态度以行为为外在表现形式。

一位客户接触到一家高新企业新上市的家电产品，首先了解并评价其结构、性能、价格，然后形成非常喜欢这种新家电产品的情感，进而产生购买欲望，形成这位客户对这种新产品的完整态度。

3. 态度稳定性的形态

根据态度形成的情况，可以将其划分为三种不同稳定性的形态。

（1）顺从。这是指没有经过太多认知、情感与行为的低程度介入所形成的态度不稳定，即容易在劝说下改变态度。

（2）认同。这是指经过较多的认知与情感体验的中等程度的介入，符合他人或团体的期望所形成的态度。这是一种中等程度的稳定性。

（3）内化。这是指产生了较为深刻的认知和情感，甚至已发生行动的高度介入。这种态度具有较高的稳定性，很难受到劝说的影响而改变态度。

4. 态度的功能

（1）适应性功能。态度在本质上是人们对外部刺激的一种反应。人们态度的形成，是为了适应一定环境，满足自身的内在需要。

例如，客户会对质优价廉的商品及其生产厂家产生积极热情的态度；对质次价高的商品及其生产厂家产生消极、反感的态度。

（2）影响认知功能。人们的态度不同，对同一事物的认识和评价就会不同，态度在人们对客观事物认知的过程中，起着重要的推动或干扰作用。

例如，一家企业形象不佳，当客户挑选其产品时，就会百般挑剔，而且很难成交。再如，一位客户很容易接收一位真诚可信的营销人员的商品信息；又很可能拒绝接收一位令其讨厌的营销人员的商品信息。

（3）价值表达功能。人们对客观事物的态度，真实地反映了人们自身的价值判断。人们会根据自身价值，比较和评价客观事物，从而形成自己的态度。

例如，一位重视商品美学价值的客户，会对一种外观造型很美但使用性不强的商品非常欣赏；而一位重视使用价值的客户则会对同一件商品持否定的态度。从这两位客户的态度中可以明显地看出价值取向的差别。

（4）行为预示功能。态度是内隐的，但总是会通过一定的行为表现出来；态度具有动机的作用，它将影响、决定行为。通过对人们态度的观察和研究，可以预测人们的行为，所以，态度具有预示行为的功能。

例如，在贸易谈判中，只要通过多种形式的有效沟通，使对方对本企业、对交易的产品形成了积极肯定态度，就可以预测出交易即将成功。

（5）力量激发功能。态度对人的活动有着明显的影响作用。从事一项工作

体验式
学习·自我
剖析

请以自己的购买体验为例，分析说明在这一过程中态度的功能。

或活动，如果态度积极，就会激发巨大的动力，大大提高工作的效率；如果态度消极，缺乏工作的动力，不但效率低，甚至还可能起破坏作用。

5. 态度形成与改变理论

关于态度形成与改变的理论主要可归纳为以下几种：

（1）认知不协调理论。这一理论认为影响态度的主要原因在于两个认知要素的不协调。这一理论显然是侧重于态度结构中的认知成分上，即由于认知上的不一致而导致态度的改变。

例如，一位客户从不同的渠道获得关于同一个企业相互矛盾的信息，一是"这家企业信誉度很高"，二是"这家企业不讲信誉"，这两个认知要素就出现了明显的不协调。这就使客户产生了心理压力，急需解决认知失调问题，从而改变其态度。

（2）刺激—学习理论。这一理论认为，当人们从事与自己态度不一致的活动后，往往能获得另外一些知识和经验，从而转变态度。这一理论侧重于态度的行为习惯方面的研究。

例如，当一种新的产品不为客户所接受时，厂家不断地以各种方式向客户赠送这种产品。当他们已习惯使用这种商品时，才发现这些商品的优点，从而产生强烈的购买愿望。

（3）平衡理论。这一理论侧重在人际关系和态度的情感因素方面。提出了态度主体、态度对象和态度参考者的"三合一"组合模式。当上述三者出现心理上、特别是情感上的不平衡状态时，必然带来紧张和不愉快，产生一种转变为平衡的内在要求，从而导致态度的转变。为改变不平衡，态度主体可以转变对态度对象的态度，也可以转变对态度参考者的态度，从而求得平衡。

6. 态度改变系统模式

（1）态度改变机理。态度的改变是一个复杂的过程，是多因素作用的结果。最重要的就是要深入分析态度改变的机理。

①说服者持有某种见解并提出了说服别人的交流信息，力求以其见解转变某一态度主体，即被说服者的态度；②被说服者对此问题已有同说服者不一致的态度，包括在认知成分、情感成分和行为倾向三个方面；③这种交流与说服工作，受到被说服者对说服者的估价、交流信息的差异性、被说服者特性、社会压力和情境因素的影响和制约；④最后的结果，或者是被说服者抵制说服者，或者是被说服者改变态度。从而完成了态度改变的系统过程。

（2）态度改变系统模式。态度改变系统模式如图 5.5 所示。

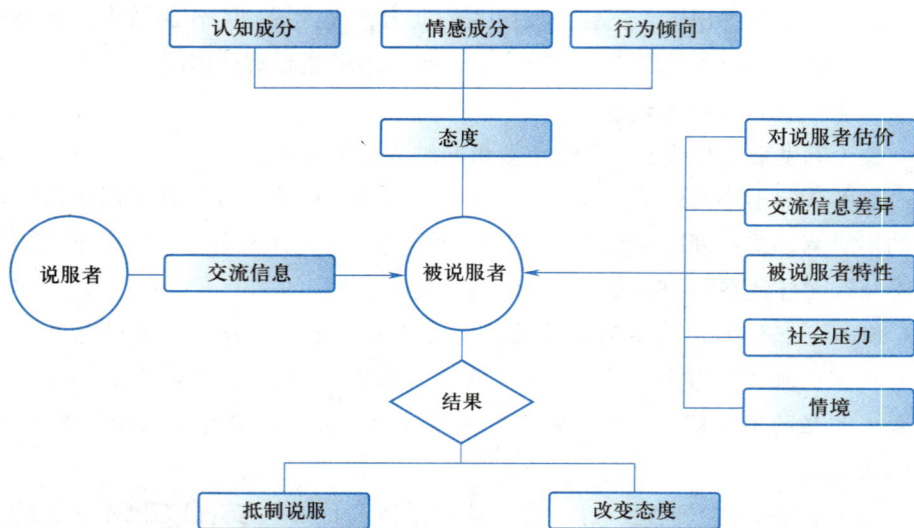

图 5.5　态度改变的系统模式

同步测试

同步测试 5.3

中国企业讲坛
企业导师谈服务导向推销心理

　　数字时代"万物互联"，数字化得到了广泛的普及。但是各种形式的推销与说服仍然是不可或缺的，只是形式与内容发生了显著的变化。数字营销从传统单向推送信息转变为紧贴消费者需求的全程提供服务，通过提升消费者的满意度来"用行动与事实"进行推销与说服。

企业导师谈
服务导向推
销心理

实践与训练

▲ 小商品购买谈判体验
　　【实训目标】
　　1. 体会谈判者心理与谈判过程的心理因素。
　　2. 培养运用谈判心理技巧的能力。

1. 模拟一次购买商品机会进行洽谈：在某旅游景点，同学们都看中了某一种价值 50 元以内的工艺品，有很多摊位都在售卖，各摊位主的开价都一样且可以讨价还价。试与不同的摊位主进行洽谈，以较低的价格购得这种满意的工艺品。

2. 请扮演游客和摊位主，分别进行洽谈，在 10 分钟内成交。

【成果与检测】

1. 在质量相同的情况下，比较谁成交的价格最低。

2. 请成交价格最低的同学介绍自己的谈判过程和心理策略运用情况。

3. 教师点评，对学生的表现进行分析。

模块 6

场景行为：主体间社交心理效应

学习目标

※ 素养目标

- 遵守职业道德，提高营销从业人员的思想与品德修养
- 强化数字化用户思维，主动学习，积极进取

※ 知识目标

- 熟悉营销主体形象的心理功能
- 掌握印象形成机制
- 掌握营销人员形象塑造心理
- 掌握用户参与心理的基本内容

※ 技能目标

- 能够遵循心理规律，自觉塑造营销人员的自我形象
- 能够运用心理策略塑造企业形象

思维导图

数字化视角 —— 数字化思维与营销主体形象心理

场景行为：主体间社交心理效应

营销主体形象心理 —— 营销主体形象及其心理功能

印象形成过程心理

用户参与心理 —— 用户参与的趋势与心理功能

用户参与的心理行为路径与效应

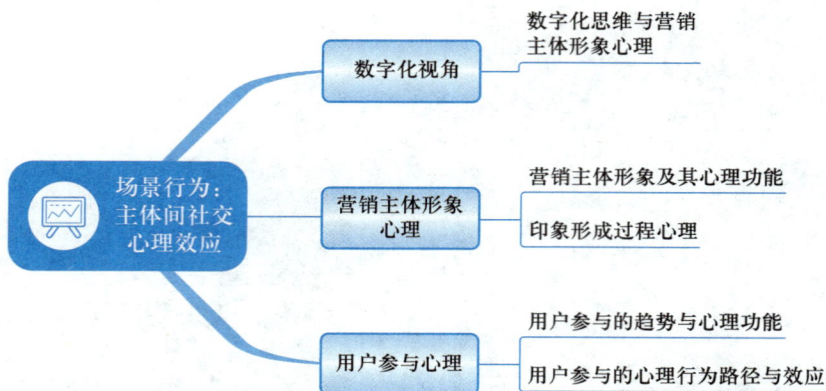

数字营销的显著特点就是出现一种社交文化趋势，即消费者与营销者不再是单纯的商品买卖关系，而是一种以消费者参与为特征的广泛交流，深度互动的社交行为。主体间社交成为高层次营销场景。

数字化情境
和用户做朋友

自初代机型面世以来，小米手机取得了一系列出色的销售成绩，销售额从 2011 年的 5 亿元增长到 2022 年的 1 672 亿元。截至 2022 年 12 月，小米全球智能手机月活跃用户数再创新高，同比增长 14.4% 至 5.82 亿人，延续不断增长的态势。

小米手机成功的原因之一就是正确运用"数字化思维"，即用互联网、数字化的营销新思维颠覆传统的营销规则。小米认为，"不是我们想卖什么产品给用户，而是了解用户需要什么产品并把它做出来"。这种"和用户做朋友"的营销策略就是典型的用户驱动策略。

在之前的传统模式里，手机上市之后性能和操作系统均已固化，有问题也只能到下一版本才能解决。进入智能机时代后，IOS 系统每年一次大升级，Android系统半年升级一次，而小米的 MIUI 系统率先实现了每周升级。MIUI 团队的一项重要工作就是通过互联网和社交媒体，广泛收集其数以千万计粉丝的反馈信息，及时解决 bug、处理问题，快速迭代。除此以外，MIUI 还拥有深度参与研发的"荣誉开发组"，该开发组由懂技术的资深"发烧友"组成，其职责是每周对新版本进行测试。在这个过程中，做不做某个功能、该功能的效果评测、后续的改进点设计等许多内容，开发组全都深度参与。

基于庞大粉丝群体的用户驱动和用户深度参与模式，推动了 MIUI 手机系统快速迭代的实现，然而这只是小米成功的因素之一。另一因素是，小米手机是首个、真正地进行互联网数字化营销的手机。通过互联网模式开发、销售，将对传统渠道的依赖降低到最小程度。小米强调社交化思维，更注重口碑传播的影响力，通过不断提升用户体验来改善企业主体形象，这帮助小米掘到了"第一桶金"，也形成了小米的市场竞争优势。

情境分析

1. 小米的互联网数字化思维体现在哪些方面？小米是如何运用社交心理效应取得手机销售成功的？

2. 结合本案例，请在本模块学习过程中领悟相关的数字化思维内容及其在营销心理学中的应用。

数字化视角
互联网思维与营销主体形象心理

1. 社交化思维：积聚网络化社会资本

作为营销主体的企业及其营销人员在用户心目中塑造良好形象，就是积聚社会资本的过程。企业社会资本是指能为企业带来资源与绩效的社会性资源与能力，主要包括企业及其营销人员所拥有的社会关系网络和所具备的社会能力。社会资本已成为数字时代社会化营销威力巨大的"杀手锏"。

随着互联网的发展，特别是大数据时代的到来，社会资本必将随之转型升级。主要表现在以下几个方面：

（1）从松散、孤岛型转变为聚合、网络型。大数据将改变社会资本的存在形式与结构形态。企业与营销人员可以利用互联网，低成本地获取大量相关数据，甚至是全部数据，实现信息的高度对称，从而可以同更大范围，甚至是全球的企业与用户直接沟通，构建更大规模、更高黏度的社会关系网络。由于消费者对品牌的感知、态度和购买意愿等受到这一关系网络的深刻影响，从而使消费者从主要重视产品或服务的功能性价值逐渐转向对有关品牌、其他消费者或公司等关系网络的重视。

（2）社会资本的典型形态是企业及其营销人员的关系网络。关系网络结构的构成要素包括：①关系网络的中心节点：企业及其营销人员；②关系网络的载体要素：顾客关系、供应商关系、经销商关系、竞争者关系及其与政府组织、其他公众的关系；③关系网络的核心要素：关系主体的特征，如所任职务、自身觉悟、业务、个性素质等；关系内容，主要包括信任、信誉、声望、魅力、权威、亲和力等；关系性状，主要包括关系的广度、深度、黏度等。

（3）社会资本积聚方式的重大转变。互联网，特别是移动互联网的快速发展，改变了企业及营销人员积聚社会资本的方式与途径：从以人际传播为主转变为以网络传播为主，提高了传播的速度；从以单向传播为主转变为以双向传播为主，增加了传播与沟通的情感含量。

如微信通过手机号、QQ号等方式加入"交流圈"，催生新的"圈层化"传播模式，这种圈层化传播以高到达率、转发率、阅读率而成为构建社会关系网络的更具效率的传播方式。

2. 口碑思维：从"卖产品"转变为"卖形象"

在互联网时代，企业及营销人员树立形象的基本途径是强化口碑思维，跳出"卖产品"的思维定式，开展"卖形象"的口碑传播。

（1）借力网络，口碑传播。应充分发挥互联网等新媒体优势，开展网络化、交互式、用户中心等口碑传播。各类"去中心化"的网络交流平台的大量出现，使得被誉为社会舆论晴雨表的网络口碑传播与扩散突破了原有的时空模式限制，爆发出对于个体、企业乃至整个社会不可估量的巨大影响力。企业所要做的不是口碑制造者，而是正向口碑的"放大器"和负向口碑的处理者。

（2）传播诚信，塑造形象。企业要跳出"卖产品"的思维定式，口碑传播的核心内容是诚信，包括以用户为中心理念、承担社会责任；诚信经营，提升自身信用等级，打造金牌卖家；提高营销人员的职业道德水平、亲和力以及人格魅力，塑造企业与营销者的良好社会形象。

（3）个别沟通，深度互动。在网络化、自媒体化的条件下，企业与营销人员必须注重线上线下的个性化沟通，因为人们更愿意个性化参与，而不只是充当宣传对象。企业应以顾客充分参与、双向沟通、共同协商代替单向的宣传灌输，充分利用全媒体开展个性化沟通，深度交往，真正在用户心目中树立良好的形象。

3. 粉丝思维：让用户成为你的粉丝

企业及其营销人员在网上要有自己的粉丝。从一定意义上说，粉丝规模是一个企业网络形象知名度与美誉度的衡量尺度。

（1）粉丝思维与用户关系。在互联网时代，营销人员与用户关系的性质也正在发生变化。传统的客户关系是完全基于利益关系而形成的买卖关系。而在数字时代，人们之间关系的社交化成分在显著提升，粉丝思维日益强化，主要是基于自我心理需要与满足的内源性动机。因此，企业及其营销人员应强化粉丝思维，凭借人格魅力，使用户成为自己的粉丝，增强用户与企业的黏度，使客户关系转变为良性的粉丝关系。

（2）人格魅力与粉丝效应。人格魅力是一种基于特殊的尊敬、钦佩和信任，对其追随者心理与情感所产生的具有强烈震撼作用的吸引、感召与影响的力量。企业经营者与营销人员由于具有魅力而受到用户的喜爱。所谓粉丝效应，就是指由于信息发布者发布大量能引发广泛关注的、具有独特性的信息，引起众多粉丝传播的社会心理现象。

（3）魅力培养与粉丝经营。企业经营者与营销人员必须善于培养自身的人格魅力。要秉持诚信为本理念，承担社会责任；在为用户提供产品与服务上强化专注与极致思维，更好地满足并引导用户需求；个人要有很高的思想境界、专业水平、个人素养；掌握高超的公关与沟通艺术；塑造有品位并深受用户欢迎的外在形象等。同时要注意粉丝运营，要深入了解粉丝需要，提供力所能及的帮助服务；长期保持与粉丝的联系与互动；尊重与关爱粉丝，不断增进共同认知与情感融通等。

互联网思维
与营销主体
形象心理

6.1　营销主体形象心理

6.1.1　营销主体形象及其心理功能

营销主体是指策划与组织实施营销活动的组织与个人，具体是指企业及其营销人员。营销主体形象包括企业形象与营销人员形象。

1. 企业形象及其心理功能

企业形象是指企业的特征与状况（即性状）在顾客与公众内心的抽象反映。从本质上说，企业形象是公众意识的一种反映，即一种主观印象，是公众对企业的特征与行为做出的概括和评价。但这种观念的印象是以客观现实为基础的，是对客观现实的企业性状所作的反映，具有相当的客观性。

（1）企业形象的构成内容。完整的企业形象策略系统由三个子系统构成，即理念识别系统（Mind Identity System，MIS）、行为识别系统（Behaviour Identity System，BIS）、视觉识别系统（View Identity System，VIS）。三者相互推进、共同作用，才能形成最佳的企业形象效果，如图 6.1 所示。

① 理念识别系统（MIS）。理念识别系统是企业形象构成内容的核心和原动力，包括企业经营哲学、经营宗旨、经营理念和价值观等意识文化方面的内容，它赋予企业灵魂，是整个企业形象策略设计的基础。企业由内向外扩散其经营理念，贯彻企业精神，可以达到使公众深刻认识其识别目标及有力塑造企业独立形象的效果。

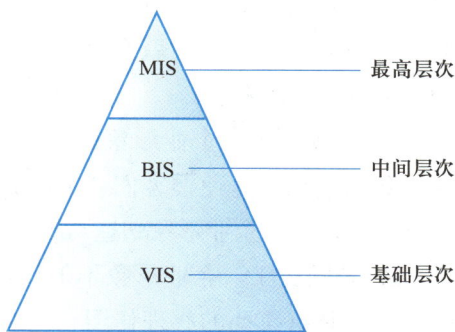

图 6.1　企业形象系统

② 行为识别系统（BIS）。行为识别系统是企业以理念识别系统为基础和原动力制定出一套使理念具体化的措施，是理念识别系统动态形式的外化和表现。行为识别系统体现在企业内部的制度、组织、管理、教育等方面及店铺外部的促销、公关等活动中。

③ 视觉识别系统（VIS）。视觉识别系统是企业在理念识别系统和行为识别系统的基础上向外界传达的全部视觉形象的总和。视觉识别系统是最外在、最直观、最形象生动的静态识别符号，包括企业名称、名牌标志、标准字、标准色等很多内容。

（2）企业形象的心理功能。企业形象在营销中具有重要的心理功能。

① 增强认知。企业形象是公众对企业正确认知的结果，企业一旦形成了良好的形象，又会反过来帮助公众更好地认知企业。通过建立好的企业形象，可以使有利于企业的信念在公众中进行有效传播，不断扩大企业的知名度和美誉度。许多用户往往是先有了对企业的良好印象，然后才详细认知其产品或服务的。

② 亲和公众。企业有好的形象，也就是广大公众对企业有普遍良好的印象，从而使广大顾客、社区民众、合作者与竞争者、新闻媒体、政府官员等对待企业普遍有一种亲和的情感和强烈的认同感，愿意在思想和行动上关心企业、支持企业。这样，就会使企业广结良缘，处处便利，赢得极佳的经营环境，促进事业的发展。

③ 惠顾购买。企业形象好，用户对企业的信任通常都会转到对企业产品与服务的信任上，使顾客们"买了放心、用了称心"，形成惠顾性购买。在现代营销活动中，企业形象塑造与提升已成为促进顾客购买的最佳手段之一。

④ 激励员工。企业形象不但对广大外界公众有显著的影响，还对本企业的员工也具有重要的心理作用。企业形象好，会使本企业的员工增强自豪感、归属感、凝聚力和主人翁意识，从而大大激发了员工的企业奉献精神、事业心

和责任感，提高了员工的工作积极性。

2. 营销人员形象及其心理功能

营销人员形象是指企业营销人员的外表、言行及其内涵素养等在顾客心理所形成的总括印象。

推销员、营业员的形象，对用户的心理会产生极为重要的影响作用，关系到营销活动的有效性和交易的成功率。营销人员的形象具有如下心理功能：

（1）愿意接近。营销人员在用户心目中形成良好的印象或形象，就会使用户愿意与营销人员接近，会使相互交往的过程成为一个愉悦的过程。这样，营销人员就创造了开展营销的前提和基础。这是解决营销接近难题的关键。

（2）接受信息。如果营销人员的形象好，可能就会使用户自觉自愿地接受来自营销人员的信息，而且会认真、仔细地分析、理解信息，从而使营销信息以营销人员迅速、准确地传递给目标客户。

（3）增强信赖。用户是否相信所推销的商品，相当大程度上受到对推销者看法与印象的影响。如果用户认为推销者真诚、实在，或权威、懂行，那么不仅会增强其对营销者本身的信任，还会将这份信任移情到其所推销的商品上，乃至对生产商品的企业产生好感与信赖。

（4）提高忠诚度。愿意与自己喜欢、信赖的营销人员交往，在业务交往的过程中形成一定的个人情感，进而对该种商品及生产企业产生忠诚心理，实现长期合作，惠顾性购买。

体验式学习·生活观察

请结合自己与营销人员接触的实际体验，分析说明营销人员的形象及其心理功能。

3. 营销主体形象的塑造模型

基于上述对营销主体形象概念的分析，本书提出如下营销主体形象塑造模型，如图6.2所示。

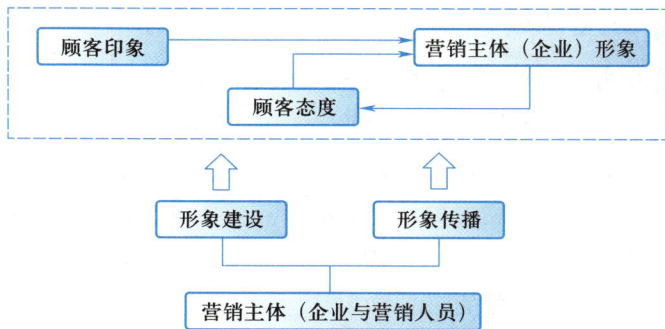

图6.2　营销主体形象塑造模型

其中：①营销主体形象起始于用户对企业及其营销人员的印象，这些印象是形成企业形象的基础。②对营销主体形象起核心作用的是用户对企业商品、服务、营销等相关实物、行为、过程的印象和态度，它们影响并决定企业形象，而同时，企业形象又会影响并决定用户在购买中的态度。③用户印象与态度的形成或改变，受到企业与营销人员形象塑造过程的影响：一方面是他们自身形象的建设，另一方面则是他们运用各种手段进行形象信息的有效传播。

4. 态度与营销主体形象

（1）态度是营销主体形象的核心内容。形象作为在以用户为主体的公众心目中的反映，归根结底，以公众对营销主体的态度为核心内容。公众如何认识与评价营销主体，形成何种情感，具有怎样的行为倾向，这是形象好坏的根本所在。

（2）强化或改变态度是营销主体形象塑造的关键环节。公众态度是营销主体形象的核心内容，能否树立良好的形象，关键在于强化有利于营销主体的公众态度，扭转或改变不利态度，通过多种有效方式或手段，使用户形成对本企业积极、肯定和全力支持的态度。所以，要树立良好形象，就必须善于抓住公众，特别是用户态度的强化或改变这个关键环节。

（3）营销主体形象反过来影响乃至决定用户在购买中的态度。在用户进行购买决策的过程中，除了对所购商品本身信息的感知与分析比较，极为重要的一个因素是用户对出售该商品的企业及其营销人员的印象，即认为其是否信得过并往往以此联想或推断该商品的质量与价格，形成明确甚至坚定的态度，进而决定是否购买。

6.1.2 印象形成过程心理

用户对企业及其营销人员的印象，是形成企业与营销人员形象的基础。用户印象的形成，是一个复杂的、综合的过程。

1. 印象形成与整饰

印象是客观事物在人们头脑中留下的迹象，是观察者对被观察者做出的判断和被观察者若干特征的概括认识，属社会知觉范畴。

（1）印象形成的双向性。印象是观察对象在观察者心中的迹象，印象形成的过程既是观察者主动观察对象特性的过程，又是观察对象能动影响观察者观察其特性的过程，具有双向性，被观察者可以关心和影响别人对自身的印象。这就意味着形象是可以塑造的。

（2）印象整饰的意义。印象整饰是指被观察者通过对自身内在或外在特征的调整和表现，有意控制别人对自己形成印象的过程。

例如，出售食品的营业员，要在柜台前身着干净的工作服，仪容整洁并经过技能培训，严格按食品销售操作规程售货，这样会给顾客留下卫生、干净、熟练和可放心购买的极佳印象。

（3）印象整饰的意义。印象整饰对于企业塑造形象具有极为重要的意义，它是企业塑造形象的基础。就其实质而言，塑造企业形象的过程，就是企业自身及其成员自我印象整饰的过程。企业及其成员绝不是被动的印象被观察者，而且，是能动影响自身印象的自主塑造者。

2. 印象形成过程中的心理效应

人们的印象正是按照上述规则形成的。但这一过程还受到一些具有普遍性心理因素的影响，具体表现为以下心理效应：

（1）晕轮效应。晕轮效应是指人们在评价别人的过程中，由于被观察者的某个或某些特性非常突出，掩盖了对其他特性的知觉，只根据这一突出的特性来判断其他方面也具有与之一致的特性。

一位营业员非常热情周到地为一位顾客服务，令该顾客感动，以至于他可能忽视营业员服务技能上的不足，甚至能容忍某些失误，而将其归因于一时疏忽，仍对这位营业员产生极好的印象。相反，当一位营业员态度不好时，即使其拥有较高的业务技能，用户也会视而不见，甚至认为其业务技能也不足。

（2）首因效应。首因效应是指一个人最先给人留下的印象占有重要的地位，它会影响或抑制以后他给人的印象。这就是人们常说的"先入为主"的意思。

一位营销员第一次去拜访一位客户，他的衣着服饰、言谈举止会给客户留下一个极深刻的印象。第一印象好，会使后续交往顺利；第一印象不好，恐怕再次见面都很难，即使继续交往，也将在很长一段时间内都难以扭转不良印象。

（3）近因效应。首因效应反映的是第一印象的重要心理作用，近因效应反映的则是最后印象的重要心理作用。近因效应是指一个人最后留给人的印象会冲淡或调整以前所形成的印象，成为最后决定被保留在头脑中的印象。由于最后的印象是经过一段交往、观察，不断增加对特性的了解，反复平均与累加，实现了对原有印象的进一步调整、改变或加深，成为最后的评价并被长期保留在头脑中，因此，最后印象也很重要。

在交易谈判中，由于一开始紧张，营销人员给对方留下了不太成熟的印象。而通过谈判、交锋，不断调整自身形象，最后，使对方从内心佩服营销人员的真诚、富有胆识和业务精深，形成较佳合作伙伴的印象。显然，这样的最后印象对洽谈的成功至关重要。

（4）投射效应。投射效应是指观察者常常把自己的认识和情感投射到观察对象身上，认为观察对象与自己有相同的需要、情感、见解和情境。

营销人员拜会一位疑心很重的客户时，一些本无暗指的不经意的话，极有可能被客户误解；而在去拜访一位刚刚升职的客户时，客户不仅会热情地接待营销人员，还会认为来访者有同样好的心境和很好的动机。

（5）类化效应，即刻板印象。这是指人们往往对某个社会群体或某一类人形成的一种固定印象对其知觉的影响。人类在长期社会生活中，形成了多种外在文化群体，或具有某些共同特征的社会群体，从而在社会上形成普遍性的传统意识。在了解到某人属于何种群体后，就会把这类群体的共性特征融入对这个人的印象之中。

同步测试

同步测试 6.1

6.2　用户参与心理

6.2.1　用户参与的趋势与心理功能

1. 用户参与的大趋势

数字时代，营销的重要趋势就是用户的深度参与。营销不再是营销者主导的"独角戏"，用户的参与意识空前强烈，不但深度参与营销的全过程，而且与营销者共创价值。因此，用户参与心理成为消费者心理研究全新的重要内容。

2. 用户参与的心理功能

用户作为购买者，是基于何种动机而积极参与营销过程的？用户参与主要可以满足以下几种心理需要。

（1）身份认同。指用户在参与营销的过程中所建立的个人身份认同感和价值感，即从他人那里获得尊重，塑造自信。用户希望自己在虚拟的网络中拥有属于自己的社会地位和话语权，满足表现欲，获得成就感。

（2）诉求表达。用户参与的核心动机是更好地表达本人及所属群体的购买诉求，低价、快捷地购买优质适用的产品与服务。例如，以"为发烧友而生"的小米，随时按照遍布全球的"米粉"的建议与要求改进手机的研发与制造。

（3）社会交际。由用户参与的营销系统组成了基于共同商品喜好的紧密性社区或社群，这为用户深度参与营销活动提供了开放共享的平台，使用户在参与营销活动的过程中与他人进行互动交流，获得归属感。

（4）求知欲望。用户通过参与营销活动，不仅可以深入了解所购商品与服务，而且还可以拓宽知识面，了解新事物，提高自己的学习能力与交流水平，即使用户的参与过程成为有兴趣的学习过程。

（5）价值创造。用户的深度参与不仅局限于一般性交流，还可以利用数字化社交媒体平台，发挥自己的聪明才智，特别是专业技能，直接参与研发、众筹，甚至生产内容，创造价值。例如，在海尔的工业互联网平台上，用户可以直接参与产品研发与制造。

6.2.2　用户参与的心理行为路径与心理效应

1. 用户参与的心理行为路径

（1）用户参与激励模型。用户参与的心理行为路径，实质上就是用户受到激励积极参与营销的过程。如图 6.3 所示。

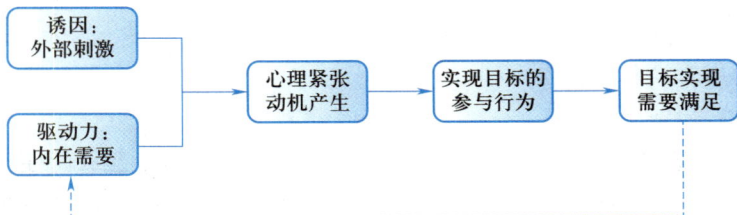

图 6.3　用户参与的心理行为路径

（2）用户参与的心理行为路径分析。①参与过程起始于诱因与驱动力：在营销者的引导下，基于自身需要；②用户出现心理紧张，产生强烈的参与动机；③用户为实现自己的目标，实施参与活动，开展交流与互动；④通过交流与互动，实现用户目标，满足需要，获得对营销与交易的良好体验。

2. 用户参与的心理效应

用户参与主要会对用户产生以下心理效应：

（1）自我定义效应。自我定义是指一个人对于自身特征的信念，以及对这些特征的自我评价。自我定义是一个复杂的结构，可以通过内容（如容貌、智力）、积极性（如自尊）、强度、长时间的稳定性、准确性（如自我评估与事实的匹配程度）等维度来描述其特征。

其心理机理主要有：①属于主观性自我认知与评价，往往是期望的自我，与真实的自我不一定一致；②其认知与评价的途径通常是关注相互依赖的自我，是通过与他人的关系来定义的；③延伸的自我，即将自身社会角色的道具和陈设定义为自我的一部分（如衣着、住所、社会群体）；④遵循"具身认知"理论，即认为"身体状态改变心理状态"，如人的行为、姿势会影响其感觉与心态。

（2）共情共生效应。用户参与营销活动，会显著促进用户之间，以及用户与营销者之间的感情融通、思想共鸣、利益关联、行为趋同等一系列心理行为反应。

其心理机理主要有：①感情融通，用户在交往交流过程中，相互之间增进感情；②通过参与交流，形成用户之间，以及用户与营销者之间的共识与共同利益；③在一定程度上实现产品的共同创造，用户会将融入或体现本人意愿或智慧的产品认同为"自己的"产品。

上述心理效应的发生，不仅有利于营销绩效的显著提升，而且会为数字营销提供与开辟更为广泛的、全新的鼓励用户参与、激励新的参与行为的举措与途径。

同步测试 6.2

企业导师谈
社交化营销
心理

🏛 中国企业讲坛
企业导师谈社交化营销心理

数字时代营销活动的一个显著特点就是营销的社交化。互联网使一切互联，信息几乎完全透明，消费者话语权显著提升，因此，营销者的单向信息传播演变为消费者与营销者的互动与交流，从而使消费者的参与感与交际体验成为购买决策的决定性因素。

实践与训练

▲ 企业形象调研

【实训目标】

1. 培养观察顾客对企业评价的能力。

2. 培养运用心理策略塑造企业形象的能力。

【内容与要求】

1. 对一家企业进行顾客调查，主要是了解顾客对该家企业的印象与评价。

2. 调查可采用问卷法或访谈法进行。

3. 对调查结果进行分析，除分析顾客对企业的评价外，还要注意影响企业印象形成的具体因素、顾客的需求与心理特点等。

4. 必要时可组织班级交流。

【成果与检测】

1. 根据调研情况，每人写出一份调研与分析报告。

2. 教师依据调研中的个人表现与分析报告质量进行综合评估打分。

模块 7

场景环境：选址与设计心理效应

学习目标

※ 素养目标

- 提高运用唯物辩证法分析环境的能力
- 践行社会主义核心价值观，营造健康营销环境

※ 知识目标

- 熟悉商场选址的顾客心理预期
- 熟悉招牌、外观橱窗等商场外部设计心理
- 掌握商场内部设计心理的具体要求

※ 技能目标

- 能够正确运用商场类型、商场选址与招牌设计心理策略
- 能够应用心理规律与方法进行商品陈列、购物场所设计

思维导图

```
                                    ┌─────────────┐
                              ┌─────│ 数字化视角   │───── 数字化思维与商场环境心理
                              │     └─────────────┘
                              │
                              │     ┌─────────────┐     数字时代的场景重构
                              │     │ 场景重构与商场│───── 商场选址心理
                              ├─────│ 选址心理     │
         ┌──────────┐         │     └─────────────┘     商品与商场类型的选址心理
         │ 场景环境：│         │
         │ 选址与设计│─────────┤
         │ 心理效应  │         │     ┌─────────────┐     招牌与心理
         └──────────┘         ├─────│ 商场外部设计心理│──── 外观设计心理
                              │     └─────────────┘     橱窗设计心理
                              │
                              │     ┌─────────────┐     商品陈列心理
                              └─────│ 商场内部设计心理│──── 购物场所环境心理
                                    └─────────────┘     POP广告设计心理功能
```

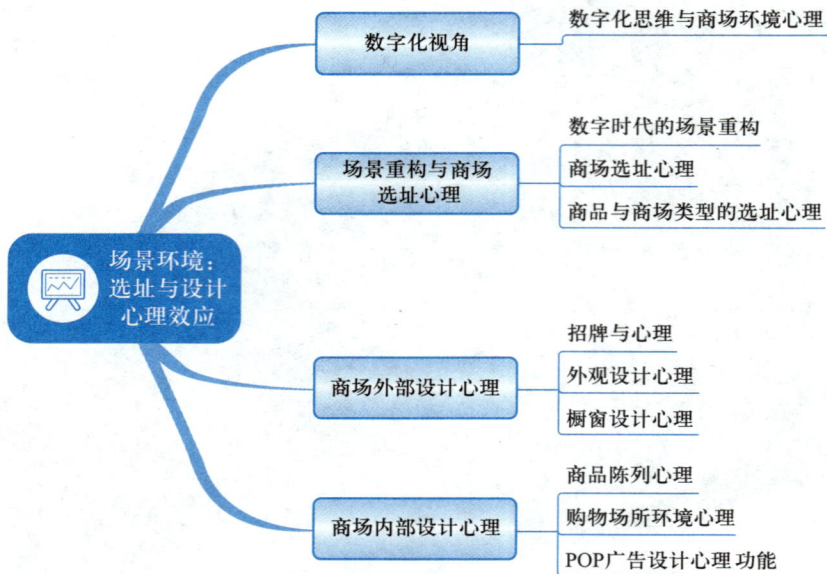

环境是营销场景的基础性要素，对消费者心理产生重要影响。包括地理空间、购物环境的装饰设计等。

> ### 📄 学习园地
>
> 党的二十大报告指出："以社会主义核心价值观为引领，发展社会主义先进文化，弘扬革命文化，传承中华优秀传统文化，满足人民日益增长的精神文化需求。"
>
> **学习体会：**
>
> 商场一直以来就是人们购买商品的场所。在数字经济时代，商场环境设计从以单一招徕顾客为目标与标准转为使顾客在购买商品与服务的同时获得快乐体验与心灵升华。基于商场的功能从单一购物转变为休闲娱乐等多种功能需求，对环境有了更高的要求，甚至是质的变化。这种变化的核心是以社会主义核心价值观为引领，借助环境宣传社会主义先进文化，弘扬革命文化，传承中华优秀传统文化，满足人民日益增长的精神文化需求。商场及相关企业应依托环境，实现购买商品、休闲娱乐、陶冶情操、升华境界等诸多功能。

全聚德认为，在数字经济时代，老字号要秉承传统餐饮的商业逻辑，从"人、货、场"三个维度将老字号传统的餐饮优良体验进行数字化延伸——通过"人、货、场"的多元发力，努力拥抱习惯数字化生活的年轻消费者，围绕他们偏好的数字化消费需求、方式与渠道，展开一场"两情相悦"的数字化沟通与互动，为其打造数字化餐饮新体验。

在"人"的维度上，全聚德基于全新品牌IP"萌宝鸭"打造了一支年轻的数字化时代餐饮服务团队——"萌宝星厨"。萌宝星厨通过线上直播、线下服务等方式，与萌宝鸭IP和文创产品有机结合，将全新餐饮体验带给年轻消费者。

在"货"的维度上，全聚德围绕年轻群体的消费新需求，着力推进餐饮产品食品化。基于"数字化平台"推陈出新，希望能全面满足年轻人群对餐饮的多方面需求。

在"场"的维度上，全聚德在线上推出了微信商城——"全记货铺"，并围绕它打造了企业微信社群、微信公众号、抖音直播间、小红书等多元营销宣传矩阵。线下堂食依然是数字经济时代餐饮体验的重要组成部分，全聚德王府井店升级项目"全聚德·宫囍龙凤呈祥"主题餐厅重点打造数字化的"场"，着力打造线上、线下连接的餐饮融合体验。

该项目以"文化＋空间＋产品"的组合模式开展，将全聚德非遗传承技艺、"龙凤呈祥"文化元素和当代艺术融合，在餐饮空间植入主题文化IP。

在餐厅一层的换装体验区，顾客可在换装完毕后进行沉浸式打卡拍照、用餐。同层的幸福密码墙可实现顾客的互动体验。使顾客在全聚德餐厅获得"人"与"场"融为一体的沉浸式享受。

餐厅二层是以"宫囍玫瑰"为主题的爱情文化艺术餐厅，环境设计以传统建筑、书画以及全聚德非遗技艺为元素，利用数字多媒体技术，打造情景空间，展现了全聚德宫囍龙凤呈祥的品牌文化特色，营造出情缘得聚、时尚浪漫的用餐氛围。

餐厅三层是以"盛世牡丹"为主题的多功能喜文化宴会厅。餐厅顶部以每串9片金属材质的"喜"字灯帘为装饰，寓意着"喜从天降""长长久久"。餐厅结合自身开阔明朗的空间特点，配以数字多媒体显示屏和全息影像装置，为宾客提供一场品美食、享视听的盛宴。

全聚德认为，餐饮老字号必须通过数字化传播，与年轻人群产生新的共鸣。全聚德在年度品牌庆典时不仅通过线上直播方式扩大活动影响，更通过当下流行的短视频、VCR等方式将活动中极富历史价值的"敬匾仪式"等环节更广泛地传递给年轻人群，推动文化传承。

相关数据显示，春节黄金周期间，北京地区门店甚至出现"一号难求"的景象。以环球城市大道店为例，其7天的营业收入同比增长135.9%，跃居大众点评美食热门榜单综合排名榜首。

情境分析

1. 你怎样理解全聚德的数字化"三维"创新思路？
2. 请归纳出全聚德在"场"这个维度的数字化举措或表现。
3. 请以消费者的身份，评价全聚德场景环境下数字化带来的新体验。

数字化视角
互联网思维与商场环境心理

1. 互联思维：开辟了全新的线上虚拟经营场景

互联网不但突破了时空界限，可以将地球上任何地方的事物联系起来，还突破了固有的各种生产经营和社会活动边界，使得相当多的看起来完全不相关的事物可以连接并整合，从而产生全新事物及巨大整合价值。从经营场景的视角看，在互联网中诞生了在线虚拟经营场景。

（1）在线虚拟经营场景兴起。互联网时代的颠覆性事件是开辟了在线虚拟场景，使来自全世界各地的厂商在线经营，如淘宝（天猫）、京东、拼多多等。它结束了商品只能在现实商场等传统商业场景经营的历史。

（2）在线虚拟场景经营以其不可比拟的优势发展。电商一经面世，就与线下传统场景的商业展开了激烈竞争，显示出明显的竞争优势。

（3）线上虚拟场景经营形成了新的心理效应。一是商业信息传播面广，可以传递到全世界任何角落，用户范围可以遍布全世界，足不出户就可以获得购物的便捷感与满足感；二是在线经营可以大幅度降低交易成本，从而使得用户价格期望心理获得超预期满足；三是万种商品随意选，从购买到物流都特别便利、快捷，使在线购物成为一种乐趣。

2. 跨界思维：电商与传统商业竞争与融合带来的新体验

电商与传统商业在激烈竞争的同时，出现了线上线下融合的大趋势，这就是O2O（Online To Offline，即线上与线下融合）模式。

（1）传统商业"触网"。有远见的传统商业企业纷纷上网，开办各种电商网点。传统商业"触网"，对用户与顾客购买心理也产生了重要影响。优点是其顾客可以享受线上电商购物的所有实惠与满足；缺点是容易造成线上线下价格差异，引起顾客困惑。

（2）电商拓展线下业务。在传统商业"触网"的同时，电商也大幅度向线下渗透。一方面是将电商先进的数字化手段引入商场，如虚拟场景设计、二维码关联、扫码支付等，打开线上线下通道；另一方面电商斥巨资收购或直接投资新建线

左侧图注：
互联网思维与商场环境心理

下商业门店，然后按照互联网思维和电商经营模式改造或创造全新的线下商业业态，如"新零售"。这些改造或新建的"新零售"模式既保留了传统商业的现场体验优势，使顾客仍然可以获得真实的购物体验，又因为实现了线上线下融合，更容易获得在线购物的优惠与快乐，从而使传统顾客与在线用户获得前所未有的体验。

3. 数字化思维：实现商场环境的智能化

随着互联网以及科技的快速发展，不但线上电商的技术装备与数字化程度不断提高，线下的传统商业门店的环境与条件建设，特别是其技术含量与数字化、智能化的程度也在迅速提升。

（1）商场的环境与条件的技术装备程度不断提高。随着现代科学技术的迅速发展，整个社会各个领域的技术装备程度都在不断提高，商场也不例外。特别是一些新建商场的环境与条件的现代化程度都非常高，有的近乎豪华。商场管理与服务的软件系统不断升级。大多商场都采用了 ERP 等管理系统，大大提升了管理水平与自动化程度。同时，各种业务管理，特别是物流管理更是广泛应用自动化管理，大大提高了经营的质量与运营的效率。

（2）强化互联网思维，推进商场环境与运营的数字化、智能化。如对用户信息的大数据管理、云计算，商场装饰、商品展示、柜台服务、试穿试用等的智能化，扫码支付、线上结算以及现代物流等，这可以提高效率，降低成本，提升服务档次。

（3）强化用户思维，显著提升顾客的购物体验。通过商场环境的数字化与智能化改造，使顾客获得在传统商场从未有过的购物体验，不但继续获得实体店即时体验的享受，还可以获得网上购物方便、快捷，低价格，多选择的优势。这种商场环境的数字化、智能化，使顾客获得单一网购或实体店购物难以得到的超值体验。

7.1 场景重构与商场选址心理

7.1.1 数字时代的场景重构

1. 数字时代商业场景的变革与主要形态

在传统商业场景的基础上，互联网特别是移动互联网的发展，对传统商业场景进行了颠覆，实现了以虚实场景结合为代表的商业场景的重构与创新。

（1）数字时代商业场景的变革。在数字经济时代，商业场景发生了重要变化，出现了许多变更、重组、新创的商业场景。其中最显著的变化就是场景的时空变化：由单一的物理时空扩展为物理与虚拟两个时空及其结合的新产物，即商业场景的线上（虚拟）与线下（现实）连接。例如，天猫／淘宝商城是线上场景，而盒马鲜生超市则是线下的数实融合新场景。

（2）数字时代商业场景的主要形态。根据商业场景的定义与四维结构，大致可以将数字时代的商业场景划分为五种新的形态：传统的体验式商场、数字化（智能化）新商场、传统的网络营销（购物网站）、新媒体营销、虚拟现实商业新场景。在可以预见的未来，商业场景将向着数实深度融合方向继续演进。

2. 新商业场景的特点及其对消费者心理的影响

（1）新商业场景充分体现互联网思维，带给消费者"超预期"的新体验。新商业场景作为互联网的衍生品，数字化特性赋予其强大的新功能。从而在体现用户思维、体验为王等理念的同时，也使消费者的诸多购买新需求得以实现，这样消费者所获得的体验就是"超预期"的。

（2）新商业场景具有很强的社会性，使消费者参与创造并获得最大化的社交价值。新商业场景与传统商业场景的一个显著区别是前者具有很强的社会性，大量的交易活动都是买卖双方的多重互动和广泛交流，并渗透着个人的情感因素。因此，会使买卖双方共同在交易过程中创造社交价值，从而使消费者获得传统场景下无法获得的社交价值与娱乐价值。

（3）新商业场景实现交易效率化、效益化，使消费者购物与消费实现最大满足。新商业场景借助网络数字化优势，利用大数据、云计算、虚拟经营等技术和方式，显著提高交易效率并大幅降低交易成本。它不仅能满足消费者追求方便、快捷的购物心理，也能满足其求廉心理，大大提升消费者的购物满意度。

（4）新商业场景实现交易的移动化，使消费者实现随时随地的泛在式购买。新商业场景最主要的是依托移动互联网开展交易活动，消费者可以利用智能手机、智能手表、平板电脑等移动终端，随时随地地进行搜索、交流、购物、支付、查询、评价、分享，这不仅使购物泛在式、碎片化，而且使购物成为一种交流、交际活动。

（5）新商业场景广泛渗透社会各领域，将改变甚至颠覆消费者的消费行为、生活方式与习惯。新商业场景基于互联网，链接广大人民群众的日常生活，实现在时空、社会领域、组织边界等全方位的跨界渗透，影响日益广泛而深刻，从而使得广大消费者的思想观念、思维模式、消费行为、生活习俗等随之发生重大转变，甚至被颠覆。

3. 定位生活服务及其对选址心理的颠覆

随着移动互联网与定位系统（如 GPS）的快速发展，出现了基于位置的服务（Location Based Service，LBS）新业态，用户可以在任何时间、任何地点即时搜集到所需要的服务。这种商业业态的创新是 O2O 思维的重要体现，也是对传统固定经营场景服务与用户心理的颠覆。

（1）O2O 思维的重要体现：基于位置服务。所谓基于位置的服务，简称位置服务、定位生活服务，是指通过电信运营商的通信网络或外部定位方式，获取移动终端用户的位置信息，在地理信息系统（Geographic Information System，GIS）平台的支持下，为用户提供周边网点服务的一种增值业务。其基本含义包括两层：一是该项服务首先是基于对用户所在位置的定位，即确定用户当时所处位置（地理坐标或大地坐标）。二是定位后，寻找周围相关服务网点，如提供购物、餐饮、加油等服务的场所，为用户具体提供所需要的各种生活服务信息。

（2）基于位置服务是对商场选址心理的颠覆。传统商场类型与选址大多基于商品经营场所与顾客居所距离关系进行研究；而在移动互联网时代，商品经营的方式、场所，用户购买的方式、地点，以及物流模式均发生重大改变，特别是位置服务更是对上述诸方面及所引发的用户心理产生颠覆性影响。这种颠覆性影响主要表现为：①用户在任何时间与地点都可以就近、即时获得所需要的、可有多种选择的服务，大大提升购物与获取服务的便捷性与满意度；②商场与服务网点的位置与居所的距离不再那么重要，用户足不出户就可以点餐送货，享受服务；③商家选址不必再拘泥于原有的设计原则，应该强化移动互联网理念，考量位置服务的优势与要求，探究、制定能更好地满足用户需求的解决方案。

7.1.2　商场选址心理

要实现经营目标，商场选址需要综合考虑与选定区域、经营商品、商场类型有关的顾客心理。

1. 商圈与顾客心理

商圈也称交易区域、商势圈，是指以商店所在地为中心，沿着一定的方向和距离扩展，吸引顾客的辐射范围。简而言之，商圈就是商店吸引顾客的地理区域，也就是来店购买商品和服务的顾客所居住的地理范围。

任何一家商店都有自己特定的商圈，商圈范围及形状常常根据商店内外部环境因素的变化而变化。从形状上看，商圈实际并非呈同心圆形，而表现为各种不规则的多角形。为了便于分析，一般将商圈视为同心圆，按层次的不同，通常分为核心商圈、次级商圈和边缘商圈，如图 7.1 所示。其中核心商圈是指接近商店并拥有高密度消费者群的区域，通常商店 55%~70% 的顾客来自核心商圈。次级商圈位于主要商圈之外，是顾客密度较稀的区域，占商店顾客的 15%~25%。边缘商圈位于次级商圈以外，是顾客分布最少、商店吸引力较弱的区域，占商店顾客的 5%~10%，规模小的商店在此区域几乎没有顾客。

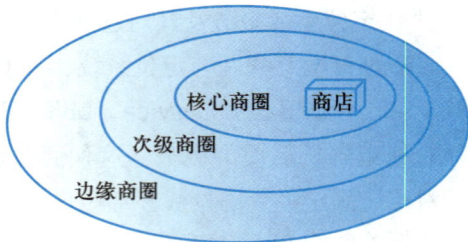

图 7.1　商圈构成示意图

商场选择区域要综合考虑所在区域的人口因素、地理环境因素以及地段因素，特别是要掌握顾客对商场选址的心理预期，主要涉及以下两种。

（1）购买便捷心理。选择交通比较便捷、进出道路比较畅通、商品运输安全省时、主要顾客购买路程不远或公共交通便利的地方设置商场，就可以较好地满足顾客的购买便捷心理。

（2）商场集聚心理。商店林立的商业街，由于商家集聚，会形成一个规模大、密度高的顾客群。很多顾客有浓厚的从众心理，人越多，认为商品越吸引人，购买兴趣就越高。人口密集、商家集聚的地方是商场设置的理想区域。在一条商业街内，街区两端购物的人要明显少于中间地段的，后者相对比较优越。这是顾客集聚心理与便捷心理的一个反映。

总之，现代商场与门店选址的心理诉求是如何更好地为顾客服务，其核心是提升顾客的消费体验。

💡 体验式学习·自我剖析

就自己的个人购买体验，谈一谈对某类型商场的心理预期应该是怎样的？

📊 数字化消费心理
业态创新以顾客体验为核心

随着数字经济时代的到来，线上线下的混合发展助推商业服务门店的重构。传统线下门店的调整、关闭，给新业态门店让出了成长通道。直接服务于消费者社区的便利店呈现规模性、连锁化、大范围的增长，而小型超市、社区小店、生鲜专业店等门店业态则以更贴近消费者和目标顾客群的方式出现，解决了"最后一公里"的服务问题，显著提升了顾客体验。

其中，盒马鲜生就是阿里巴巴对线下超市进行重构而产生的新零售业态。它是超市，是餐饮店，也是菜市场，但这样的描述似乎又都不准确。消费者可以到店购买商品，也可以在盒马鲜生 App 下单。

盒马鲜生是以数据和技术驱动的新零售平台，它致力于为消费者打造社区化的一站式新零售体验中心，用科技和人情味带给人们"鲜美生活"。盒马鲜生向消费者郑重承诺：

（1）最快 30 分钟达：全温层配送，最快 30 分钟达。

（2）配送到家：在门店可配送范围内，轻松在家收货。

（3）一站式购齐：实体体验店＋购物 App，全球生鲜一站式购齐。

盒马鲜生等新业态门店的出现，突破了传统局限于以物理距离为选址依据的门店观念，在选址上要强化"互联网＋"理念，实现跨时空融合重构。阿里云智能新零售事业部总裁多次表示，商业在快速迭代，新商业与传统商业的核心区别在于："传统商业最重要的是选址，哪里人多一点就去哪里开店，靠天吃饭。但现在，模式已经非常不一样了，整个渠道的所有环节都需要重新思考与定义。"

业态创新以
顾客体验为
核心

2. 商场经营与顾客心理

商场选址要适应顾客的心理需要，但同时也要考虑如何有利于商场自身的经营与发展。应着重从以下几方面来考虑：

（1）有利于建设与目标顾客群相配套的综合服务体系。商场一般具有较强的地域性，相应形成明确的目标顾客群。必须要适应目标顾客群的基本需要与特殊需要，综合考虑行业特点，消费心理及消费者行为等因素，建设与之匹配的各种商业服务功能，并能够实现综合配套、功能齐全，形成特色与优势。

（2）既有利于提高市场占有率和覆盖面，又有利于企业长期发展。企业要分析、预测所选地址的市场容量，保证一定的市场占有率和覆盖面；也要预测市场的发展潜力；还要考虑未来发展的潜在顾客、拓展空间等各种条件。

（3）有利于经济合理地组织物流活动。商场经营绩效与竞争优势相当程度上取决于商品物流的效率与成本，因此，商场选址一定要有利于降低采购成本和运输成本，合理规划运输路线。

如商场位置应尽可能地靠近运输主干道，这样既能节约成本，又能及时组织货物的采购与供应，确保经营活动的正常进行。

7.1.3 商品与商场类型的选址心理

适应顾客心理的商场选址主要涉及商品属性与商场类型两个方面。

1. 商品属性与选址心理

商场选址除考虑地理区域等因素以外，还要分析商品性质、顾客消费习惯等特点，准确选择面向目标区域顾客的商品类型或商品价格定位。

（1）商品类型与顾客选址心理。一般日常生活用品超市应设在靠近居民区中间的地段，以方便居民日常购物消费的需要；黄金饰品、钢琴等贵重物品应设在与高档商店相毗邻的地段，以适应顾客购买高档物品时对商场档次、商场信誉、外部环境等方面的心理要求。

（2）商品价位与顾客选址心理。企业应根据顾客对商品价格的需求心理选择店址。如高档文化艺术类商品、豪华生活消费品的商场，应设在高收入顾客群生活区域或繁华商业街，以满足顾客的地位需求并适应其信任感。

（3）消费习俗与顾客选址心理。我国地广人众，不同地区、不同民族的人们消费习惯各不相同。商场选址要考虑人们消费习俗的不同，因地而异，使购物更适应于顾客的消费习惯。

2. 商场类型与选址心理

不同类型的商场设置在何地，一定要与顾客的心理需要结合起来。

（1）业态分布与顾客选址心理。业态是服务于某一顾客群或某种顾客需求的销售经营形态，是目标市场进一步细分的结果。必须依据顾客对不同业态的需求心理来选择店址。生活食品超市应靠近居民区，以居民区的常住居民为主要顾客群并与大型超市保持一定距离，其选址最好离大型超市 5 公里以外；仓储式会员店应优先考虑交通方便，不以靠近居民区为第一选择目标，因为它可以以低价吸引顾客。

（2）竞争环境与顾客选址心理。商场选址要考虑业种、业态分布，或与其周围的其他商品类型相协调，或能起到互补作用，或有鲜明特色。同类小型专业化商家接邻设店，可形成特色商街，吸引人流，满足顾客到特定商业街购物的心理预期。如果一家珠宝玉器商店孤零零地开在汽车配件一条街中，谁也不会相信它能够招徕足够的顾客。

（3）配套场所与顾客选址心理。顾客在某些商场购物中要求获得配套服务的心理。仓储式会员店一般停车场面积与营业面积之比为 1∶1，以方便频繁进货和顾客大批量购物后的运输用车停放；以低廉价格销售商品的大卖场可设在市郊结合部，以便在配备与营业面积相适应的宽敞的停车场的同时，降低地价成本，尽管路远一些，但可以满足顾客的求廉心理。

💡 营销实践
三角形选址

有个企业家以经营连锁药店而闻名。一开始他在铁路沿线的三个地方分别开了一家药店。这三家药店在一条直线上，销售额总是上不去。

一年夏天，他坐电车下班，无意间发现在他前面的几个小学生都把手套在三角尺中间的孔洞里，用另一只手转着玩。联想到以前看到的有关军队战略的书籍，他一下找到了药店不景气的原因：直线排列点很容易被外力阻断；三足鼎立，点和线才能连起来，才能守住中间的三角形部分。想到这里，他激动不已。

于是，他调整了店面，调整后的三家药店完全按照"三角形"结构布局。没过多久，药店的营业额就开始回升并越做越火，业务量不断扩大。

7.2 商场外部设计心理

商场设计包括外部设计和内部设计。商场外部设计，主要包括商店的招牌、建筑外观和橱窗的设计。

7.2.1 招牌与心理

招牌作为商场的牌号和名称的艺术制作，是顾客寻找和识别商家的标记。顾客徜徉在商业区时，首先浏览到的是各式各样的招牌。商业街相互连接、各具风格的招牌，构成了浓郁的商业氛围和丰富多彩的街景装饰。

1. 招牌的心理功能

（1）触发感知。商场招牌是商场的标贴，它常常直接或间接地将商场的行业属性、服务标志或服务领域简明扼要地加以反映。新老顾客凭借招牌可以一径找到自己要去的商场，新顾客即使不知商场的经营业务，也能根据商场招牌明确或大致地感知其主营项目或服务范围。如"华联超市""博步皮鞋商店"等，可以使人对商场的经营业态、经营业种一目了然。

（2）引起兴趣。一个构思独特、富有形象性和艺术感的商场招牌，能够牢牢抓住顾客的视线，极大地引起顾客的兴趣，使人产生非进去看看不可的欲望。如"老凤翔银楼""梅龙镇"等，店名字体优美、牌匾用料讲究、招牌造型美观，首次无意间路过此处闲逛的人们，常会产生进去一睹为快的心理。

（3）象征信誉。一些商场历史悠久、传统独特，经过几代人的经营，其招牌名称本身就具有巨大的无形资产。如"六必居""同仁堂""荣宝斋"等，这些招牌象征着商家由来已久的信誉，使人一见招牌，就被其中包含的特色内涵所感染，不禁产生信任、仰慕之感，形成品牌珍贵与产品超值的联想。

（4）便于记忆。一个独特的招牌名称，朗朗上口，易读易记，会给顾客留下深刻的记忆，从而在人群之间广为传播。如长沙的"火宫殿"，杭州的"得月楼"，历经岁月的洗礼，因其名富有特色，再加上几代人对品牌的精心培育，深深地印刻在人们的心里并广为传播，成为"金字招牌"。

2. 吸引与取悦顾客的商场命名艺术

商场名称常可分为两部分：前半部分为特殊标志，用以与同种业态、同类商场相区别；后半部分为一般标志，用以表明主营商品属性或种类。如"永辉超市"，"永辉"为特殊标志；"超市"为业态。前半部分用词应着重研究商场命名心理，但必须在意境上与后半部分协调一致。

（1）自然朴实，贴近顾客。众多商家为商场起一些大众化的名称，如"便民百货""大众饭店"等。这类名称直截了当地向人们展示了商家的服务宗旨，自然而又朴实，能起到贴近顾客的心理作用，顾客顾名思义地会认为这是面向大众消费的商店。大众化名称的不足之处是重复度比较高，难以形成深刻印象。

（2）融入温情，以情感人。商场命名如能寓情感于其中，可使顾客感到脉脉温情。

例如，"全聚德"饭店的名称，给人以亲切温暖的感觉，使前往聚餐的亲朋好友倍感温馨，增加欢乐的气氛；"圆缘园茶坊"的特殊标志由三个同音字组成，既有趣味，又充满情感，新老朋友在这里面相聚品茗，会平添三分情趣。

（3）与众不同，激发兴趣。商场名称忌千篇一律、千人一面。起一个富有特色、与众不同的店名可以引起人们的注意，激发人们的兴趣。如"盒马鲜生""谷田稻香""花点时间"，名称给人明显与众不同的感觉，喜新喜特的人们不免会产生兴趣和联想。不过形式与内容要保持一致，不能只是在名称上做文章，一定要有真特色，防止给人以故弄玄虚之感。

（4）含义隽永，意味深长。有些百年老店名称内涵丰富，文化品位和历史感强，给人留下深深的印象。如"醉翁亭""雷允上""朵云轩"，这些店名本身古朴典雅、意味深沉，给人以一种文化上的享受，值得长久回味。这类店名已为社会大众所熟知，有些本身已包含了经营业种的含义，因此店名的后半部分常省略不写。

（5）直呼其名，强化记忆。有些商场经营单一的商品品牌，如品牌店、专卖店，这时商场名称就可以直接以商品的名称来命名，比如"西西弗书店""宝岛眼镜"；另外还有一些引进的业态，如连锁商店，直接使用其原来的商家名称，比如"麦德龙""麦当劳"。直接以商品的名称或引进商家的名称来命名，可以产生品牌效应，加深顾客的印象，这时商场名称就直接起到了广告的作用。

7.2.2 外观设计心理

商场的外观包括商场建筑物、商店门面和出入口等商场的外部形象，也是能否引起顾客良好心理反应的重要因素。

1. 门面设计心理

（1）招牌设计与顾客心理。传统商场正门上方的装饰常使用木制的匾牌，上面用油漆书写美术字店名。这种匾牌色彩单调，现在已不大使用。现代商场常使用各种材质制作而成的，与临街门面的宽度相匹配的通栏招牌，底色能很好地衬托出文字。为加强对人们感官的刺激，使用的色彩之间应有一定的反差。有的招牌制作成灯箱；有的做成立体式的，在文字的外围、底面或整体招牌的外围配置霓虹灯，这时的视觉效果最好。霓虹灯可以设计成不同的字体、不同的色彩，还可以配以色差明显的背景色彩，并采用扫描、跳跃等动态模式。

例如，谭木匠木梳专卖店招牌文字采用书法装饰混合标准字，"木"字采用装饰字体，以体现木器的特点，而"谭"字采用隶书，"匠"字采用魏碑体，给人以历史感和雕刻感，新颖独特，令人印象深刻。专卖店装饰得古香古色，"好木沉香""我善治木"的牌匾以及刻在墙上的企业家史无一不体现出品牌的文化底蕴。

（2）门体设计与顾客心理。门体及其两边的侧翼是人们在商场外以平面视线注目的部分，是能否吸引人们进入店堂的面积较大的场景，在门面设计中同样具有重要的地位。这部分一般使用透明的玻璃作为材料。为增加透明度和光亮感，现在很多门体及其两翼常常尽量减少甚至取消原来设计中使用的木架或金属架，采用大面积玻璃架构。透明、宽大的门体及其两翼可以使人对商场内部场景一目了然，于无形中充分感受到商家的坦诚与热情。

2. 出入口设计心理

出入口是顾客从店门到货架的进出商场的通道，在设计上应以方便顾客出入、形式大方、宽度足够、能吸引顾客的视线为基本考虑点。大型商场考虑到进出人流较多，出入口也相应地要开设数个，以满足顾客从不同方位便利进出的要求。如果出入口的位置和宽度设置不合理，造成拥挤，就会使人望而却步，造成客源的流失。从出入口的开放程度来看，可设计成以下几种类型。

（1）封闭型。店门出入口较小，临街的一面有时用橱窗或有色玻璃遮蔽。这种类型的出入口适用于经营金银首饰、名贵工艺品、艺术瓷器等高档商品和特殊商品的商店。顾客进入这类商店可以因其封闭的出入口产生神秘、幽雅、高贵的感觉，这类商场主体顾客为具有特定消费意向的人群，客流量不多，故不会影响顾客的出入。

（2）半开型。出入口占门面的一半左右，出入口两翼临街的一面常设置橱窗，陈列各式新颖而形象生动的样品。这种出入口布置适宜于经营时装、化妆品、医药用品、文化用品等某一类或几类大众化商品的商店，顾客可以通过橱窗和店门看清店内的大体布局，方便进出、浏览和购买商品。

（3）全开型。临街的一面全部开放，出入口尽可能大，顾客在路过时很容易看清商场内部的商品摆设。这种设计适宜于经营食品、水果、蔬菜等商品的店家，顾客进出商店时没有任何障碍。此类商场销售的商品多为人们最直接的生活必需品，面向的顾客面最广，因此出入口设计较简捷，能满足顾客方便、实用、经济的心理需要。

（4）畅通型。常设有两个以上店门，有的还明确区分和标明出口、入口的位置。这种类型的出入口适用于规模宏大、客流量众多、经营品种繁杂的商场，比如百货商店、超级市场、大型商场等，可给人以方便、气派之感，能最大限度地适应人们进出商场的需要。

7.2.3　橱窗设计心理

一个构思独特、手法新颖、装饰美观的橱窗布置，既可以与商场的整体建筑结构和内外环境构成美丽的立体画面，使顾客感到美的享受，也可以起到作为具体商品购买导向的作用。

1. 橱窗的心理功能

橱窗是以商品为主体，通过布景、道具和装饰画的背景衬托，配合灯光、色彩和文字说明，进行商品介绍和商品宣传的综合形式。橱窗是商场与商业街之间的接触界面，是商场外观的重要组成部分，也是顾客进入商场前视觉最先接触到商品信息的区域，具有显著的心理功能。

（1）唤起注意。在现代社会中，新产品不断推向市场，商品的品种越来越多。面对琳琅满目的商品，人们不免眼花缭乱，被淹没在商品的海洋中。橱窗既是装饰商场店面的重要手段，也是商场直接向顾客推介商品不可或缺的广告宣传场所。试想一下，当一个人漫无目的地行走在商业街上时，一个醒目的、色彩绚丽的橱窗很容易吸引住其视线。

（2）引发兴趣。橱窗的最大特点是以商品实物形态向顾客作商品推介，形象而又生动。人们视觉上的注意进而会激发成情绪上的兴趣，会产生想要进一步了解商品的愿望。

例如，橱窗中一辆色彩、造型新颖的山地运动车行进在一片开着黄花的油菜田边乡间小道之中的画面，会极大地激发年轻人的兴趣，以至于进一步去了解这种商品的其他信息和特点。

（3）激发动机。橱窗展示具有特殊的丰富表现手法，光线、色彩、造型手段全方位的运用，可以淋漓尽致地将商品的形象、性能、功用加以渲染，让人产生这是一种无与伦比的美妙商品的感受。注意和兴趣的积累，往往会逐渐形成一种欲望，想象中的自己也变成了画面中的主角，身临其境该有多么潇洒自如，于是忍不住产生"心动不如行动"的购买欲望，促使人们最终想要采取购买行动。

2. 吸引顾客的橱窗设计艺术

要搞好橱窗设计，需要从心理学角度出发，运用一些有效方法与艺术，对顾客施加积极的心理影响。

（1）突出重点，引发注意。橱窗所要推介的主体是商品，顾客观看橱窗是为了获得商品信息，诱发购买动机。因此，橱窗设计一定要精心选择商品，把那些适应季节、功能独特、式样新颖、造型美观、易于流行的新产品或特色商品突出地介绍给人们，引起顾客的注意，刺激顾客的购买欲望。

（2）塑造形象，以美感人。橱窗陈列中尽管商品是第一位的，但如果仅仅是孤立地摆放或随意地堆砌，则难以吸引顾客，难以实现橱窗应有的心理功能。要运用多种艺术手法，较好地烘托商品的外观形象及其品质特征，生动巧妙地加以布置，以满足顾客的审美心理，使顾客在观看中获得美的享受，在美的享受中加深对商品的印象。

（3）进行渲染，启发联想。用以景抒情的艺术手法去体现主题，对陈列商品进行描绘和渲染，构成完美协调的立体画面，是橱窗设计中经常使用的方法。这能让陈列商品更加耐人寻味，使顾客产生丰富的联想，进而激发购买欲望。

例如，某百货商场于初夏曾设计推介游泳用品的橱窗陈列，以大海、沙滩、椰林作为背景，由各式游泳衣裤巧妙折叠成年轻人游泳中的矫健身姿，再配以救生圈、遮阳伞等相关物品，可使人于烈日炎炎中联想起到海边消夏的愉快场景，有身临其境之感，跃跃欲试。

体验式
学习·生活观察

利用课余时间观赏几家商场的橱窗设计，指出其特色或亮点以及不足之处。

同步测试

同步测试 7.2

7.3 商场内部设计心理

商场内部设计包括商品和货架的陈列、购物场所的音响调节与温湿度控制、内部照明的光线安排及色彩调用等具体内容。理想的商场内部设计应为顾客提供方便购物的条件，对顾客的感官有健康积极的刺激和引导作用，使人们在购物场所中保持心情愉悦，兴致勃勃，得到最大程度的满意，进而促成购物行为。

7.3.1 商品陈列心理

商品陈列是指商品在货位、货架、售货柜台内的摆放、排列，将真实的商品经过艺术处理直接展现在顾客面前。商品陈列是零售商营业现场的"门面"和顾客购买商品的"向导"，是商场内部设计的核心内容，也是直接吸引顾客产生购物行为的重要因素。商品陈列的基本要求是贴近顾客心灵，便于顾客选择购买，形成购物"时点激励"。

1. 层次清楚，高度适宜

顾客进入商场后，无论其是有意识地购买特定商品，还是无计划地进行浏览，大多要对陈列的商品进行环视扫描，以判断所看到的商品属类。当发现自己感兴趣的某一类商品后，就会停下来仔细寻找、观察和挑选。因此，商品陈列要有层次感，同类商品应尽可能地陈设在邻近的位置上，以缩短顾客寻找的时间。

现代商场并不总是将商品以产品类型分类，也会以顾客导向来分类；对于有较高品牌忠诚度的商品，如运动鞋、奶粉等，则可以按品牌分类。

商品陈设的高度要比较容易地进入顾客的视线。

研究发现，普通身高的顾客无意识浏览的高度为 0.7~1.7 米，上下幅度约为 1 米。仰起头来观看陈列过高的商品或蹲下去俯视陈列过低的商品，往往会引起不舒适和不悦，是人们不愿意做的事情。

2. 适应习惯，便于选购

不同种类的商品，人们有不同的购买习惯。为顺应顾客的购买习惯，商品的陈列应体现一定的规律。

（1）"低值易耗"商品。这类商品是人们日常生活中消耗量大、需求弹性小、价格比较低廉、一般没有明显消费层次的商品，诸如牛奶饮料、蔬菜瓜果、清洁用品、油盐酱醋等。这些商品使用频繁，同类商品性能接近，选择余地小，人们希望购买方便、交易便利，因此，可以陈列于最明显、最易于速购的地方，如商店的底层、过道和出入口。

据估计，85% 的口香糖和糖果，是在无计划的冲动型购物中购买的。所以在超级市场中，口香糖往往摆放在付款处附近。

（2）衣着出行用品。这类商品是人们生活中用于穿着打扮或出行使用的物品，常能显示一个人的气质、审美特点和消费层次，如时装、皮鞋、提包、自行车等。这些商品有一定使用期，款式、价格差异比较大，人们在购买时往往要进行仔细的比较，常常要对价格、款式、色彩、质量等进行综合性的思考，才会做出购买决定。这类商品应陈列于商场内空间比较宽敞、光线比较充足的地方，便于顾客接触或接近商品，进行比较和思考，从容地进行决策。

（3）家用贵重商品。这类商品属于人们居家使用的高档生活消费品，体积比较大，使用寿命较长，如电视机、电冰箱、空调器、组合音响、高档家具等。此类商品的规格、性能、质量差异常常很大，往往价格高昂。因其使用周期长，占用空间大，售后服务要求高，人们在购买前必然要花较长的时间进行酝酿，考虑购买的时机、商家和品牌。因此，商场应选择店内比较深入、安静、优雅的地方，设立专门的区域，提供咨询服务，以满足顾客慎重决策、求信誉、买放心的心理需求。

3. 清洁整齐、疏密有致

（1）清洁整齐。商品的陈列不仅要讲究层次、部位，也要给人以干净、整洁之感。货物上如有积灰应随时清除，否则会给人留下不好的印象。

（2）疏密有致。商品陈列要疏密得体、错落有致。货架上商品的陈列必须丰满，随时填补货物销售后留出的空间，给人以丰富、充实的感觉，但也不能塞得严严实实，以免使人感觉沉闷、压抑。货架之间的通道应保持畅通，宽窄要适宜，以给人留下思索的余地、想象的空间。

据有关统计分析，自由市场中大约2/3的购买决定是在通道里做出的。如果商品陈列合理，可以增加10%的购物冲动。

💡 营销实践
M&M 公司的陈列心得

M&M 公司是世界著名的巧克力生产制造商，它家的产品不光质量好，广告宣传也有特色。它不仅有著名的广告语"只溶在口，不溶在手"，而且在卖场商品陈列促销上也有心得体会。该公司总结出的陈列商品要诀为：

将商品放在顾客容易看到和拿到的地方，销量 +30%；

将商品上的商标面向顾客统一摆放，销量 +15%；

将本公司产品集中摆放，销量 +20%；

使用产品宣传画（POP 广告），每使用一幅销量 +15%；

在卖场中将本公司产品陈列专柜，销量 +15%。

4. 磁石点与商品陈列

💡 **体验式学习·自我剖析**

请结合自己的体验与理解分析讨论，应该如何形成购物"时点激励"？

磁石是指零售卖场中最能吸引顾客注意力的地方，在营销活动中，磁石点就是借此指代顾客的注意点。磁石点理论是指在卖场中最能吸引顾客注意力的地方配置最合适的商品来促进销售，引导顾客顺畅地逛遍整个卖场，达到刺激顾客冲动性购买，最大限度地增加顾客购买率的目的。根据商品对顾客吸引力的大小，可将其分为第一磁石、第二磁石、第三磁石、第四磁石和第五磁石。磁石商品的类型划分与布局位置以及卖场中各磁石商品陈列位置如表 7.1 所示。零售商要创造这种吸引力必须依靠商品的配置技巧来实现。

表 7.1　磁石商品的类型划分与布局位置

磁石点	卖场位置	配置要点	商品类型
第一磁石	沿主通道两侧分布。是顾客的必经之地，是商品销售的主要位置	由于特殊的位置优势，不必刻意装饰体现即可达到很好的销售效果	主力商品；销售量大的商品；购买频率高的商品；采购能力强的商品
第二磁石	在主通道中穿插设置	有引导顾客走到卖场各个角落的任务，需要突出照明及陈列装饰	流行商品；引人注意的商品；季节性强的商品
第三磁石	位于陈列货架两头的端头位置	是卖场中顾客接触频率最高的位置，盈利机会大，应重点配置，商品摆放三面朝外	特价商品；大众化品种；高利润商品（自有品牌）；厂家促销商品（新品）；时令性商品
第四磁石	卖场中副通道的两侧	重点以单项商品来吸引顾客，需要在陈列方法和促销方式上刻意体现	热销商品；大量陈列商品；广告宣传商品；廉价品；贴有醒目促销标志的商品
第五磁石	位于收银处前方的中间卖场，属于非固定卖场	能够引起一定程度的顾客集中，烘托门店氛围，展销主体需要不断变化	大型展销商品；特卖品；节日促销商品；非主流商品

7.3.2　购物场所环境心理

购物环境对人们的购买行为和营业员的工作效率具有极大的影响。好的购物环境可使人感到心情舒畅、舒适愉快、悠闲自如，促成购买行为；反之，则会使人产生厌烦、焦躁、抵触情绪，急于离开现场。具体分析，主要包括以下几个方面：

1. 音响设计心理

广义的音响主要包括：店堂内播放的背景音乐、通过广播播发的语音信息，以及一些柜台营业员为顾客演示商品性能供人试听而发出的各种声音。

（1）背景音乐设计心理。在商场中，适度的背景音乐可以调节顾客的情绪，活跃购物气氛，给购物环境增加生机，还可以缓解少数顾客的紧张心理。

例如，某咖啡品牌把它所提供的背景音乐上升到一种"听觉艺术"的高度：在其门店统一播放的是精选的音乐，通过声音把不同的门店串联起来，顾客进入不同的门店，听到的是熟悉的背景音乐，增强了对该品牌的记忆方式。

（2）语音信息播放心理。语音信息主要包括商品广告信息、各种提示、寻人启事等。这类信息的音色要比较柔和，使人有亲切舒适的感觉。由于语音较容易受到周围噪声的干扰和掩盖，会影响人们对所含信息的接收，因此要求声音清晰度高，音量略大于背景音乐。

人们对语音信息的敏感度要高于音乐信息，接收中需要更多的注意力，时间长了以后容易产生疲劳的感觉。所以，播放的时间长度要掌握好，保持一定的间隔。更要注意限制广告播放的数量和长度，减少重复次数，以免使人产生厌恶、烦躁的情绪，让人感觉不得安宁。

某一商家想招徕顾客，在商店门口反复播放广告且音量过高。但事与愿违，不仅无法多招徕客人，还吓跑了原本想光顾的顾客。

2. 微气候与营销心理

微气候是指在商场范围内特有的气候条件，主要包括气温、湿度和空气质量。在商场中，微气候的状况对顾客和营业员的购销情绪有直接影响。

（1）温度与顾客心理。温度是评价营业场所气候条件的主要因素，对人们的影响最为直接。商场的温度受季节和客流量的影响。温度过高或温度过低都会引起人们的不舒适感，顾客不会有挑选商品、耐心购物的兴趣。现在，商场里安装冷暖空调是满足人们生理和心理双重需要的基本设施，适宜的温度对购物情绪和欲望有着良好、直接的影响。

（2）湿度与顾客心理。湿度与季节和地区有密切关系，夏季的南方气候异常潮湿，冬季的北方气候格外干燥。如果是在高温季节里，再加上潮湿的空气，会使人更加感觉不舒服，购物情绪将荡然无存。商场应根据气候环境的变化灵活调控室内湿度，提高人们的舒适度。

（3）空气质量与顾客心理。营业场所是人群集中的地方，在有限的空间中，大量集聚的人们呼出的二氧化碳，加上营业过程中产生的各种灰尘，会使空气质量有所下降。空气质量下降会导致人们感官受到有害的刺激，引起烦闷、焦虑，影响正常营销活动的进行。商场应安装必要的设施，保持空气的流通，以清新宜人的空气满足顾客的生理需要，产生舒适、愉快的心理感受，其实这也是调节营业员情绪、提高服务质量的一个重要前提条件。

例如，顾客经过饮品区时会突然闻到一股浓浓的咖啡香，环视周围并没有携带咖啡的人员出现。原来在店铺的某个角落，装有该咖啡品牌logo的小装置正在喷出雾气。此时卖场广播里一定正在播咖啡广告。在咖啡香气的吸引下，不少顾客汇集在咖啡货架前选购商品。广告与香气"结伴而行"并不是巧合，而是借助了先进的声音识别技术，只要广播里播出品牌主题曲，小装置就会择时工作。

3. 商场内部照明心理

营业场所明亮而又柔和的照明，不仅可以缩短顾客选购货物的时间，提高营业员的工作效率，还可以吸引顾客的注意力，对其形成良好购物情绪具有明显的心理作用。商场内部照明可分为自然照明、基本照明和特殊照明三种类型，它们对顾客心理具有不同的功用。

（1）自然照明与顾客心理。自然照明是指商场中的自然采光，一般通过天窗、侧窗接收户外光线来获得。自然光柔和、明亮，使人心情舒畅，是最理想的光源。商场设计中应考虑最大限度地利用自然光，增加玻璃顶面、玻璃墙面的面积。但自然光受季节、营业时间和气候的影响，不能满足商场内部照明的需要，因此要有人工的其他照明光源相补充。

（2）基本照明与顾客心理。基本照明通常是在天花板上以安装荧光灯为主的一种照明方式，为整个营业场所而设置。这种照明灯光模拟自然光的光谱频率，光色比较柔和，一般人们也乐意接受，只是紫光的成分比较多。

照明光度的强弱要由经营品种和销售对象的特点而定。对于衣着和出行用品，光度可适当大些，以便人们仔细挑选；对于低值易耗品，光度可以小些，因为人们不会认真挑选。以中老年人为主要销售对象的商品，应比以青少年为主要销售对象的商品光度大些。营业场所内部应比外部更亮堂，以吸引人们走过更多的货架。一般来讲，照明光度强些，可调动人们的情绪，产生开朗、兴奋的感觉。但在餐饮场所，特别是适合伴侣会面的咖啡馆等，灯光则要适当暗淡一些，使人们能平静地进行交流。

（3）特殊照明与顾客心理。特殊照明是为了突出部分商品的特性而布置的照明，目的是凸显商品的个性，更好地吸引顾客的注意力，激发顾客的购买兴趣。特殊照明多采用聚光灯，实行定向照明，常用于金银首饰、珠宝玉器等贵重、精密而又纤巧的商品，不仅有助于顾客仔细挑选，甄别质地，而且可以显现商品的光泽，给人以高贵稀有的心理感受。

有的商店还用桃红色的灯作为女更衣室的照明，据说在这种灯光的照射下，女性的肤色更加艳丽，试穿者会感觉这件衣服穿在身上能使自己更显美丽，大大增加了服装的销售量。在橘子、哈密瓜等水果及烤鸡等食品的上方采用橙色灯光近距离照射，可使其色彩更加红艳，凸显新鲜感，激起购买食用的心理欲望。

4. 营业场所的色彩设计心理

营业场所的色彩对人们的心理会产生特有的影响。

（1）冷暖感。色彩可以使人改变对特定场所温度的感觉。在赤、橙、黄、绿、青、蓝、紫的七色光谱中，赤、橙、黄为暖色调，绿、青、蓝、紫为冷色调。越是居于前面的色调温暖感越强，越是处于后面的色调寒冷感越明显。

同样是一间以红色基调为主布置的儿童用品专营区，如果人们在寒冷的冬天进入，会感到温暖如春，吸引人慢慢浏览；而如果是夏日里进去，又无空调，则会感觉更加炎热，使人想尽快离去。

（2）大小感。明亮度高的色彩具有放大感，而明亮度低的色彩则具有缩小感。同样尺寸的黑白两件物品放在一起，可使人感觉白色物品较大，而黑色物品显得相对要小些。

例如，服装商场内，男性模特儿不同颜色服装的搭配，如果裤子是深色的，那么上衣最好搭配浅色的，因为这样可以凸显男士宽阔的胸背部，给人以健美的感觉。

（3）抑扬感。空间小的营业场所一定要使用浅色作为周围环境颜色，这样可使人感觉场所宽敞。暖色调中的红、橙等颜色具有兴奋作用，能使人行动活跃，但也会使人神经紧张，引起不安。在红色调的照明下从事工作可使动作反应加快，但效率不会太高。冷色调中的青色、蓝色能使人精神受到抑制，产生镇静、肃穆的感觉。

（4）象征感。不同的色彩还能引起人们不同的联想，具有某种象征感。

黑色是严肃、悲哀的象征，给人以庄重、雅致之感；白色是纯洁、朴实的象征，给人以神圣之感；红色是喜庆、热情的象征，给人以热烈、危险之感；绿色是青春、生命的象征，给人以恬静、新鲜之感；黄色是富贵、华丽的象征，给人以明快、跳跃之感；蓝色是安静、智慧的象征，给人以幽雅、寒冷之感。另外，各种颜色的不同混合，也会使人产生不同的联想，引起不同的感觉。例如，有的茶室基调以淡绿色为主，使人联想到绿色的茶林，感到气氛平和、恬静，增添了品茗的乐趣。

7.3.3　POP广告设计心理功能

POP是英语Point of Purchase的缩写。POP广告是指店面广告。这种广告的主要功能是强调购买"时间"与"地点"。POP 作为购物"时点激励"的重要形式，对于激发顾客的瞬时购买欲望，形成购物冲动，具有重要作用。

POP 广告可以分为两种：商场外部的大型广告牌、广告气球、广告标语、广告灯箱和霓虹灯广告等；商场内部的各楼层商品分布指南，为某类、某种商品设置的悬挂广告，柜台上放置的广告印刷品等。

POP 广告形式多样，它们在营销现场出现，与顾客直接接触，给人以较强烈的视觉与听觉冲击，总体上起着沟通商场与顾客之间联系的作用，具有显著的心理功能。

（1）唤起记忆。POP 广告有助于唤起顾客潜意识中对于某种商品的认知记忆。顾客在其他场合已经听到或看到过某种商品的介绍，过后可能已经淡忘。POP 广告在购物现场的出现，可使顾客感到似曾相识，促其回忆起脑海中曾经有过的印象，仿佛见到了老朋友，拉近了与这件商品之间的距离。

（2）提供导向。顾客在大型、多层商场中要寻找某类商品的楼层和位置，如无指引标志，要花费一定的时间。POP 广告可以为顾客迅速找到所需商品的位置提供方便。同时，POP 广告通过在现场向顾客提供商品信息，也在无形中为顾客进行了导购，起到推销员的作用。

（3）制造气氛。富有艺术性的 POP 广告能使原本相对单调的购物场所的空间变得丰富多彩，光彩夺目，因而成为商场吸引顾客的一个重要手段。

例如，某品牌提前一年规划下一年度的促销活动安排，每三个星期举办一次主题活动，在 300 家门店同步进行，设计投顾客所好的活动标志，让整个店面充满五彩缤纷的海报，整个气氛显得鲜明、热烈。

? 即问即答
POP 广告一般适用于哪些情况？

根据国内外的运作经验，POP 广告适合在以下五种情况使用：①顾客提问 5 次以上的相同问题。POP 广告的主要作用是替代营业员回答顾客的疑问，当相同的问题被问及 5 次以上时，就有必要安插 POP 广告。②新商品。当新商品上市时，商店有必要将新商品的特性、使用与保存方法、注意事项等通过 POP 广告告知顾客。③自有品牌商品。一般来说，顾客对商店自有品牌的熟悉程度弱于制造商品牌，因此，为了取得好的销售业绩，需要零售商通过 POP 广告把自有品牌商品的特性和优点告诉顾客。④特卖商品。在保证一定库存的前提下，零售商会通过 POP 广告把特卖商品的信息告知顾客，以吸引大量顾客专程前来购物。⑤商店向顾客极力推荐的商品。当零售商能找出最值得推荐的商品时，应通过"店长推荐商品""本店最畅销商品"等 POP 广告形式将信息告知顾客。

同步测试 7.3

中国企业讲坛
企业导师谈选址心理

企业导师谈
选址心理

由于不同地区经济、地理差异而导致的消费差异（特别是城乡消费差异）是十分巨大的。在数字经济时代，互联网使一切互联，为消除这种消费差异提供了前所未有的机遇。电商企业开始在下沉市场选址布局，拓建渠道，使四五线城市，特别是广大农村的消费者需求获得了满足。

实践与训练

▲ 营销场景调查

【实训目标】

1. 在实践中进一步掌握营销场景和顾客心理知识。

2. 学会灯光、色彩、橱窗布局等基本心理方法的运用。

【内容与要求】

1. 寻找学校内或学校附近的一家商店，可以是餐饮类商店（例如餐厅），也可以是文化用品类商店（例如书店）。

2. 试对其选址、招牌、门面和橱窗等外观设计，商品类型与档次定位等内部设计中的某一方面或几方面，运用营销场景和顾客心理知识进行深入分析。

3. 如有可能，尝试参与新开店铺的设计过程，或者老店铺调整计划的制订与实施。

【成果与检测】

1. 写出专题分析报告，帮助商店总结经验教训，提出改进建议。

2. 对上述报告作批改评述。

模块 8

传统场景：商场销售心理效应

学习目标

※ 素养目标

- 强化用户思维，加强服务意识和礼貌修养
- 培养学生的服务意识与现场销售应变力

※ 知识目标

- 了解影响顾客购买心理的因素
- 熟悉商场顾客的特殊心理
- 掌握顾客应答和送往心理与策略
- 熟悉现场销售的心理过程和顾客拒绝购买的心理
- 掌握顾客抱怨产生的原因和处理策略

※ 技能目标

- 能够观察现场顾客的心理
- 能够有意识地影响顾客的消费心理
- 能够促进顾客产生购买行为

思维导图

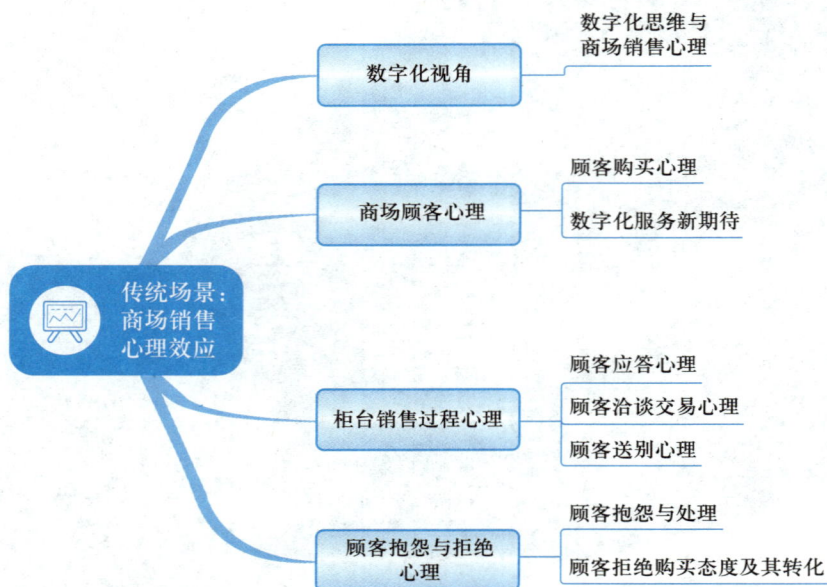

商场销售是传统营销场景，虽然受到互联网的冲击，但是仍是重要的营销场景，特别是新零售的出现，商场场景也在不断创新。主要体现为在现实空间中面对面的交流与交易。

📊 **数字化情境**
新零售的"试验田"

阿里在杭州西溪园区开了一个购物中心"亲橙里"。这个购物中心占地面积约为 4 万平方米，准确地说，是一个社区型购物中心。阿里在亲橙里中"装入"了从线上探索线下的新零售品牌、大数据＋智能购物中心的运营构思，以及自家员工的福利配套。

1."盒马"领衔，跨界布局

定位为"新零售试验田"的亲橙里，优先引进阿里探索新零售的自有品牌，如盒马鲜生、天猫国际、淘宝心选、天猫精灵生活馆、阿里小厨、等多个自有品牌，构成"新零售"强大阵营。其中，盒马鲜生是亲橙里地下一层的主力店，面积约 4 000 平方米。该会员店内不仅提供零售产品，同时也有知名餐饮品牌的迷你门店加持，设置了 440 个就餐位和 3 个包厢。

而天猫国际亲橙里店是精选天猫国际直营保税进口商品，为用户提供在线下单购物体验的实体店。它具有基于周边消费大数据选品、线下零售逛买路线设计，以及线下专业导购和新零售黑科技体验等优势，会每天同步在线价格的电子价签，实现线上线下同价。针对跨境商品多是外文描述的痛点，扫描商品的条形码可以直接查询对应商品的描述及真实用户的推荐理由。不仅如此，用户在自助派样机扫码还可领取商品样品，带回家试用体验；而商家可以发放样品，获得真实用户的信息。收货地址在门店 5 千米以内的顾客，当天 14：00 前下单，购买的商品会在当日送达。

2. 科技引导，智能运行

一旦消费者进入亲橙里，就能见到一个 AI 实时监测大屏。通过人脸识别，商场就可以检测出人流和购物情况。以餐饮为例，在这个大屏上，消费者能看到各个餐馆的实时就餐情况，方便进行快速选择。

亲橙里专门应用了"AR 导购""刷脸消费""0 负担购物""魔幻试衣"等数字技术。以 AR 导购为例，亲橙里的导购屏会显示二维码，顾客只需要通过手机淘宝扫码，就可以把导购屏的路线切换到手机上，按照路线指引快速找到相应的门店。除此之外，该系统还支持与天猫精灵交互，可以为消费者进行语音导购。

在亲橙里的餐饮区，还进行了厨师、全号、预定和点菜等环节的数字化管理，消费者可以看到菜肴烹饪的情况，当所点的菜肴做得非常慢时，可以及时退换。这样一来，就增加了消费者的就餐体验。

关于停车问题，找不到车位、拿着小票抵扣停车费等传统模式已成为过去。亲橙里共有 700 多个停车位，采用无人值守的自动导引形式，可实现自助缴费和商场消费自动抵扣操作，非常方便。

情境分析

1. 请指出亲橙里购物中心的新零售创意有哪些？

2. 请具体分析这些创意举措对消费者心理的影响。

3. 在本模块学习完后，结合本案例，为新零售如何适应消费者心理提出合理化建议。

1. 体验思维：一切为了让顾客满意

在数字时代，传统商业业态受到电商的强烈冲击，如何强化互联网思维，应对转型的挑战与压力，是所有商场面临的巨大难题。解决问题的关键在于如何发挥商场的固有优势并利用好数字化优势，通过提供更好的服务，使顾客获得良好体验。

（1）充分发挥传统商业的体验性优势。商场具有的优势是顾客购买的即时性，特别是现场的体验性。在互联网快速发展的今天，消费者已不满足于购物本身，而是越来越注重享受购物过程的愉悦感。一些注重感官体验的商品，需要消费者现场体验后才能做出购买决定，商场选购具有明显的优势；占有很大比重的冲动型购买行为，必须直接接触到商品，才可能即时完成购买行为。这些购买的即时性与体验性是其优势。因此，商场必须扬长避短，利用各种现代化、网络化的手段，强化顾客的体验心理，最大限度地使顾客享受网购所不能得到的购物选择、直观实感、试穿试用、即时满足等愉悦的购物体验与乐趣。

（2）秉持并践行"让顾客生活得更好"的宗旨。要发挥传统商场的体验性优势，就必须强化用户体验思维，真心实意地践行"让顾客生活得更好"的宗旨。受欢迎的公司不惜花费时间来强调他们工作，就是为了让顾客生活得更好，还会把这个宗旨体现在他们的决定中。这些公司用明确的宗旨来指导决策，并把员工凝聚到一起，从而把"执行任务"提升到"为顾客提供某种体验"的层次上。

（3）"让顾客获得更好体验"引发显著心理效应。顾客获得更好的心理体验引发的心理效应主要有：一是对购买过程以及使用商品增强满足感，提升愉悦心理；二是行使评价权，对商品与商家做出积极评价，认为其可信赖；三是产生继续购买心理，甚至形成长期惠顾性购买；四是心理投射，自觉不自觉地向亲朋与周围人散布有关商品与商家的正面信息，形成口碑传播。这些心理效应会显著地，甚至持续地为商家带来可观的收入与良好的商誉。

2. 社交化思维：将商场打造成社交与休闲社区

在数字化时代，"商场是购买商品的场所"的观念显然已经落伍，因为可以购买商品的地方太多了。顾客之所以能去商场，或者说商场之所以能吸引顾客去，不仅靠出售商品本身，最重要的是强化社交化思维，把顾客去商场的过程转变为除购物外还能获得更多附加价值的社交过程。

（1）把柜台销售转化为情感交流过程。针对线下商场的特点，顾客对营业员的面对面服务的要求越来越高，将其作为评价购物体验的重要指标。商场营业员必须强化社交化思维，注重与顾客的情感交流。从一切为顾客着想的理念，到语言技巧的运用，满腔热忱地与顾客交流，真正使顾客获得愉悦的交际体验，并且把商场视为社区，形成一种归属感，实现与商场的情感融合与认知认同。

（2）把商场变成休闲娱乐场景。除了专门去商场购买某种商品，相当一部分顾客是基于闲逛、娱乐等多种动机进入商场的。特别是消费者消费多元化、个性化日益明显的今天，对商场有越来越高的需求。因此，商场要主动适应顾客的新需求，增加休闲、娱乐、餐饮、儿童活动等功能、设施与区域，还要注意提供交流机会，营造欢快、温馨、雅静的氛围，使顾客享受一种现代的生活情调。

3. 迭代思维：基于"互联网＋"的全新体验

为有效应对电商挑战，除了发挥商场的体验性优势，还必须与时俱进，强化迭代思维，基于"互联网＋"创新商业模式，实现线上线下融合。

（1）基于"互联网＋"理念，对传统商业模式进行迭代创新。"互联网＋"是乘法不是加法，"互联网＋"是"化学公式"，因此，O2O不是"店商＋电商"的简单相加，而是全面渗透、融合、再造，出发点与归宿不是改变经营方式，而是追求"互联网＋"的乘数效应、"聚合"效应。因此，必须深入考察企业经营职能与商业行为的内在规律性，按照"互联网＋"的预期目标，通过调整系统结构，转换作用机理，即注重内在机制的转变，才能真正构建颠覆传统商业的O2O商业模式。当然这个过程是渐进的、持续的、积"微"成"巨"的迭代过程。这一创新过程始终坚持"为顾客创造更好体验"宗旨，使其成为不断为顾客创造更大价值的过程。

（2）O2O模式——为顾客提供更高水平的消费享受和服务体验。O2O模式，即将线上环节与要素渗透到线下商场，实现线上与线下的融合与创新。商场可以结合企业实际，发挥原有优势，引进网络手段与技术，进行整合与创新。一是可以发挥网上选购、网上支付的快捷优势，适应现代人购买习惯和快节奏生活的需要；二是充分发挥传统零售门店体验性强、售后服务好等优势，提升顾客购买体验；三是在经营上，采用线上线下同品同价或异品（线上特供品）异价，实行错位竞争，给顾客提供更多的选择；四是提高门店信息化装备水平，采用扫码付款、电子价签、虚拟场景等技术，使顾客在门店内获得更好的购物与消费体验。

（3）"互联网＋"商业新业态——新零售。为适应互联网与移动互联网快速发展的需要，"新零售"的概念应运而生。新零售是零售本质的回归，是在数据驱动和消费升级时代，以全渠道和泛零售形态更好地满足消费者购物、娱乐、社交多维一体的需要，线上线下高度融合的综合零售业态。

互联网思维与商场销售心理

8.1 商场顾客心理

8.1.1 顾客购买心理

1. 商场顾客购买中的社会性心理需要

顾客在选购的过程中，除了通过购买商品获得商品享用的满足感，还总是希望在选购商品的过程中，获得某种社会心理需要的满足。

（1）满足商品选购欲。有的顾客对挑选和购买商品情有独钟，因为丰满的商品、多彩的外观、新颖的式样、高效的功能在吸引着他们，同时还有一种众多商品任我挑选的满足感。从而使选购商品本身成为一种乐趣。当然，也有的人视挑选商品为难事、苦事，持此种心理的男士居多。

（2）希望受到热情接待和尊敬。顾客走近柜台，非常希望受到营业员的热情接待。拿递挑选商品时，营业员能百问不烦，百挑不厌，并且能在选购的过程中，受到营业员的尊敬。他们期望在愉悦的气氛中选购，并使尊敬的需要得到满足。

（3）寻求自我表现。这类顾客常具有某方面的优势并喜欢自我表现。他们在选购中，总愿意在营业员或其他顾客面前表现自己。如显示自己对商品很内行，有购物经验，有一定职业优势，收入高，出手大方等。

（4）喜欢自由自在，选购不受干扰。这类顾客没有成熟的购买目标，或不喜欢营业员推介商品，只想一个人不受任何干扰，自由自在地挑选商品或参观浏览。

（5）融购物、享乐于一体。随着现代购物条件的改善和顾客社会心理需要的增强，顾客在选购商品的同时，不只关注商品本身的质量，也增加了对购物环境和服务项目等诸多因素形成的综合购物氛围的关注。他们寻求在选购商品的过程中获得一份好心情，甚至得到一种特殊的享乐。

总之，顾客心态种种，各不相同。营业员应善于分析心理，准确把握顾客的心态，有针对性地开展商品推介。

2. 商场顾客购买中的特殊心理

顾客在购买过程中会产生某些特殊的心理反应，这对顾客的购买行为也有重要的影响，如表 8.1 所示。

表 8.1　商场顾客购买中的特殊心理

类型	内涵
抢购心理	当某种商品一时供不应求或价格上涨时，顾客就会产生心理紧张，担心以后买不到或价格持续上涨，因而会盲目超量购买。凡是关于货源紧张或价格可能上涨的信息都会加剧抢购心理

类型	内涵
待购心理	"买涨不买跌"是对抢购心理的描述，也反映了人们的待购心理。当商品供应充足，价格下跌时，人们反倒不急于购买，希望价格能继续降低。如果价格一跌再跌，顾客的这种持币待购心理会更加强烈，因此价格下调时最好一步到位，一调再调反而不利于销售
从众心理	顾客顺从相关群体的意志、行动规范、价值观念等一系列心理活动就是"从众心理"。当顾客对某种商品缺乏购买和使用经验时，往往对相关群体的意见有较强的遵从性。相关群体的专长也是顾客产生从众心理的重要因素。一个顾客所处的群体对于商品的选择越有专长，他对群体就越信任，也就越把群体的意见当作有价值的信息。此外，相关群体规模越大，顾客的从众心理就越强烈。一般表现为，认为无人问津的商品一定不是好货，对大家争相购买的商品则会不假思索地购买，这种从众心理多见于没有明确购买目的、对商品知识不甚了解的顾客
逆反心理	当顾客感觉到营业员仿佛在急切地推销某种商品时，就会产生逆反心理而放弃购买。因此，当售货员介绍商品时，最好给顾客留下自行判断取舍的余地，不要强行推销
择优心理	顾客在购买商品时总希望买到最好的，但究竟什么是最好的，往往没有客观标准，仅仅是相对意义上的，只能在其所能接触到的商品中选择。因此，顾客在购买时普遍具有希望通过比较择优的心理，如果没有选择余地，顾客就难下决心购买
烦躁心理	顾客在购买过程中，如果等候的时间过长，购货付款的手续太烦琐，商场十分拥挤、闷热、嘈杂，就会使其产生烦躁不安的心理，破坏购物情绪

8.1.2 数字化服务新期待

进入数字时代，网络的快速发展带来了商场服务的智能化，大量全新的"互联网＋"新服务引发了顾客的更多期待。

数字化消费心理
顾客享受多重"超值服务"

在数字经济时代，传统商场与网络电商可以实现线上线下的双向融合渗透，重构商业服务模式，为顾客提供单纯的线上或线下营销无法实现的超值功能，从而更好地满足顾客的多重需要。

1. 线上线下融合满足顾客高水平的购物需求

原先只在线上售卖商品的电商品牌，开始到线下开设门店。这些商家利用大数据进行分析，根据消费者的消费习惯和购物诉求，通过电子屏或虚拟货架即时展示相匹配的商品，以此促进销售。这些向线下渗透开出的门店，不仅是单纯的线上品牌走到线下提供体验，同时也是进行选品、定价、仓储、配送等流程优化的全渠道门店。

2. 体验化、场景化满足顾客多功能需求

随着移动互联网的发展，场景化成为行业创新的主流。在线下门店，商品销售区的面积只占一定比重，还要规划、构建一定的体验区域。而未来，随着门店体验功能探索，还可能出现更多的数字经济与实体经济相融合的深度体验场景。

同步测试

同步测试 8.1

8.2 柜台销售过程心理

柜台销售过程，是由顾客的进店应答、洽谈交易、离店送别三个阶段组成的。

8.2.1 顾客进店应答心理

1. 顾客进店应答心理分析

（1）顾客来店心理需要。顾客来店的基本需要：①快捷地购买心仪商品；②受到欢迎与尊重。

（2）顾客心理类型。顾客一进门，营业员主动热情地迎接顾客，通过顾客目光、行动、语言等观察顾客的不同意图：①对于要实现既定购买目标的顾客，营业员应热情迎接，尽快进入推介交易；②打算先了解商品行情的顾客，他们会认真观察，但不急于提出购买要求，营业员应让其在轻松自由的氛围下任意浏览，及时帮助；③购买动机不确定的顾客，目光游移不定，常观看一些无关联商品，没有固定购物目标，营业员应顺其自然，静观其变；④游览观赏的顾客，其进店的主要目的是参观浏览以闲逛为乐，营业员应耐心接待，微笑以对。

2. 顾客应答心理反应

（1）首因效应。顾客跨进店门，受到营业员的接待，会形成鲜明的第一印象，既包括对商场环境的总体印象，也包括对所经营商品的概貌，以及对该商场营业员的服务态度，形成整体的相应心理感受。

（2）对营业员接待言行的敏感反应。营业员的无视与冷漠，必然引起顾客的强烈反感。同时，营业员的过分热情与"紧盯"式服务也会使顾客感到不舒服。面对这种矛盾心态，营业员应根据顾客的实际心理需要，采取热情而灵活的接待方式，使顾客得到尊重、热情的接待与帮助，并根据自己的意愿，自在轻松地浏览与选购。

（3）对有用而恰当信息的渴望。顾客进店，最想快速得到的就是关于自己感兴趣的目标商品的有关信息，包括所在的区域、位置与路线。这时营业员应及时、主动地给予指引、说明和帮助。

8.2.2　顾客洽谈交易心理

洽谈过程主要包括推介、洽谈、交易决策、服务等基本环节。

1. 推介心理反应

（1）对推荐的渴望与防范交织的心理。洽谈交易过程始于营业员向顾客推荐商品。面对营业员的商品推荐，顾客通常渴望自己所感兴趣商品的推荐越详尽越好；但同时，也会对营业员的推荐持有怀疑、防范，甚至担心自己会被诱导而受骗的心理。

（2）接受与信任推荐的心理因素。顾客接受营销员的商品推荐，并完全信任的心理基础主要有：①态度真诚，以情动人；②言之有理，以理服人；③诱发兴趣与联想，自我激励；④现场演示，眼见为实；⑤顾客见证，口碑效应。

2. 洽谈心理反应

（1）洽谈中的理性认知与情感融通双驱心理。在营业员与顾客的洽谈过程中，影响顾客心理的因素主要包括理性认知与情感融通两类因素，它们同时存在，交互作用，共同影响着顾客在洽谈中的思想认知与心理感应。如双方关于商品品牌、质量等的理性交流，会改变顾客对商品的认知；但同时，双方在交流中的顺向语言、融洽气氛、情感增进等也会影响交易的结果。

（2）影响洽谈效果的心理因素。营业员与顾客的洽谈实际效果受到以下心理因素的影响：①双方对商品的质量、特点、价格等达成高度一致，形成理性认知基础；②营业员准确把握顾客的购买意图，"对症下药"；③语言交流进入佳境，相谈甚欢；④运用微笑等体态语言与融洽情境因素营造和谐氛围，从而实现理性认同与情感认同的交融和谐。

3. 交易决策心理反应

（1）基于商品评价的购买决策心理。进入购买决策的关键环节是顾客对商品的综合评价。当顾客对某种商品产生了拥有该商品的意向之后，他们往往会运用记忆、经验和有关商品知识，对可供选择的同类商品进行比较和鉴定，对个人的需要与商品的适配性、质量、式样与价格进行理智的思考与分析，衡量各种利弊因素，对商品做出综合评价。这是决策的前提。

如果一位想购买计算机的顾客将在甲、乙、丙、丁四种品牌中选择。第一步，根据需要，他要考虑产品的四种特征，即计算机的性能、外形、环保、价格。第二步，他对不同品牌的特征进行评价，形成对每种品牌的四种特征水平的意见。假定他用百分制评定各种特征，100分代表最高水平，则顾客评价如表 8.2 所示。

表 8.2　顾客评价表

品牌	特征			
	性能	外形	环保	价格
甲	50	80	40	80
乙	60	70	60	70
丙	80	100	50	100
丁	100	70	100	40

这位顾客可采用以下几种评价方法：

（1）顺序法，即顾客按照自己意愿中产品的重要性顺序来排列特征，然后根据自己认为最重要的特征比较品牌。如果他认为外形、价格最重要，性能、环保次之，则会选择"丙"品牌。

（2）分离法，即顾客只考虑一种或少数几种特征超出规定水平的品牌，而不管其他特征如何。如果顾客最重视的是价格特征，则他可能也会选择"丙"品牌。

（3）期望值法，即顾客将四种特征依次规定出代表重要性的权数，假定分别规定为 40%、30%、10%、20%，然后将它与每种品牌的每种特征水平的评价值相乘，再求和，得出每种品牌的总分，得分最高的品牌就是他所偏爱的品牌。按照这种方法，他将选择品牌"丁"。

（4）理想品牌法，即顾客根据自己的需要设想出一种理想的品牌，其特征的理想水平不一定是最高水平。假定他给四种特征规定的理想水平分是 100 分、60分、50 分、80 分，然后将四种实际品牌与这种理想品牌相对比，同这种理想品牌最接近的品牌就是他偏爱的品牌。按照这种方法，他将选择品牌"丙"。

（5）结合法，即顾客规定出可接受品牌必须具备的最低限度的特征水平，如要求四种特征必须分别多于 60 分、50 分、50 分、50 分。考虑这些最低限度要求，他将选择品牌"乙"。

在实际生活中，顾客一般不会进行这样复杂的数量模型分析，但是，他们在思维中会表现出类似的决策方法。在顾客进行综合评价的过程中，营业员可以伺机进行诱发需求提示，强化商品的综合吸引力。

在经过分析评价之后，顾客的购买欲望会进一步转化为购买决定，开始实施购买行动。

（2）影响购买决策的心理因素。影响并最后决定顾客做出购买决策的心理因素主要有：①对商品的综合评价完全符合顾客的购买预期；②基于以往使用同款商品的经验或他人的口碑；③长期形成的对制造商或商场的品牌信任；④对营业员的好感与信任，满意于他的现场服务。

例如，营业员对顾客介绍"这种新型洗衣机节水省电，体积又小，洗的衣物十分干净，最好的是它适应东南沿海春天的潮湿天气，因为它还带有烘干功能。这个厂家的售后服务也是一流的。"营业员的介绍是站在顾客角度，实事求是，为顾客着想，语言诚恳而语调清晰，容易使顾客产生信任感。

4. 服务心理反应

（1）现场服务嵌接后续服务的心理。影响服务对顾客心理感受的因素，不但包括交易现场的具体服务态度、方式与手段，而且包括顾客离店后在使用商品过程中的服务保证措施。而后者对顾客的心理影响往往更为重要。

（2）影响服务质量与效果的心理因素。影响服务对于顾客体验的心理因素主要有：①专业化的挑选与包装，当顾客做出购买决策后，营业员应主动帮其挑选，当面包装商品；②营业员还应该对消费者的选择给予适当感谢，可以使用赞许夸奖的语言，以增添达成交易给双方带来的喜悦气氛；③购买后商品使用过程中的质量保证与售后服务措施；④保持始终如一的热情服务。

8.2.3　顾客离店送别心理

顾客离店送别是柜台销售与服务的最后环节，也是形成顾客对商场综合印象的关键环节。

1. 顾客离店心理分析

（1）购后评价。顾客购买商品之后离开商场，通常会出现以下心理：①对所购商品的质量与适用度的评价；②对所购商品的价格与成本（如时间成本）的评价；③对商家的评价，包括营业员的态度与技术、商场条件与氛围等。在这一过程中，顾客可能会对购买到的商品，特别是高价值的商品出现莫名的后悔感，思考花这么多钱购买的商品是否值得？商场应做好相应的心理应对预案。

（2）购后体验。顾客购物体验实质上是对顾客购买心理过程的反馈与总结。主要有两种，即满意与不满意。

① 顾客满意的体验，一般具体表现为对于自我认识该产品的肯定，对于商品价格的肯定，对于生产与销售商品的单位与销售人员的肯定，从而使顾客从自己亲身的购物体验中产生了愉悦和积极的情绪。

② 顾客不满意的体验，具体表现在对于自我认识该商品的否定，对于认知商品价格与功能方面产生不平衡心理，对于商品生产或销售单位的怀疑。所出现的反应是有吃亏上当的感觉，情绪上极不愉悦。

2. 顾客离店心理行为反应

基于上述的购后体验，通常顾客离店后会出现以下心理行为反应：

（1）近因效应。此时产生的感受、评价与体验，会形成对商场的整体印象，包括商场档次、经营范畴、服务质量等的综合评价，并被长时间保留在顾客的心目中。

（2）购买行动。对商场的印象与评价，特别是购物体验，直接决定了顾客是否再次光顾这个商场，进行长期重复性购买。良好的购物体验自然导致惠顾性购买，甚至成为商场长期稳定的顾客；反之，则拒绝再次光顾。

（3）口碑传播。顾客的购物体验绝不会只封存于顾客自身的脑海中，绝大多数人会在各种场合下，向不同的群体进行口碑传播，从而放大、拓展对该商场或该产品的口碑形象。

体验式学习·自我剖析

请根据自己的个人购买实践，谈谈在顾客离店过程中的心理体验变化。

同步测试

同步测试 8.2

8.3　顾客抱怨与拒绝心理

8.3.1　顾客抱怨与处理

1. 顾客抱怨的含义与类型

顾客抱怨是指顾客对零售商的产品、服务、人员或环境等方面的不满或指责。概括地说，顾客抱怨一般有三种类型，如表 8.3 所示。

表 8.3　顾客抱怨的三种类型

类型	内涵
建设性抱怨	这种抱怨是善意的，提出问题，同时也提出改进意见。这种顾客大多能成为忠诚顾客

类型	内涵
引起注意的抱怨	希望受人重视是人的一种天性。有的顾客想通过抱怨引起服务人员对他的注意和重视，或者由此引出上一级领导与其见面，使他感觉到自己很重要
专门抱怨	顾名思义，是专门挑毛病的抱怨类型。这类顾客只是极其个别的人，或许只想从抱怨中赚些好处

2. 顾客抱怨产生的原因

（1）商品原因。如商品质量低劣、配件不全；商品裸置、过期、有损坏；商品品种规格不全，不能充分选择；畅销商品严重缺货（促销商品、特价商品等）；商品定价高于其他商家；商品的标签不清或贴错，导致拿给顾客的商品出现规格、价格、式样等错误。

（2）服务原因。如工作人员态度不好（冷淡、无理、不友好、盛气凌人）或过于热情使顾客反感；职业道德水平差，缺乏诚信（如提供错误信息、不兑现承诺、附加费用、不公平交易等）；业务不熟练（如缺乏商品知识、服务技术水平低、对店铺销售政策了解和掌握不够）；不适当的交易程序（如手续烦琐、购买时间长、货款找错、结算等候时间过长等）；服务项目不全；售后服务不及时或送错商品等。

（3）设施与环境原因。如地面太滑或有障碍物容易使顾客滑倒；通道或楼梯狭窄拥挤；缺少休息、寄存的场所或设施；电梯及入店门运行不稳定，安全隐患大；卖场内光线太暗，不易观察和选择商品；卖场内温度、湿度、通风及气味不适；卖场内噪声过大；试衣间、卫生间、收银台数量不足；货架设计与摆放不合理；停车场小或缺乏疏导管理；货架及相关设施不清洁；卖场内人多，顾客物品丢失；无店内指示牌或指示牌标志不清晰；卖场卫生差等。

（4）顾客原因。如顾客需要或主意发生变化；顾客认知不足或有偏见；顾客期望过高；顾客购买习惯的影响；顾客的自我表现作用；顾客的自我保护心理影响；顾客购买权限与支付能力的限制等。

3. 顾客抱怨的心理转化

（1）正确认识顾客抱怨。顾客抱怨的双重性影响要求服务人员应该正确认识和对待顾客抱怨，拒绝接受顾客抱怨是一种短视行为。当顾客提出抱怨时，服务人员应表现出极大的关心和兴趣，不回避，耐心、认真地听取，让顾客畅所欲言，从中发现顾客的真实意图和想法，再妥善地予以解决。

（2）建立抱怨处理系统。顾客抱怨处理系统的建立有助于零售商改进营销工作、减少抱怨和投诉，不断提高服务质量。顾客抱怨处理系统的组织体系有三种形式：集中解决、分散解决、集中分散相结合解决。

（3）积极预防抱怨产生。应尽可能预防顾客会提出的抱怨，防患于未然，从预防入手，采取行之有效的措施，将顾客抱怨消灭在未发生之前，这是零售商对顾客抱怨所应采取的最积极的态度。

（4）弄清抱怨产生的原因。即零售商必须认真听取顾客的意见，通过与顾客的交流，了解和掌握顾客的心理活动和想法，找出顾客抱怨产生的真正原因，才能摸清脉络、对症下药，为后续抱怨的处理提供有效的依据。

（5）处理抱怨的政策依据。妥善处理顾客抱怨需要零售商掌握一定的政策依据，零售商处理顾客抱怨的基本准则依据是《中华人民共和国消费者权益保护法》等相关法律法规，此外，诸如零售行业标准、零售商的店规，以及买卖双方的约定也可以作为双方具体解决抱怨问题的相关依据。

（6）选择抱怨处理的方式。零售商处理顾客抱怨有多种方式，如退还货款、商品调节、价格调节、服务调节等，同时还应与顾客建立良好的关系。

8.3.2 顾客拒绝购买态度及其转化

1. 拒绝购买态度的形成

顾客拒绝购买态度的形成来自外在或内在的刺激因素，有时则是外在与内在刺激因素的结合。其实质是顾客对某种商品的购买信心呈现负作用（对该商品、商店等产生不信任态度）。

（1）外在刺激因素的影响。表现在由于环境、整体气氛、营业员的服务态度与销售方式、商品的品质或品种、其他顾客的行为等因素影响，引起顾客拒绝购买。

（2）内在刺激因素的影响。表现在由于顾客本身的个性心理特征、消费习惯、消费水平、消费趋向，以及需要、情感、意志、动机的影响而拒绝购买。但是，在多种刺激因素中，销售人员的服务态度以及商品的品质好坏、品种是否齐全，是最主要的拒绝购买因素。

顾客拒绝购买的态度主要由认知、感情和行动倾向构成。这三个要素协调一致共同作用于拒绝购买态度本身。顾客拒绝购买，首先说明他对营业员推荐的商品在感情上产生反感，感到不满意，由此采取不买、离去的行为。

2. 拒绝购买态度的类型

从购买心理角度分析，不同的顾客有不同方向与程度的拒绝购买态度。可以从其强弱、深浅程度的不同，分为初步拒绝、肯定拒绝、违心拒绝三种。

（1）初步拒绝。这是指顾客仅仅是带有随意性的初步拒绝。一般表现在两个方面：第一，顾客对某种商品虽然已经有了购买欲望，但是还没有建立对商品稳定的指向性，在心理上仍有疑虑。此时，如果营业员不了解顾客的疑虑而强迫其购买，便会产生拒绝行动。第二，顾客对商品的性能、花色品种、质量、包装、价格等不是十分满意，认为不能完全满足自己的需要，如果此时营业员的服务也不能令其满意的话，在买与不买的心理活动中，不买心理就会暂时占据主导地位。

（2）肯定拒绝。这是指顾客拒绝购买的态度是经过一系列心理活动过程以后采取的最后决定。它表现在三个方面：第一，对商品的性能、花色、质量、外形、价格等不能认同。第二，对商品的效用、安全性等方面的认识有较大偏差，产生不信任感。第三，对商品根本没有产生购买欲望。

（3）违心拒绝。顾客不愿意说出来拒绝购买的原因，主要表现在五个方面：第一，顾客的自尊心使其不愿表露拒绝的真实理由，如看中了某种产品但不知其价格，知道价格后觉得太贵或钱未带够。第二，顾客在挑选过程中对商店或营业员产生反感，但担心引起争执而不愿意明确提出。第三，顾客本身购买欲望不强，只是随意看看，不愿意说出真实的原因。第四，对商品尤其是新产品的认知程度低，不愿意使营业员认为自己不了解此种商品。第五，顾客的同伴与顾客意见相左，难以做出立即购买决策。

3. 拒绝购买态度的转化

当营业员遇到顾客拒绝购买态度时，应从其反映中察觉到拒绝的类型，然后使用相应的技巧进行态度转化：一是设法转化其购买拒绝态度的强度，使其从强烈反对变为轻微反对，从很不满意变为不太满意。二是设法转变顾客思想、情感与行动，使其从疑虑感转变为信任感、从讨厌感转变为亲切感、从反对行为转变为赞同行为。可以分别采用以下方法：

（1）初步拒绝态度的转化。对于此类顾客，由于其拒绝态度并不坚决，可以反复提示商品的综合吸引力，加强对商品品质、功能的重点诉求，克服顾客的疑虑心理，强调产品使用的新知识，增强顾客对新产品的好奇心，使顾客对商品、销售现场、营业员产生良性的印象，促使其购买态度的转化，使其成为现实顾客或是潜在顾客。

（2）肯定拒绝态度的转化。要转化肯定拒绝态度的难度是很大的，营业员不应强求。可以采用转移其注意目标，避开其主要问题，以良好的服务态度减弱顾客拒绝购买态度的强度。引导顾客的注意力向同类商品或代用品转移，或是诱导其产生新的、对其他商品的需求。至少要给其留下对服务人员的正面印象，为下一次成功购买打好基础。

（3）违心拒绝态度的转化。由于这种拒绝态度的隐蔽性较强，原因复杂多样，处理转化主要是从尊重顾客出发。如果可以马上对其拒绝的真正原因做出正确判断，就尽可能地加以解释说明。但是要注意的是，由于顾客这种拒绝态度的心理诉求因素很强，处理时要慎重，不宜胡乱猜测，不宜强加于人，不宜当面揭露，也不宜盲目附和。在说服中最好不要使顾客察觉，否则会引起顾客的戒备心理，采取回避方式加以对抗。

企业导师谈商场销售心理

中国企业讲坛
企业导师谈商场销售心理

经济与社会的数字化，对零售市场与消费产生了颠覆性的影响。线上电商开始向线下拓展，重塑数字化线下零售，使消费者获得前所未有的便捷、贴心的服务，以及"超预期"的消费体验。

实践与训练

▲ 商场销售实践

【实训目标】

1. 通过接触，了解不同顾客的心理特征。
2. 学会向顾客推介商品的方式方法。
3. 培养运用心理策略促进顾客购买的能力。

【内容与要求】

利用社会实践的机会到一家商场，在某一柜台（如智能手机柜台）实习，时间依条件决定。

1. 了解商品的品牌、系列和基本性能。
2. 接受商场的简单培训，向营业员请教基本服务要求。
3. 仔细观察并与不同类型的顾客打好交道。
4. 从态度、仪表、语言以及售后服务各方面追求顾客满意。

【成果与检测】

1. 写出实习日记，记录成交的经营额，与其他营业员的经营额相比较。
2. 写出实习报告，包括你所遇见的顾客的心理类型。
3. 请商场有关人员对你的实习情况作评价。

模块 9

现代场景：网络营销心理效应

学习目标

※ 素养目标

- 提高网络健康消费意识，注意引导理性消费
- 提高学生的数字化素养与安全意识，加强个人信息保护

※ 知识目标

- 了解网络营销的心理特点
- 熟悉用户的网络购买决策心理
- 掌握主要的网络营销心理策略

※ 技能目标

- 能够洞察和分析用户的网络消费心理
- 能够运用互联网用户心理理论开展网络营销

思维导图

```
                                          ┌─────────────┐     数字化思维与
                                    ┌─────│  数字化视角  │──── 网络营销心理
                                    │      └─────────────┘
                                    │                          网络营销职能与特点
                                    │      ┌──────────────┐   ┌─────────────────
                                    │      │网络营销与消费者│─── 网络消费者心理特征
                                    │      │   行为特征    │    网络用户购买行为特征
                  ┌──────────┐      │      └──────────────┘
                  │ 现代场景：│      │
                  │ 网络营销  │──────┤                          网络营销的心理优势
                  │ 心理效应  │      │      ┌──────────────┐   ┌────────────────
                  └──────────┘      │      │网络营销的心理分析│─── 网络营销的心理劣势
                                    │      └──────────────┘
                                    │
                                    │      ┌──────────────┐     用户网上购买决策心理策略
                                    └─────│网络营销的心理策略│──┤
                                           └──────────────┘     厂商网络营销心理策略
```

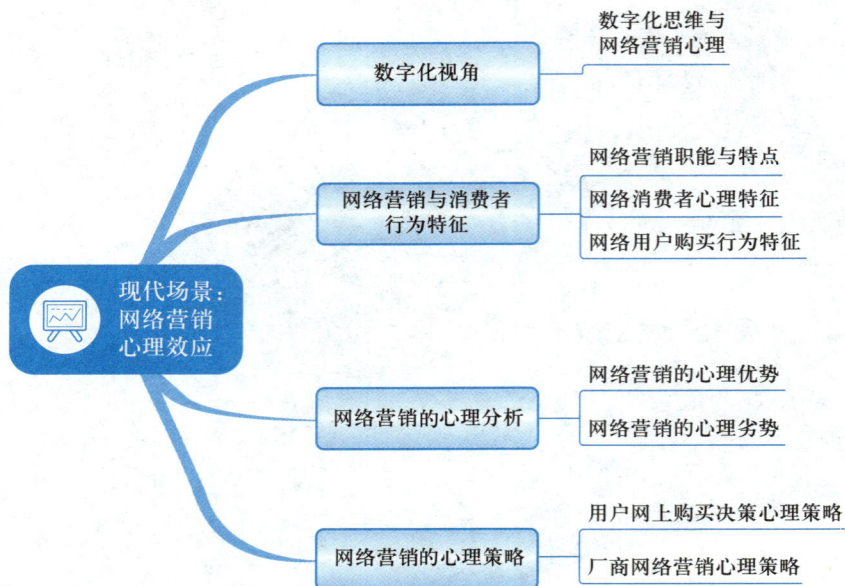

　　网络营销是一种数字经济时代兴起并迅速发展的现代营销场景，也是一种基于网络的虚拟营销场景。数字化改变了消费者与营销者各自的心理与行为，形成了特定的心理反应与效应。

学习园地

　　党的二十大报告指出："加快发展数字经济，促进数字经济和实体经济深度融合，打造具有国际竞争力的数字产业集群。"

学习体会：

　　步入数字经济时代，数字化普及并渗透到社会的各个领域。为贯彻落实习近平总书记关于发展数字经济的重要指示和党的二十大精神，营销人员要主动迎接挑战，认真学习网络营销情境下的消费者心理与行为，掌握主要的网络营销心理策略，提升网络营销与购物的体验与效率。以此为出发点，促进数字经济和实体经济深度融合，发展数字贸易。

数字化情境
为消费者提供"定制化"服务

　　电商市场上新秀拼多多在激烈的市场竞争中异军突起，创造了商界奇迹。拼多多之所以成功，本质上是由于其科学定位，为消费者提供"定制化"服务。

1. 初创

拼多多在初创伊始，抓住了当时网络营销中存在的小商品产能过剩、中小型电商生存困难，三四线城市特别是广大农村购销双向困难等问题隐含的机会，应运而生；同时，顺应社交电商发展的大趋势，创造了"低价团购拼单模式"，开启了"社交＋电商"的电商新局面，才有了奇迹般的快速发展。究其本质，是实现了为准确定位的特定消费者提供"定制化"服务。

2. 成型

历经几年的快速发展，拼多多已经形成了成熟稳定的经营与营销模式，其核心特征就是瞄准目标低线市场，提供定制化服务。即以低价格满足低线市场需求。如今的拼多多活跃用户数已达数亿级，与天猫、京东等电商平台"三分天下"，并已形成独特的目标市场，打通了一条规范化、可持续的发展之路。

初期的"低价团购拼单模式""砍价免单拿"已不再重要。"团购拼单"中特定时点与人数组成的"团"，已经被跨时空、连续的动态人数所取代；"砍价免单拿"的几率已经很小，需要大量、多次转发他人。而实际上真正起作用的是实实在在的"低价"，满足需要低价商品的目标客户。

调研数据显示：三四线及以下城市的人群在网络购物时更偏爱拼多多；根据被调查者的年龄进行分类，30岁以上的人群使用拼多多的更多；根据被调查者的工作类型分类，工作、退休等人群中拼多多的使用者占多数。

3. 拓展

随着"社交＋电商"新型电商模式的成熟，拼多多对农产区和下沉市场进行了双向渗透，从而奠定了拼多多长期稳定的发展基础。对农产区的渗透，帮助农民进行农产品销售，助力乡村振兴；对下沉市场的渗透，如"多多买菜"，购买不出社区，时间不超过24小时，提升了社区电商的"便捷"性。

情境分析

1. 谈谈你对拼多多成功开拓网络营销市场的理解。

2. 结合本案例，查阅相关资料并分析网络营销活动中的消费者心理与行为。

3. 结合本模块内容的学习，试从网络营销心理效应的角度，为拼多多的发展提出合理化建议。

💻 数字化视角
互联网思维与网络营销心理

1. 用户思维：助推边际效用递增

用户思维是最重要的互联网思维，因此，用户思维在网络营销中也体现得最为突出。

互联网思维
与网络营销
心理

（1）互联网真正实现了"以用户为中心"。"用户至上""以用户为中心"是商家长期标榜的目标与口号，但在"网前时代"很难实现。互联网的先进理念与技术支撑，决定并保证了以用户为中心目标的真正实现。以用户为中心的用户思维，是由互联网网民民主、网权平等的社会性本质所决定的；同时，互联网在技术支撑上也为以用户为中心提供了条件与保证。

（2）为用户创造最大价值，助推边际效用递增。用户思维的实质就是使用户获得利益最大化。要实现用户利益最大化有两条基本途径：一是使用户获得的实际利益尽可能大，并能够在购买与使用过程中持续增大；二是使用户准确认知并深刻感触到利益的增大。即前者强调为用户带来尽可能大的实际利益，后者强调要使用户感知到这种利益的正向变化。

使用户获得利益最大化的第一条途径，就是通过生产、销售、服务等诸环节的优化，尽可能增大用户让渡价值，同时，要助推用户所购买商品边际效用的递增。经济学的一条重要原理就是"边际效用递减"，即随着消费的增加，每个单位获得的效用不断下降。而互联网时代有可能打破这一定律，实现边际效用递增。随着消费的增加，每个单位获得的效用也在增加。至少有两个方面的因素促成边际效用递增：一是迭代创新，产品快速更新换代，如智能手机，用户不断购买升级后的手机，边界效用不断增加；二是用户买到产品后，通过软件升级，不断拓展、完善功能，边际效用也会不断增加。如智能手机更新系统，功能不断增加。

（3）强化用户价值感知，增强用户感知利得。使用户获得利益最大化的第二条途径，就是如何使用户准确地感知购物所获得的价值，即用户价值感知。网络购物的基本动机是价值寻求与损失规避（尤其是风险因素），相应的是网络购物过程中的感知利得与感知利失，这两者之间的关系构成了消费者价值。网络购物价值可以划分为功利价值和享乐价值两个维度，这两个方面的价值可以满足消费者的不同需求。网络购物的功利价值是指消费者对所获得产品的功能性评价，如满足用户的求廉心理、求便心理。享乐价值是指在产品购买与使用过程中，可以给消费者情感、美感或其他感官上带来积极的心理体验。作为营销者，既要使用户准确感知最大化的利得，又要通过用户将利得传播出去，让更多的人感知。

（4）坚持信用为本，为用户规避感知利失。强化用户价值感知，在增强用户感知利得的同时，规避用户的感知利失。用户对在线购物的最大担心就是安全问题，包括隐私泄露。所以，规避用户的感知利失，就必须在网购安全这个敏感问题上确保用户利益不受侵害。商家必须恪守信用，保证在网购所有环节维护用户利益，满足用户的安全需要，从而使用户规避感知利失，获得更大的正向价值感知。

2. 平台思维：打造社群生态圈

在互联网时代，商业经营的一个重要趋势就是构建资源共享、追求共赢，实行开放的平台模式。网络营销离不开平台，只有充分发挥平台优势，构建企业与用户的生态圈，才能密切企业与用户的关系，增强用户的体验感和归属感。

（1）强化平台效应，构建平台生态圈。互联网平台思维是互联网时代新型的衍生思维产品，即开放、共享、共赢的思维。平台模式的精髓，在于打造一个多主体共赢互利的生态圈。开展网络营销，要善于运用平台思维，构建平台生态圈，如淘宝、天猫、京东等。依托平台，众多企业、用户、公众，共建、共享、开放、共赢，和谐生存，共同发展。用户一旦进入这个生态圈，就有强烈的归属感，作为其中一员，积极参与厂商的生产与营销活动，献计献策；同时也会大大提升购物与使用过程中的体验感和满足感，甚至成为该平台的粉丝，增强对平台的忠诚度与黏度。

（2）以鲜明的个性满足用户的个性化需求。平台不意味着"大一统""一刀切"。发挥平台优势的同时，不能忽视个性化。在互联网时代，人们会逐渐追逐特色鲜明的个性存在。在平台上的企业应有鲜明的个性和价值观，并以此来吸引和聚焦感兴趣的群体与个体。当然，个性化的风险在于丧失一些不符合其个性的用户。但未来的市场，将分化为很多孤岛，每个岛上存在着不同价值观的人。因此，企业必须进行市场细分，亮出鲜明的价值观，才能吸引到足够多的用户，最大限度地满足用户的个性化需求。如互联网新生代品牌，激发了广大青年用户喜欢自由、追逐梦想、安享舒适的热情。

3. 口碑思维：尊重用户的话语权

网络营销最重要的形式不是广告，而是口碑传播。其实质是尊重用户的话语权，发挥用户在营销与购买过程中的优势与作用。

（1）口碑在网络营销中的特殊意义。在传统的线下营销中，尽管口碑也发挥着重要作用，但是总是局限在人与人之间，个人之间的传播，传播范围与效力是很有限的。由于互联网营销的特殊性，使得口碑传播具有特殊重要的作用。一方面，用户在网络购物时不能直接接触产品实物，同时，营销人员也没有线下柜台前面对面交流那样方便与细致；另一方面，网络营销又有大量的已购买用户对商品与服务的评论与体验，还有各种竞价排名。特别是借助网络，这些用户的评论与体验在更大的范围内，以更快的速度传播，甚至像病毒一样扩散，威力巨大，对用户的购买决策影响极大。因此，网络营销中口碑传播显得尤为重要，发挥着相当重要的作用。

（2）用户在营销与口碑传播中的主动性与自主性。在传统的营销中，基本上是营销者主导下的单向传递过程，用户只能被动地接受信息。但是，在互联网营销中，用户拥有较大的话语权。他们具有强烈的参与愿望与自主意识，利用自媒体等网络载体，主动发布信息，表达自主意识。这些话语的公开表达，一方面显著地影响他人的购买心理与行为；另一方面也成为用户自我展示、获取成就感的重要方式，强化购买的体验感与愉悦心情。

（3）口碑传播的有效应用。营销者要尊重用户的话语权，构建用户参与、交流、评论的有效机制。如淘宝购物交流工具阿里旺旺、购物后对商品与服务的评价机制、搜索引擎中的竞价排名机制，以及各种论坛、微博、微信等。

9.1　网络营销与消费者行为特征

互联网现已成为世界上规模最大、用户最多、资源最丰富的网络互联系统。随着互联网的快速发展，网络营销更是迅猛发展，势不可挡。

9.1.1　网络营销的职能与特点

网络营销是指基于互联网、移动互联网开展的虚拟化营销活动。本章研究的是狭义的网络营销，即特指基于以网络为载体与场景的交易而进行的营销行为，亦即在线上进行交易的营销活动。

1. 网络营销的职能

网络营销的职能主要包括：①品牌塑造；②网址推广；③信息发布；④广告宣传；⑤沟通洽谈；⑥在线支付；⑦物流送货；⑧售后服务等。

2. 网络营销的特点

网络营销与传统营销相比，具有明显的优势，更受消费者欢迎。网络营销主要有以下特点：

（1）虚拟性。网络营销所有的营销活动几乎全部在网络上完成，是基于网络与信息技术实现的。从营销宣传、市场推广，到买卖双方交流、成交、付款全部在网络上进行，即全部营销活动都在网络形成的虚拟空间中开展，相应形成各种丰富多彩的虚拟柜台与场景。所以，网络营销活动本质上具有虚拟性质。

（2）跨时空。互联网连接一切，这就决定了依托互联网的营销活动可以是跨空间的，营销信息与行为没有地理与空间边界，交易可以在全世界范围内自由进行；互联网是全天候运行的，这就决定了企业与用户可以在任何时间开展营销与购买活动，可每周 7×24 小时随时随地提供营销服务。

（3）便捷性。互联网的快速传输与网络营销的跨时空性，也直接导致了网络营销的高效率，特别是用户的购买行为非常便捷。这是传统营销所无法比拟的。

（4）情感性。由于互联网大大提高了交际与交流的效率，为参与各方提供便利而有效的条件，使多种形式的交流富有趣味性。除了双方传输商品信息，出现大量人与人之间的情感交流与融通，进而影响到营销的成败。因此，与传统营销相比，网络营销的情感因素更为突出，使营销过程变成交际过程。

（5）低成本。由于互联网的快速运行与虚拟运作，不但大大提高工作的效率，而且大大节省人、财、物、时间等资源，甚至会出现边际成本为零的数字产品，从而使厂商大幅度降低成本；自然也使价格变低，节省消费者的时间与精力。

（6）高享受。由于网络营销方便快捷、低成本、高情感，自然给用户带来了因参与虚拟空间活动与购入心仪产品而获得的喜悦与享受。

9.1.2　网络消费者的心理特征

1. 网络消费者的个性特征

（1）从网络消费者的类型特征上分析：①从年龄特征上，20~40岁的网络用户占比较大，而老年人占比较小；②从性别特征上，女性占比高于男性；③从学历特征上，中高学历人群占比高于低学历人群占比；④从职业特征上，知识界、企业白领等占比较高，特别是大学生占比更高；⑤从收入水平上，较为富裕者占比较高，低收入者与高收入者占比较低。

（2）从消费者心理变化的趋势特征上分析：①网络消费者的心理呈现出个性化回归的特点；②消费主动性增强；③追求购物的方便性和趣味性；④寻求时尚与低价；⑤使用移动终端的购物与支付比例大幅度增加。

2. 网络消费者的上网动机

网络消费者上网动机的基本类型包括：①上网交际，②休闲、娱乐，③商品购买，④自我展示，⑤资讯搜索，⑥其他。

与较为单一的传统线下购物相比，网络购物的消费动机更为复杂。一是网络消费者的购买动机是以购买商品为主的多元动机组合，即围绕购买商品，伴有交际、娱乐、展示等动机中的某项或多项；二是网络消费者购买动机中购买商品的动机又有着不同的内部组合，如追求时尚、方便、快捷；注重经济性、情感性、趣味性等各种动机的差异与组合等。

> ### 辩证思维析心理
> **消费者网购的"喜"与"忧"**
>
> 网购已经成为消费者，特别是年轻消费者的一大乐趣。但是随着网络营销的不断发展，消费者对网购体验更显复杂性：既有喜，又有忧。

1. 消费者网购之"喜"

首先，网购对于广大消费者来说确实是一大乐趣，会使得消费者获得比线下购物更大的利益。主要表现为：①网购可以使消费者获得商品无限选择的机会与权利。只要在网上搜索栏中输入任何一种商品，就会获得成百上千条相关商品的信息，可以从中随意挑选与购买。②网购非常便捷，并可以快速将货物快递到家。③网购成本低，由于网络店铺可以以较低价格出售商品，使得消费者不仅可以节省金钱，而且可以节省大量购物时间。

2. 消费者网购之"忧"

消费者网购之"忧"主要包括以下几个方面：

（1）网购的安全性。由于是在线交易，买卖双方不见面，钱货两分离，从而存在一定的安全隐患。再加上可能出现商品质量不合格、相关服务不到位、快递物流不准时、售后服务差等诸多问题。安全性成为消费者网购的最大之"忧"。

（2）网购的适配度。尽管网络购物有近乎无限的选择余地与权利，但是，由于消费者不能直接看到或者接触到商品实体，从而导致所购商品规格往往不能匹配顾客的购买期望与标准，从而导致消费者体验不佳。

（3）网购的体验感。对于某些消费群体，那种真实的"购物＋逛街"的感觉，甚至比购买商品本身带来的愉悦感更强烈；但网购不能使其获得那种真实的愉悦购感。

3. 化"忧"为"喜"

上述消费者的热切期待正是营销者努力改善经营，提升消费者体验的方向。

（1）构建科学的电商体系。在支付上，选用安全可靠的支付工具，保证交易资金的安全；在质量上，严厉打击虚假欺诈行为，建立质量保证与售后服务的制度与法律机制；在物流上，建设了自有物流与第三方物流相结合的完备体系，推出良好的配送服务等。

（2）创建智能化的消费者体验服务。如果说安全性是消费者网购的最大忧患，那么，体验差就是消费者网购的最大遗憾。为了弥补线上购物消费者体验差的缺憾，可供商家参考的方法有：①策划营销活动，强化情感体验。设计激发消费者情绪的主题，通过合理展示引发消费者共鸣，以情感召唤迎合消费者的内心情绪。如当当网的"李韩十年"系列活动，赢得了 80 后的情感共鸣。②构建虚拟场景，增强实物效应。用 VR、AR 等各种新技术强化实物与现场效应，打造全新的购物模式，使得商品能更立体、真实、直观、清晰地呈现给消费者，提升商品的存在感。

9.1.3　网络用户购买行为特征

1. 网络用户购买决策过程

网络用户购买决策过程主要由五个阶段构成：

（1）诱发需求。这种需求主要由来自两个方面的刺激因素诱发：一是用户自身的生理性或社会性需要刺激；二是来自外部环境，特别是企业营销活动的刺激。

（2）搜集信息。用户心理出现了需要，就会运用所拥有的信息权，利用网络搜索相关信息，包括主动寻找信息与有选择地接收商家推送信息。

（3）评估选择。网络用户会利用所搜集到的信息，按照消费偏好与购买需求，对网上大量可供选择的商品进行分析、比较，做出评估。这一过程既包括用户自身的评估，也包括与卖家的交流，还包括与周围人的交流而做出的评估。依据评估结果进行选择，通常会形成几种方案。

例如，某品牌的纸尿裤在向互联网领域拓展的过程中，通过与年轻父母的互动，使品牌的承诺和附加值得到提升。它不仅向年轻的父母们提供了大量关于如何照料孩子的知识，还让年轻父母讲述孩子的故事，满足他们向他人表达对孩子关爱的心理。

（4）购买决策。依据评估结果，按照决策准则，在选出的几种商品中，做出最终购买抉择。

（5）购后分享。购买完成后，购买行为并没有结束，而是进入了体验与分享阶段。一是接受商家的售后服务；二是对商家的商品与服务做出评价；三是开始并持续进行商品使用与体验，包括享受商品使用与购买过程的双重乐趣；四是通过人际交流与在线传播，与亲朋和周围的人，乃至更大范围的人分享相关信息。这种体验与分享不但关系到用户本人的再次购买，还关系到他人的购买。

2. 网络用户购买决策的影响因素

网络用户购买决策过程模型如图 9.1 所示。影响网络用户购买决策的主要

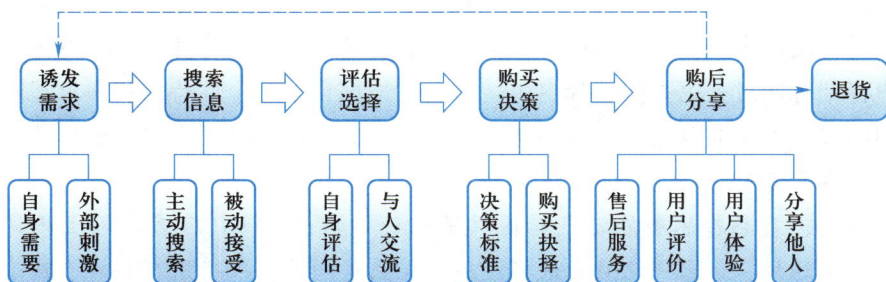

图 9.1　网络用户购买决策过程模型

因素有两类：一是购买直接相关因素；二是购买间接相关因素。

（1）购买直接相关因素。购买直接相关因素主要包括：①产品特性，主要包括产品品牌、规格、质量、服务等产品自身因素；②安全与信任，主要包括商家信誉、网络安全、支付安全、物流安全等；③产品价格，主要指产品价格以及相关配件的价格与使用成本；④购物便捷，主要指挑选、购买、支付、送货流程方便、快捷；⑤交流体验，主要指在购买过程中与商家的交流是否顺畅、愉快等。

（2）购买间接相关因素。影响网络用户购买决策的间接相关因素主要包括：①网站设计与商品展示；②各种形式的营销活动；③购买者评论及各种口碑传播信息等。

同步测试

同步测试 9.1

9.2 网络营销的心理分析

9.2.1 网络营销的心理优势

网络营销是一种以互联网为基础，利用数字化信息和网络媒体的交互性来辅助营销目标实现的新型市场营销方式。网络营销常采用网上页面广告、搜索引擎加注、商业分类广告、电子杂志广告和交换链接等方法进行。研究表明，用户之所以选择网络营销，心理因素是主要动因。网络营销在以下方面具有与众不同的心理优势。

1. 以用户为导向，实现个性化营销

（1）用户主导。网络营销的最大特点就是消费者的主导性。网络营销中的用户将拥有比过去更大的选择自由，他们可根据自己的个性特点和需求在全球范围内寻找中意的商品，不受地域限制。同时，购物环境更安静、更舒适、更符合消费者需求。

例如，某品牌的新能源汽车提供了一种服务系统，让顾客在网上设计喜欢的汽车结构。顾客一旦做出选择，通过在线订购单输入通用汽车的生产设计表，从顾客填写订单到工厂接到顾客设计的结构生产出汽车并交货，前后只需

8 周时间即可完成。对于整个汽车行业来说，在顾客提出要求后制造与在顾客提出要求前制造相比较，前者可以节约大量成本。

（2）追求感性消费。感性消费是指消费者购买商品或利用服务的目的在于通过消费而满足某种心理倾向。许多网购消费者从传统的理性消费转变为追求感性消费。理性消费注重对"物"即商品或劳务本身的功能、质量、价格等因素的满足；而感性消费更注重感性满足，如感官的享受、情感的体验、风格的展示、精神的愉悦和个性的张扬等。

（3）个性营销。网络消费已成为个性化消费行为的代表，即消费者购买商品不再仅看重其使用价值，商品价值"延伸物"也成为消费者进行消费决策的重要参考。企业的各种销售信息在网络上将以数字化形式存在，以极低成本发送并能随时根据需要及时进行修改，庞大的促销费用因而得以节省。企业也可以根据用户反馈的信息和要求通过自动服务系统提供特别服务。例如，可通过电子邮件向用户传送特定的信息或致以节日的问候。这极大地满足了用户的自主意识与受尊敬心理。

2. 具有极强的互动性，是实现全程营销的理想工具

（1）洽谈的实时互动。消费者可以在网络商店中自由地浏览和比较，也可以充分地与厂商交流想法和意见，网络营销中的逼真影像与翔实信息，更增添了消费者多种感官的综合效应。消费者可以直接讨价还价，以争取到最低价格。

（2）实现全程营销。现代营销的一个重要趋势就是全程营销，即从产品的设计阶段就开始充分考虑用户的需求和意愿。在网络环境下，这一目标将得以实现。即使是中小企业也可通过电子布告栏、线上讨论广场和电子邮件等方式，以极低的成本在营销的全过程中对用户进行即时的信息搜集。用户则有机会对从产品设计到定价和服务等一系列问题发表意见。这种双向互动的沟通方式提高了用户的参与性和积极性，更重要的是它能使企业的营销决策有的放矢，从根本上提高了用户满意度。

3. 满足用户对购物方便性的需求

网络提供 24 小时服务，用户可随时查询所需资料。查询和购物过程需时极短，程序简便快捷。在一些选购品或特殊商品购买过程中，这种优势更为突出。例如，在查找购买一本小众书籍时，用户不必遍寻各大书店，也不会因本地书店无货而求之不得。这一特点使网上购物特别受那些需要大量信息进行决策的分析型用户或以缩短购物时间为目标的用户的青睐。

大部分消费者由于工作压力与紧张度较高，更加追求时间和劳动成本的效益比。网上购物，足不出户就可以广泛浏览、任意选择，快速付款并享受送货上门服务。

4. 满足经济型用户的需求

心理学家研究购买者价格差异感受时发现了一条定律：购买者对价格的感受与基础价格水平有关，购买者对价格的感受更多地取决于相对价值，而非绝对价值。网络商品的消费价格比实体店铺的商品价格更加贴近消费者的心理界限，从而使得商品价格成为刺激网络消费者购物欲的重要因素。因为网络营销能为企业节省促销和流通费用，使产品成本和价格降低成为可能。而用户则可在全球范围内寻找最优惠的价格，甚至可绕过中间商直接向生产者订货。用户不必负担高昂的广告费用或营销人员的多层销售提成，因而能以更低的价格实现购买。

网上购物不但便宜，而且还可以通过广泛浏览，任意挑选，购买到价格低而又称心如意的商品，实现获利性与满意程度的结合。

9.2.2　网络营销的心理劣势

1. 用户对网络营销缺乏信任感

（1）用户鉴别、选择企业或产品的难度增大。所有企业不论大小在网上均表现为网店和虚拟环境。一些在实体世界中可有效判别和预期的产品、服务质量的感觉，例如对零售企业营业面积、店容店貌等的感受，在网上将无用武之地。用户必须重新学习或继续以现实途径进行辅助判断，这就增大了用户判断的难度和成本。此外，网络商店较容易设立，因而也容易作假，用户对此也会心存疑虑。因此，许多进行网络营销的企业仍会借助实体设施来提高信誉和知名度。但这反过来又会削弱网络营销的优势。

（2）网上购物安全性不足。主要是用户的个人数据资料可能被截取或被盗用，现时加密技术的发展仍不能完满地解决这一问题。

（3）用户权益的保障有困难。互联网是一个开放和自由的系统，目前仍缺乏适当的法律或其他手段进行规范。因此如果发生纠纷，用户的权益未必能获得足够保障。

2. 网络营销无法直接满足某些特定的心理需求

（1）无法满足用户的个人社交动机。家庭主妇或朋友间通常希望通过结伴购物来保持与左邻右里的关系或友情。由于网上购物可替代部分人际互动关系，也就不可能满足用户在这方面的个人社交动机。

（2）无法使用户因购物而受到注意和尊重。网上虚拟商店中，用户无法以购物过程来显示自己的社会地位、成就或支付能力。而且网络商品的价格欠缺灵活性，会令某些喜欢在现场讨价还价的用户大失所望。

9.3　网络营销的心理策略

网络营销的心理策略涉及用户网上购买决策心理策略与厂商网络营销心理策略两个方面。

9.3.1　用户网上购买决策心理策略

1. 购买决策基础

用户进行网上购物决策，必须具备两个前提条件，一是形成购买商品需要，二是搜集购买商品信息。

（1）形成购买商品需要。用户对商品的需要是网络购物的起点，这是网上用户做出消费决策过程中不可缺少的基本前提。用户形成对商品需要大致分为两种类型：一种是在现实生活中已经形成的需要，如工作需要、生活需要等；另一种则是受到网络广告或浏览到的网页所介绍商品的影响而即时产生的需要。用户对商品需要的类型与强度，直接影响到用户购买心理与决策的标准、过程与速度。

（2）搜集购买商品信息。用户有了商品购买需要，就要搜集商品的有关信息，以便正确地进行购买决策。为更好地满足自己的需要，消费者就要上网收集商品信息，了解网上市场的行情。

网络商品信息传递主要依靠网络广告和检索系统中的产品介绍，包括在信息服务商网页上所做广告、中介商检索系统上的条目以及自己主页上的广告和产品介绍。用户在网上搜集商品信息的方式主要有：

① 网上浏览。用户上网浏览行为通常是一种非正式和机会性的活动，对网络信息没有特定目的的随意性浏览，主要是了解有关信息包括了哪些内容。这种方式可以较好地了解关于整个商品信息的概貌，便于概略地把握总体情况。但是，通过这类浏览活动搜集商品信息的效率低而且较大程度地依赖于外部的信息环境。通常没有明确购买目标的用户通常采取浏览网页商品信息

的行为。

②网上搜索。用户为了获得某种商品的特定信息，就要在一定的领域内搜索自己所需要商品的详细信息。搜索时用户要访问众多不同的信息源，以收集到有助于更广泛地挑选合意商品与正确地进行购买决策。当用户已经把购买目标限定在某一类商品范围之内但又不能确定到底是哪一种商品时，则会选择逐步定位的信息获取方式。

2. 购买决策心理因素

影响用户购买决策的心理因素主要有：

（1）厂商是否可信任。网络的虚拟性使得厂商及其商品和用户不能直接见面，使用户会产生种种顾虑心理，如厂商的名气、规模、可信任度等，从而影响到用户的购买决策。

（2）商品质量是否可靠。除了可以在网上看到的商品的品种、规格、花色，商品的质量是用户极为关注与担心的一个问题。质量是无法靠网络上的语言描述让用户完全放心的。这也是无法直接接触商品实体的网络购物的一个突出局限。

（3）网上支付是否安全。网上用户关注的焦点就是网上支付是否安全。网络营销中可采用的支付方式有支付宝、微信支付、信用卡（借记卡）、上门预收款（货到付款）、数字现金等。厂商提供的这些支付方式是否能获得网上用户的信任，是影响用户购买决策的重要因素。

3. 购买决策心理策略

用户在网上进行购买决策，通常可以采取的心理策略有：

（1）适用策略。用户在网上购物时应有一个最基本的认识：不买最好的，而是买适用的。因此，首先要明确购买商品的定位，从品种、规格、式样、档次、价位等方面进行定位；其次，要根据定位确定具体的选择标准。基于这种认知判断，就会做出正确的购买决策。

（2）安全策略。消费者要以谨慎但不紧张的心态进行决策。重点是弄清厂商、商品、支付的可靠性。坚持理性认知判断和科学控制情绪，不为假象和虚假描述所迷惑。要详细察看厂商的信誉度、商品"三包"、用户评价等内容，以确保购物安全。

（3）价值策略。用户网上选择和购买商品，应该以价值为核心进行决策。必须进行所购商品得到的实际效用与购买商品的付出进行权衡比较。商品的实际效用包括商品的物的实用性，如性能、质量、便捷、经济等；商品的购买成本包括价格、运费、购买时间、接货条件等。商品的实际效用与购买成本的比值就是商品价值，而商品价值是用户网上购物的最终决策准则，即按照商品价值进行购买决策。这里所指的商品价值，本质上是用户的心理评价，而不是客观实在物，因此，会随着用户的个人价值观、消费理念、实际需要状况等因素，使得不同人对同一商品的价值判断大不相同。每一个用户只能做出自己的选择与决策。

（4）海选与沟通策略。要有效实施上述三个心理策略，就必须注意运用海选与沟通两大策略。首先要充分发挥网络购物商品信息量大、信息内容全，可以广泛选择等优势，实施海量搜索，争取实现最大限度的称心如意。其次要发挥网络购物实时沟通的优势，与卖家就厂商、商品、支付等问题进行充分沟通与交流，实现高度信息对称，最大限度消除信息失真问题。

？ 即问即答
如何让用户快速高效地获取网络信息？

在信息获取方面：尽量减少用户的跳出率，保证流畅的阅读；信息量不用多，让有价值的更易吸收；因为上网时间是相对固定的，要利用好碎片时间。

在信息表达方面：降低用户原创内容（User Generated Content，UGC）的门槛，不做太高的要求和限制；提供最简单的发布方式，如短信、定位等；提供更容易参与意见的机会。

在信息传播方面：根据信息的性质来设计传播方式；让用户都成为传播的载体；传播节点需要严格控制。

在信息沟通方面：让消息提醒位置更固定，内容更直白；减少用户消息处理的层级，越少越好；加快消息沟通的处理速度，能有效促进下一次的沟通。

9.3.2 厂商网络营销心理策略

作为网络营销中的卖方，厂商必须在深入分析与把握用户购买心理的基础上，有针对性地采取相应的心理对策。主要可概括为以下三类：

1. 适应用户心理需要，加强网站建设与网络安全

适应用户网络购物的心理需要，最首要的是要建设好网络营销的网站，特别是要确保网络安全。

（1）厂商必须树立"用户至上，诚信为本"的经营理念。网上用户对网上购物最大的心理障碍之一在于担心网上所售产品的质量、售后服务及厂家信用得不到保障。因此，厂商必须恪守"用户至上，诚信为本"的经营理念。

（2）企业必须拥有自己具有特定功能和个性的网站，开展各种针对性、时效性的网络营销活动。网站建设要以用户需要为中心，以发布用户所需信息为职能，以便捷服务用户为重点，以塑造企业形象为目标。这样能够有效宣传企

业与商品，最大限度地满足用户获取商品信息，进行比较评价，方便其交流、购买的需要。

（3）网站建设与运行必须确保网络交易的安全性。网上营销企业应该在自己网页的合适位置与网上银行的各种信息链接，让网上消费者有更多的机会接触这些信息以打消其心理疑虑。

2. 把握用户心理特征，构建个性化商品与便捷化服务的综合体系

根据用户网上购物的多样化需求和适应性心理策略，必须深入分析与把握用户的不同心理特征，有针对性地向用户提供所需的商品与服务。

（1）适应用户的多样化需求，提供个性化商品与服务。网络营销针对消费者个性消费回归的特征，实施产品定制化。每个用户都希望自己得到的是与众不同的产品或服务，厂商必须努力提供个性化的产品与服务，增加商品的附加值。要充分发挥互联网的优势，根据消费者的不同特征划分不同的目标市场，满足消费者的个性需求，提供定制化服务。

（2）增加商品附加价值，使用户获得超值回报。网络营销应追求感性消费，追求时尚性，追求品位以及精神享受，以适应年轻人的消费时尚。网站销售的应该是新款式，时尚化的商品，还应该拓展其文化内涵，在网站上展示与产品相关的发展历史、文化内涵、名人轶事等知识，使用户获得更多回报。

（3）大力进行商品宣传，充分发挥商品品牌效应。网络营销可以多维立体地宣扬企业及网络商品，扩大企业和企业产品的知名度。如果能使用户在一些热门网站的广告中频频见到某品牌的网络商品，势必增加其对该商品的注意和记忆，进而对这一网络商品产生良好的印象，强化购买动机。

（4）建立完善的客户服务体系。客户服务是用户极为看重的，用户与企业关系的好坏直接取决于客户服务水平的高低，它关乎网络营销的成败。因此，向用户提供快捷、便利、周到的服务是每一个网络营销组织的宗旨。网络营销的售后服务主要体现在货物配给、物流派送、退换货处理等方面。要提供良好的售后服务，建立快速及时的物流配送体系和人性化的退换货的机制。最大限度方便消费者，消除用户的购买顾虑，使其真正做到足不出户无忧购物，促进网上商城业务的健康发展，可以从一定程度上促进销售。

3. 满足用户网上社交心理，创新销售方式，强化互动交流

要充分利用互联网的传播与沟通优势，不断创建新的销售方式，加强同用户的在线实时互动与交流，满足用户的准确获取信息，提高购买效率，增加购买乐趣等需要。

（1）建立多样化的销售方式，努力满足用户的多样化需求。厂商要根据商品与用户的特点以及购买规律，建立多样化的销售方式。企业和销售商可以直接开设网上商店，为个体网络用户提供在线销售和在线拍卖的销售方式；设计

适应需要的开业时间与接通方式；针对团体网络用户，可以提供相应的团购销售方式，用不同的销售方式满足不同消费群体的购买需求；网络营销组织应增加通往购物消费网站的链接，拓展用户购物消费渠道。

（2）利用交互式的沟通方式，进行充分的在线交流。互联网强大的交互性，除了将产品的性能、特点、品质以及服务内容充分加以显示，更重要的是能以人性化及用户导向的方式，针对个别需求进行一对一的营销服务。利用交互式的沟通方式（如实时聊天工具、在线留言系统），可以为消费者提供个性化服务，增强消费者的主动性，培养用户忠诚度，从而促进网上销售。所以企业应充分利用网络的交互式功能加强与用户的沟通，增强用户网购兴趣，进一步了解用户需求及其变化，共同创造和满足个性化的需求。

例如，小米的发展闯出一条极具特色的全新路线。小米采用强化互联网思维的商业模式，尤具特色的是产品研发靠"米聊"，吸引全世界的米粉参与产品研发；依托米聊，采用互联网的直销模式，集中精力与用户深度交流。

（3）建立多种形式的社群与社区，促进网络营销和谐发展。建设网络聊天社群与社区，开展消费者联谊活动或在线产品展销活动和推广活动，以调动消费者情感因素，满足用户社交需要，提升网络营销品位层次，促进网络营销的和谐发展。

💡 体验式学习·生活观察

你对网络营销的印象如何？请说明你的这种印象来自何处。

📱 数字化消费心理
网购"沉浸式"体验机制

在数字营销情境下，企业纷纷利用数字技术创设线上虚拟购物场景，创建沉浸式虚拟网购系统，为消费者提供"沉浸式"体验。

虚拟现实网购系统结构的理论模型如图9.2所示。该系统结构的主要元素包括：电商、消费者、体验目标、商品服务、互动交流、场景和虚拟现实技术。电商以使消费者获得沉浸式体验为目标，进行网络平台设计与建设；在线提供数字形态的商品与服务信息；构建模拟仿真交易场景；电商与消费者之间进行深度互动与交流；基于虚拟现实技术实现虚拟平台的场景运行；消费者在线获得与现实商场相似的购物体验，从而实现了基于虚拟现实的"沉浸式"体验。

这种网购"沉浸式"体验的机理主要包括：

（1）场景再现机理：身临其境。

（2）实物展示机理：获知信息。

（3）实时交互机理：深度交流。

（4）虚拟体感机理：试穿试用。

网购"沉浸式"体验机制

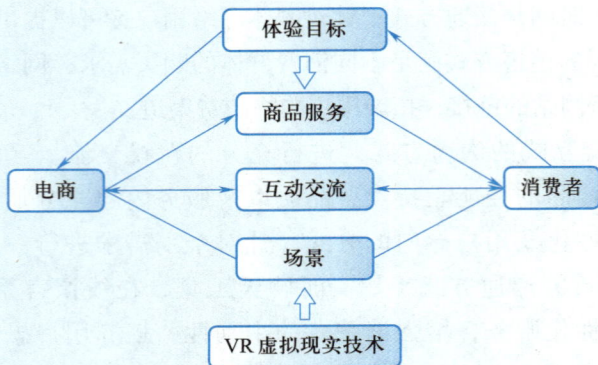

图 9.2　虚拟现实网购系统结构的理论模型

同步测试

同步测试 9.3

企业导师谈
网络营销心
理效应

中国企业讲坛
企业导师谈网络营销心理效应

　　随着电商的发展与服务的完善，消费者的需求与要求也越来越高。如何克服电商服务的弊端，更好地满足消费者需要，成为电商不断创新，服务升级的巨大动力与更高的目标。

实践与训练

▲ 网络促销应用搜索与分析

【实训目标】

　　1. 培养学生分析用户网上购买决策心理与行为的能力。

　　2. 了解网络促销的形式和应用案例，培养学生获取、整理和分析资料的能力。

　　3. 培养运用和把握用户个性心理活动规律开展网络营销的能力。

【内容与要求】

　　1. 搜寻有关下列网络促销方式的应用案例：网上直接折价、网上变相折价、网上赠品、网上抽奖、网上积分、会员注册、在线优惠券、免费策略等。

2．研究和归纳上述网络促销方式的特点以及对市场营销人员的启示。

【成果与检测】

1．每位同学完成一份网络营销案例搜寻与比较研究报告。

2．教师依据研究报告的撰写情况，为每位学生进行评估打分。

模块 10

现代场景：新媒体营销心理效应

学习目标

※ 素养目标

- 增强新媒体营销法制意识，遵纪守法，规范经营
- 利用新媒体营销讲好家乡故事，助力乡村振兴

※ 知识目标

- 了解互联网与新媒体营销心理的内在联系
- 掌握新媒体营销的类型与特点
- 熟悉新媒体营销场景下的消费者行为特征
- 掌握新媒体营销心理效应机制的结构与机理
- 掌握各种新媒体平台的营销心理效应

※ 技能目标

- 能够基于新媒体营销心理效应机制，进行消费者行为分析
- 能够基于心理效用，合理运用新媒体开展营销活动

思维导图

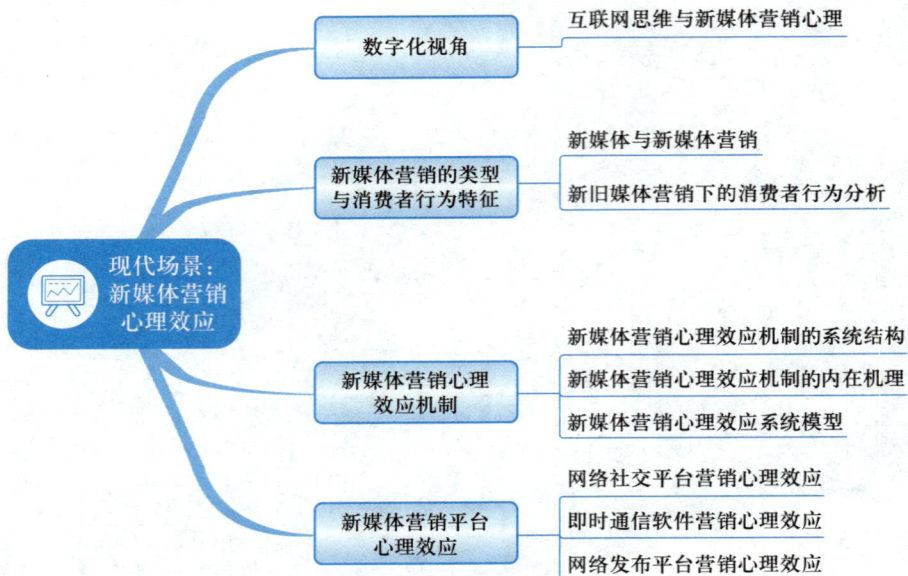

新媒体是数字时代最富有活力的营销场景活动形式，对整个营销活动均产生广泛而深刻的影响。从中诞生了具有数字化、智能化、社交化的营销活动新形式，催生了消费与营销的颠覆性变革，引发了全新的营销场景心理效应。

学习园地

党的二十大报告指出："紧跟时代步伐，顺应实践发展，以满腔热忱对待一切新生事物，不断拓展认识的广度和深度，敢于说前人没有说过的新话，敢于干前人没有干过的事情，以新的理论指导新的实践。"

学习体会：

基于数字经济与数字生活在我国的广泛与深入的推广与应用，我国的新媒体营销发展极为迅猛。特别是短视频直播带货、即时通信软件营销等各种新媒体营销活动更是做得风生水起。在新媒体营销活动中，要学习贯彻党的二十大精神，以满腔热忱对待，从认知到行动适应大势，深入考察、研究、适应新媒体下消费者的心理与行为。

数字化情境
白象直播间的精细化运营

随着新媒体营销的兴起，在食品速食领域，涌现出一批又一批优秀品牌，而如何"有效拉新"与"降本增效"，是各个品牌绕不开的话题。

作为拥有"良心国货""爱心企业""国民味道"等标签的品牌白象，面对市场激烈的竞争，选择了"精细化人货场运营，精准提升品效转化"的新媒体营销策略。

1. 人——需求刺激

基于品牌形象与消费者画像判断，聚焦速食品类人群，针对熬夜加班、打游戏、大学生活等人群场景重点突破，刺激用户需求，选定亲切感较强，贴合年轻学生感、年轻感，互动性强的主播。此外，在直播过程中运营策略格外注重消费者互动与积极性的营造，搭配了有趣的话术内容，带动消费者联想使用场景，提升产品销售转化。

2. 货——推陈出新

根据消费者市场调研和行业痛点分析，白象围绕新时代下品牌产品与用户之间的供需关系，将"人"与"货"精细化匹配。通过引入"爆款产品打造大规格货组＋买赠送电煮锅机制"的方法，整合白象爆款且翻牌率高的汤面三口味和拌面三口味，组合成六袋装的爆款大货组进行主推，从而减少首购消费者决策链路、复购消费者囤货场景、提升客单价等维度提升销售效果，使月销售额实现了翻倍增长。

3. 场——场景代入

消费者对于方便速食的应用场景已经发生较为明显的变化，拓展出了一人食、家人共食、新夜宵经济、户外场景、宿舍共享等新消费场景。基于此，白象在直播间结合生活场景打造特色内容场，同时为了更好契合每个节日、大促节点，聚焦目标消费群体注重创意的偏好，对白象的直播间场景进行了升级和铺排，契合主题氛围。并在运营期间还策划了户外、动态等多元化丰富的场景直播，实现拉高用户互动，提高自然流量的转化，刺激消费者购买。

"品质如山永在，美味生生不息"，这是白象淘宝官网对消费者的承诺，也是白象走向"长红"的基石。

情境分析

1. 案例中，白象选择了哪种模式开展新媒体营销活动？它的成功对企业进行新媒体营销有何启示？

2. 结合本模块内容的学习，分析案例中的白象是如何充分应用新媒体营销心理效应机制的。

数字化视角
互联网思维与新媒体营销心理

1. 社会化思维：社会化媒体成为新媒体发展的主流

新媒体营销是以互联网等信息技术为支撑，充分体现社会化思维，注重多种

交流与互动的社会化营销。因此，新媒体营销的典型形态与主体形式就是社会化媒体营销。

随着互联网，特别是移动互联网的发展，新媒体营销迅速发展。其中最抢眼、最富特色的就是社会化媒体营销。人们在日常生活中接触到的大都属于此类，它们已成为新媒体营销中的主力军，是企业目前最热衷使用的新媒体形式。据中国互联网络信息中心的调研，社交媒体已成为互联网媒体中最为流行的媒体类型之一，凭借用户基数大、信息传播快、互动功能强等特点，成为网上内容传播的重要力量。

参与和互动是社会化媒体的本质特征，即"让大家告诉大家"。社会化媒体营销的本质特征在于营销者与消费者之间广泛交际，深度互动。无论是报纸杂志还是广播电视，传统媒体均是单向的信息传播，是营销者发声告知消费者，消费者只能被动接收信息。而社会化媒体强调的是人们之间的交际与交流。消费者更有主动性，可以积极地参与这种交往过程，与营销者以及其他消费者进行交流与互动。这种社会化媒体营销的结果，不是营销者告知消费者什么，而是消费者在与营销者平等交流过程中感知到什么，包括消费者与消费者之间交流了什么，甚至是整个社交群体共同形成了什么认知，真正实现了"让大家告诉大家"。这时，营销的成效是在交际交流中自然生成的需求理念、购买动机与购买行为。

社会化媒体营销对消费者心理产生直接而深刻的从接收信息到感知体验的影响。利用传统媒体营销，仅是传递信息，而且只是关于商品与企业的有限信息，方式是单向信息传递。而运用社会化媒体营销，在内容上，不仅仅是商品、企业的信息，更是全面、系统的信息，包括帮助消费者选择、使用商品等实用性知识；在方式上，从单向传递转变为双向沟通，消费者深度参与，交流互动；在效果上，消费者从对营销信息的被动接受转变为主动搜集信息，参与营销，甚至生产过程，从而与厂商共同生产"营销内容"，特别是通过交流与互动，深入体验购物与消费的愉悦心理，自我建构价值认知并增进与产品、企业的共同认知与忠诚度。

2. 流量思维：新媒体以流量为王

绝大部分新媒体都依托于网络平台。有平台就需要有流量，流量决定着平台的价值与发展，即"平台以流量为王"。各种新媒体平台都是开放的，一定有众多的组织或个人广泛参与，相互交流，共建共享，共同发展。这也是新媒体与传统媒体的重要差别。无论何种新媒体，如果流量小，就意味着参与者少，无论是推广产品还是推广品牌，都将造势乏力，难有作为。流量大则会形成巨大的影响力，这种影响力主要表现为对消费者消费与购买心理的巨大影响，从而使其成为功能强大的热门媒体。

例如，微信在刚推出时面临众多同类即时通信软件的包围。当时，微软的MSN和小米的米聊已捷足先登。但是，腾讯将数量众多的QQ用户大批量地导入微信。从而使微信获得可观的流量，迅速脱颖而出，很快就成为中国乃至世界第一大即时通信软件。

从营销者视角看，新媒体流量意味着消费者价值与企业绩效。选择新媒体平台的营销者非常看重平台的流量规模，因为其流量直接决定营销的实际效力。而这种流量本身就意味着参与群体的规模，自然也决定着消费者的规模。更重要的是基于这种流量规模，会形成一种网络群体效应，会导致平台各方的大量参与者在交流过程中，形成（包括对企业与品牌的）共同认知、融洽情感、一致态度，形成群体效应，从而使营销获得成功。如果平台流量大，又占据节点优势，把握住时机，就能通过提供产品与服务的方式为目标消费者创造更大的价值；企业也能为自身获得绩效，而绩效往往与流量成正比。

从消费者视角看，新媒体流量意味着参与与体验。消费者利用新媒体，不只是被动接受营销者传播信息甚至是推销的过程；而是主动参与，搜集信息，多向交流，在满足购物需求的同时，获得尽可能多的交际满足与购物乐趣。所以，只要新媒体平台流量足够大，就会有更多的群体与个人可以进行交流与互动，不但可以最大限度地掌握产品信息，降低购买风险，而且可以在与更多人的交流中大大提升体验感与愉悦感。

3. 跨界思维：多媒体、全媒体的融合

在互联网时代，特别是随着移动互联网的出现与快速发展，多种多样的新媒体平台如雨后春笋般地大量涌现，为营销者开展营销活动提供了相对充分的选择权与策划空间。主要特点有：

（1）新媒体跨界分布。新媒体是基于网络形成的，因此具有网络的重要属性——跨界性。新媒体的跨界性主要体现在：一是媒体运行跨时空，网络连接一切。如微信等新媒体已突破了区域与国界，在地球任何角落都可以连接。距离已不是问题，只要有网络，24×7 全天候畅通使用。二是媒体使用者位置灵活，人们可以在地球的两端完成同一个项目，甚至可以居家办公，沟通就更不在话下。三是主体决策自主化，无论是营销者还是消费者都有独立的话语权，自主决策。四是时间运用碎片化，许多新媒体的使用者都可以随时随地用零散时间进行沟通或信息发布。新媒体的这种跨界性使得无论是营销者还是消费者都感到特别方便、快捷、灵活、快乐。新媒体使用广泛，应用频率高，进而引发的心理反应也会更加强烈。

（2）多媒体融合发展。不同的新媒体有不同的功能与优缺点，同时还各自有不同的受众群。当与营销产品和目标契合时，就存在一个选择、组合与策划问题。在实际开展营销活动的时候，很少选择单一媒体形式，通常都是根据营销目标，特别是考量影响消费者心理与行为的效力大小，选择多种新媒体进行组合应用。而多种媒体的组合，也会令消费者从更多的途径获得更好的参与体验感。因此，多媒体结合使用、融合发展是必然趋势，包括技术与社会行为结合、多种媒体形态结合、现实传统媒体与网络虚拟媒体结合，直至应用全媒体，走向全媒体时代。

（3）全媒体要素整合。全媒体要素的整合既表现为不同媒体平台之间的组合应用，还包括同一种新媒体平台应用多种新媒体技术与手段进行要素整合，打造更加有效、吸引消费者眼球、令消费者"心动"的综合媒体营销形式。在全媒体化的过程中，新媒体营销的"新"变成一种动态变化和发展的营销趋势；今日之新也许会成为明日之旧，但全媒体化持之以恒。

10.1　新媒体营销的类型与消费者行为特征

在新媒体快速发展的今天，必须关注哪些可以用来开展营销活动的新媒体？新媒体营销具有哪些特点与优势？

10.1.1　新媒体与新媒体营销

1. 新媒体与新媒体营销的含义

新媒体是指基于互联网与移动互联网而新出现的各种社交平台、通信软件等信息传播媒体形态。新媒体是随着互联网的发展，特别是随着移动互联网的快速发展而出现的，被广泛用于营销活动开展，成效显著。这些新媒体是与报刊、广播、电视等传统媒体相对而言的。如大家所熟知的微博、微信、论坛、直播平台、网络杂志、短视频等，都属于新媒体。

新媒体营销是指强化互联网思维，利用基于互联网与移动互联网的各种新兴媒体而系统开展的营销活动。新媒体营销的灵魂是互联网思维，即必须用互联网思维去分析、观察、策划营销活动；其基础是应用基于互联网与移动互联网的各种新兴媒体；其实质是在互联网时代所开展的高技术、高效率、高智能的营销活动。

2. 新媒体营销的类型

新媒体营销的基本形态包括媒介载体、应用平台、传播模式等。

（1）新媒体营销的媒介载体。新媒体营销的媒介载体主要包括：①固定网络，主要就是基于计算机的传统互联网；②移动互联网，主要是基于移动终端，即智能手机等移动设备的互联网；③其他网络，包括网络交互式电视、智能冰箱、智能健身镜等其他设备接入的网络。

（2）新媒体营销的应用平台（系统）。新媒体营销的应用平台或系统的不同可以划分为四大类：①网络社交平台，即依托网络社交平台，传播信息与互动交流。如微博、论坛、贴吧等。②即时通信软件，即基于固定或移动终端，利用即时通信软件开展互动与交流的营销系统。如微信、QQ等。③网络发布平台，即依托网络，在线发布各种信息，包括音频、视频、文档等媒体形式。如网络信息发布、网络杂志、搜索引擎、网络排名、网络直播、短视频、购物点评等。④其他平台。如基于位置的移动营销、网络（手机）游戏、电子邮件、头条、知乎、小红书等。

（3）新媒体营销的传播模式。新媒体营销的传播模式是关于如何利用新媒体开展营销的策划思路与实施方式。主要包括：①传播型营销模式，即通过各种形式的信息传播实现营销目标的模式。如口碑营销、病毒营销、饥饿营销、新闻（事件）营销等。②互动型营销模式，即通过互动与交流实现营销目标的模式。如交际与社群营销、公关营销、"网络红人"营销、知识型营销等。③其他营销模式。如 IP 营销、私域营销、免费营销等。

3. 新媒体营销的特点与优缺点

（1）新媒体营销的特点。新媒体营销与传统媒体营销相比具有显著的差别：①传播范围广，传播速度快，传播成本低；②传播信息量大，传播内容与展现形式多样化；③传播与使用跨时空，虚拟化；④消费者自主性强，喜欢双向互动交流；⑤高技术、高智能、高情商融合。

营销实践
音乐 MV 玩跨界，成为流量担当

独特的创意是提高新媒体产品核心竞争力的重要手段，不同新闻要素之间的混搭与跨界是产品创新的重要方式。在"一带一路"国际合作高峰论坛报道中，新华社新媒体中心推出"神曲级"音乐 MV（Let's go Belt and Road，一带一路世界合奏），在以往动漫 MV 基础上添加歌曲元素、技术特效，打造升级版产品。通过通俗易懂的语言、运用多种网民喜闻乐见的形式，将"一带一路"的历史、倡议构想、意义成果阐述出来。该作品跨界合作，形成艺术和内容优势资源的强强联合，融入京剧、Rap、R&B、Funk、民乐、电子乐等多种音乐形式，结合动画、实拍、抠像等视效技术，将主流媒体权威属性和产品的新媒体特色有机融合，辨识度更高，在同类型产品中更有差异化特色。该作品推出后，3 天内总播放量突破1 亿次。这个 MV 不但覆盖了网站、客户端等新媒体终端，还在微博、微信等社交媒体火热传播。同时在多家电视台播出。

（2）新媒体营销的优缺点。

优点：①新媒体营销传播功效强大；②新媒体营销成本低，使用便捷；③新媒体对消费者心理效应强，消费者自我体验程度深。

缺点：①新媒体营销适用面有一定局限，对于高新技术企业和从事时尚产品营销的企业来说比较适用，但对于某些传统行业与产品，使用有一定困难；

②新媒体营销受众面也有一定局限，其受众大多偏年轻化，对于一些老年人，掌握和熟练使用新媒体具有一定的难度。

10.1.2　新媒体营销下的消费者行为分析

1. 传统媒体营销对消费者行为的不利影响

（1）单向性。利用报刊、电视、广播等传统媒体开展营销，都是单向信息传播。如广告播出只能是营销者说，消费者听，不但不能使消费者充分了解所需信息，而且也难以激发消费者兴趣，甚至经常引起消费者反感，直至抵制。

（2）劝导性。传统媒体营销的基本思路与策略就是通过大量推销信息对消费者实施"轰炸"，强制性地"劝导"消费者购买本企业产品。不但销售效果有限，还常常引发逆反心理，遭遇消费者排斥，被拒之门外。

（3）局限性。尽管传统媒体传播面广，效力强大，但是利用传统媒体开展营销仍受到很多局限。①如前所述，传统媒体最突出的弊端就是不能面对面传播，更不能实现与消费者的互动与交流，这就会大大降低信息传播效率。②由于无法进行点对点的交流，在这种传统的媒介营销中，消费者通常体验欠佳。

2. 新媒体营销下的消费者行为特征

面对新媒体营销，消费者的消费心理与购买行为发生了重要变化，主要表现为以下特征：

（1）增加了对新媒体营销的兴趣。随着互联网与移动互联网的普及，各种新媒体不断涌现与快速发展，广大消费者特别是年轻消费者，上网浏览与购物欲望不断增强，甚至形成了依赖性。在这种背景下，利用新媒体开展营销活动可以增强消费者兴趣，特别是吸引大量消费者踊跃参与。与传统媒体的营销活动相比，消费者不但不容易反感，反倒将其作为一种乐趣。

（2）增强了参与新媒体营销活动的主动性。新媒体营销就本质而言是一种社会化营销，参与与互动是其核心行为。消费者，特别是以上网为乐的消费者就会非常主动地参与到这种互动型的营销中来，有的甚至不是为了购物，而是为了享受这种参与的过程。消费者在这种营销中热情高，会主动出谋划策，甚至不计报酬地付出，表现了极高的自主性与奉献精神。

> ### 💡 营销实践
> **小米兜售"参与感"**
>
> 小米的腾飞与发展，离不开全新的营销形式——"米聊"，其实本质就是兜售"参与感"，最大限度地把"米粉"的力量和智慧调动起来，与小米共同做手机，搞

营销。小米每推出一款手机，在国际上很快就有一定的知名度，它们的国际粉丝就立刻行动起来，帮助小米在全球推广。

做小米手机的各国的语言版本，甚至把 MIUI 系统移植到各种手机上，使 MIUI 能支持 180 款手机，所有这些，居然都是小米的粉丝干的。小米在网上汇聚了几百万爱好者免费做这些工作。小米总裁强调："今天我们的产品不仅仅是小米的心血，也是数百万米粉一起贡献的作品。"这种模式的核心就是用户的"参与感"。小米总裁总结道："怎么把用户拉过来一起做事情？首先是用户可以帮助你把产品做好；更重要的是因为用户参与了这件事情，他/她会有很大的成就感，会心甘情愿地把这款手机推荐给同学、朋友、家人、同事，这样他/她就成了小米的一分子。"

（3）拓展并加深了对商品的感知与需求。在这种互动营销中，消费者深度参与，多重互动，不但可以接触到更多的产品，而且能够更加深入地了解产品的功能、质量、成本、价格，甚至对产品乃至厂商形成归属感，从而刺激自身需求，增强购买欲望，果断决策。

（4）提高了购物体验的满足感。由于消费者参与整个营销过程，深度沟通与交流，自然会获得良好的购物体验。不但加深了对产品的感知，从购买中获得使用价值的满足，而且还会从与营销者或其他消费者的交际与交流本身获得愉悦的情感体验，从而大大增强购物的满足感。

（5）成为新媒体营销中口碑的传播者。消费者在获得了良好的购物体验后，不仅获得了自身的愉悦与满足，也会自觉不自觉地向其他人，包括亲朋好友、单位同事、甚至偶遇的路人，诉说产品的良好功能、质量以及购物的愉悦体验等，"真心实意"地成为义务口碑传播者。

同步测试

同步测试 10.1

10.2 新媒体营销心理效应机制

研究新媒体营销对消费者的心理效应，以及相应的消费者购买心理与行为，核心是研究新媒体营销对消费者的心理效应的内在机制。这一机制深入、系统地揭示了新媒体营销行为与过程是怎样作用于消费者心理并引发消费者购买行为的。

10.2.1　新媒体营销心理效应机制的系统结构

1. 新媒体营销心理效应机制系统的构成

新媒体营销心理效应机制系统结构由四个基本要素构成：

（1）新媒体使用主体。主要包括：①营销企业及营销人员，是利用新媒体开展营销活动的策划者、实施者；②消费者，既是新媒体的传播对象，又是新媒体的使用者；③社会公众，包括与营销活动相关的社会组织与个人。

（2）新媒体平台。是指以新媒体营销媒介载体为基础的新媒体营销的应用平台（系统）。主要包括网络社交平台、即时通信软件、网络发布平台及其他新媒体营销平台。

（3）新媒体传播模式。是指依托新媒体平台开展营销的各种传播模式。主要包括传播型营销模式、互动型营销模式以及其他传播模式。

（4）新媒体使用环境。新媒体营销总是在一定的环境中使用的，因此，使用环境也将对新媒体营销的开展与效果产生重要的影响。环境因素主要包括：以互联网为核心的技术与物质环境；与消费和购买相关的社会与文化环境；与营销活动、购买行为直接相关的交际与语境等环境。

2. 系统结构决定内在机理

上述四类要素相互联系、交互作用，构成了新媒体营销心理效应系统结构，而这一结构决定并生成新媒体营销心理效应机理，发挥相应作用与功能，构成新媒体营销心理效应机制体系。

10.2.2　新媒体营销心理效应机制的内在机理

1. 新媒体营销心理效应机理

新媒体营销心理效应机理就是新媒体营销心理效应的内在作用原理。它是由系统结构所决定的，直接形成机制的作用与功能，是新媒体营销心理效应机制的核心内容。主要包括心理引导机理、多方互动机理、心理反应机理。

（1）心理引导机理。在新媒体营销过程中，营销者并不像传统媒体那样强制地向消费者推送信息，而是基于用户思维等互联网思维，以适当的方式向消费者提供消费者感兴趣、能给消费者带来更多价值的信息与服务。营销者不是强制地让消费者被动接收营销信息，而是对消费者进行心理引导。即营销者的职能是提供资讯与服务，以沟通交流等方式，引导消费者的心理变化，目标在于使消费者自主、自愿地做出购买决策并获得愉悦体验。

（2）多方互动机理。新媒体营销的实质过程是营销者与消费者的多方互动。新媒体营销的主体是参与多重互动的营销者与诸多消费者以及相关公众的总和。新媒体营销的内容已从单纯产品信息转变为使消费者感兴趣的信息、情感交流、为消费者带来巨大价值的感知等。新媒体营销成为一种社交化营销。

🔵 营销实践
小红书：从"种草"到"拔草"

小红书是一个以年轻人分享生活方式为切入点的社区电商新媒体平台。通过引导用户分享生活的方式，小红书引领了消费者的"种草"风尚，并布局电商业务，助力消费者"拔草"，实现从浏览笔记"种草"到下单"拔草"的商业闭环，迅速成长为头部平台。

小红书每天产生大量有趣且实用的用户生成内容（UGC），通过生活方式分享为用户消费决策提供参考借鉴，从而吸引更多的都市年轻人加入平台，并将具有相同兴趣爱好的用户链接形成各类社区。同时，小红书洞察消费趋势，吸引大量新锐品牌入驻平台，促进了消费者、品牌方与内容创作者的多方互动。

小红书并不追赶潮流，而是通过分享生活方式来持续引领潮流，不断推出潮流话题，既迎合了都市年轻人的时尚化、个性化需求，又通过用户分享的新生活方式带动了一批新品牌的快速成长。

除了以优质笔记内容吸引消费者"种草"，小红书还为消费者提供多元的购物渠道，帮助消费者快速"拔草"：2014年上线自营电商平台"福利社"；2016年起不断拓展第三方平台和品牌商家；2020年上线"企业号"；2021年实施品牌商家"企业号"与商店融合的"号店一体"战略……这些措施既丰富了平台的商品品类，又打通了从内容营销到站内流量转化的渠道。

（3）自我建构机理。新媒体营销心理效应本质上是一个在新媒体互动型营销的作用下，消费者心理的自我建构行为。有的学者进行了以社会化媒体消费者为样本的网络调查以及结构方程模型的分析，构建了一个"自我建构"研究模型，较为系统地揭示了新媒体互动型社交化营销的心理反应机理。

2. 新媒体营销心理效应机制系统模型

新媒体形成的两个基础：互联网思维和网络与技术。营销者根据营销目标，利用新媒体开展营销；消费者作为营销的对象和营销的参与者参与新媒体营销活动；营销者与消费者在新媒体营销过程中进行互动与交流，构成互动型营销系统。而决定这种互动型营销的心理效应机制由系统结构及其生成的内在机理构成。该机制的结构有使用主体、媒介平台、传播模式、使用环境四个要素；由该结构生成的内在作用机理有心理引导机理、多方互动机理、自我建构机理等；正是在该机制的作用下形成新媒体营销的心理效应，使消费者获得预期体验，如图 10.1 所示。

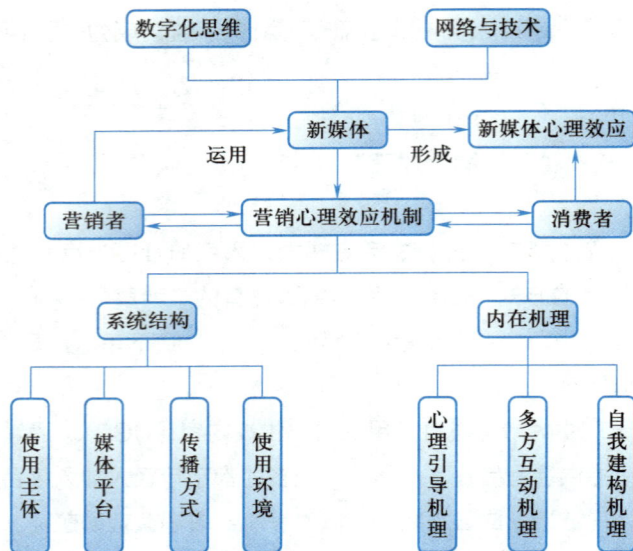

图 10.1　新媒体营销心理效应机制系统模型

10.2.3　新媒体营销心理效应系统模型

1. 新媒体营销目标与价值创造

在传统媒体时代，营销目标从以企业自身利益最大化转变为以消费者价值最大化，即市场营销理论中所指的"顾客让渡价值"最大化。在以质量和价格的对比来界定顾客价值的基础上，后来进一步发展为将顾客价值分为实用价值和享乐价值，从单纯物质享受拓展到物质享受与精神享受的统一。

新媒体营销的目标仍是顾客价值的最大化。但是，其内涵更为丰富与明晰。新媒体营销的顾客价值包含"内容价值"与"社交价值"。前者就是顾客所获得的物的有用性与价格的比值；而后者则是享乐价值的具体化，即社交化营销不但追求"内容价值"（物的价值），还追求营销过程中的"社交价值"（享乐价值的拓展）。

"社交价值"是怎样形成的呢？在以社交化媒体为代表的新媒体营销中，不只是完成了营销信息的传播，而且由于消费者的充分参与，与营销者的交际、互动使其能够与营销者一道创造和交换"社交价值"。即在新媒体营销中的互动交流，使双方特别是消费者感知社交中所获得的参与感、归属感、受尊敬需要的满足、情感的融通等诸多愉悦心理体验。而这些已超出了传统媒体下单纯从购物获得的"享乐价值"。

2. 消费者感知价值的体验——自我建构

消费者感知价值的体验本质上是消费者自我建构的过程。

营销目标与消费者体验具有同一性。顾客目标价值最大化，既是营销者开展新媒体营销的目标，也是消费者在互动型新媒体营销中的追求与获得，同时还自然是营销者成功营销的效果与标志。

消费者的体验是通过自我建构实现的。消费者体验的基础包括：产品与服务、商家营销行为、消费者参与与互动过程。体验的过程即自我建构过程，包括：与群体相关联的相依型自我建构和与群体相区别的独立型自我建构，这两者的差别在于建构过程所受到相关群体的影响程度不同。体验过程的核心环节——消费者感知价值是在进行自我建构：营销者以顾客价值最大化为目标开展营销活动；营销者与消费者互动与交流，消费者参与互动并进行自我建构，同时，这一过程本身又创造交际价值；经过自我建构，消费者获得良好体验——感知获得最大化价值，同时，营销者实现营销目标。消费者体验——自我建构过程如图 10.2 所示。

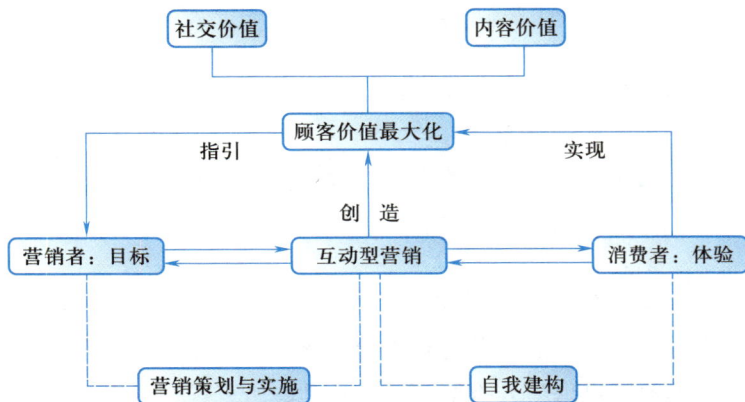

图 10.2　新媒体营销中消费者体验—自我建构过程模型

3. 新媒体营销心理效应分析模型

依据上述所分析的新媒体营销心理效应机制，在这里提出一个新媒体营销心理效应分析模型，用来分析各种新媒体营销心理效应。

其分析基本思路应遵循新媒体营销心理效应机制，结合新媒体营销特点与消费者心理特点，分析消费者心理过程变化和让渡价值的感知与体验，从中反映出新媒体营销对消费者的心理效应。新媒体营销对消费者的心理效应具体体现为以下消费者行为：消费者的注意与兴趣、消费者的参与与互动、消费者的创造价值行为、消费者的购买行为、消费者的购后体验等。

新媒体营销心理效应分析模型如图 10.3 所示，下一节将运用该模型对各种主要新媒体营销进行心理效应分析。

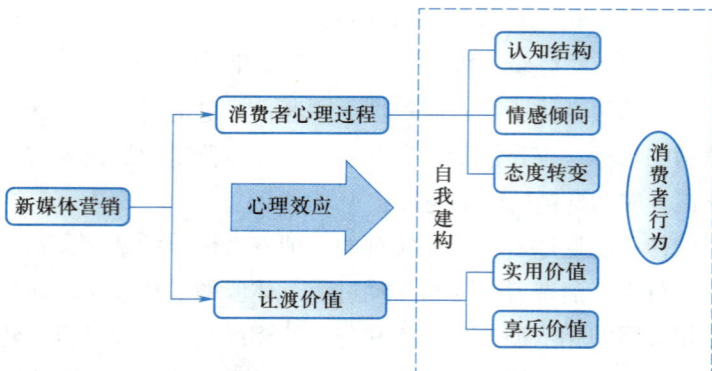

图 10.3 新媒体营销心理效应分析模型

同步测试

同步测试 10.2

10.3 新媒体营销平台（系统）心理效应

如前所述，新媒体营销心理效应机制从内在原理上揭示了新媒体营销带给消费者的心理反应，即消费者自我建构，形成购买体验的规律性。本节根据新媒体营销心理效应机理与分析架构模型，具体研究各种新媒体营销平台（系统）对消费者产生的心理效应。

10.3.1 网络社交平台营销心理效应

网络社交平台营销是指依托网络社交平台传播营销信息并与消费者进行互动交流。如微博营销、论坛营销等。

1. 微博营销特点与心理效应

微博营销是利用微博发布者的知识、兴趣和生活体验等传播商品信息的营销活动。

（1）微博营销的特点。①依托网络，传播速度快，受众面广，是一种快速营销模式；②微博营销既可以发挥网络广告的优势，又可以发挥粉丝效应，有更强的影响力；③微博细分度高，可以进行精准营销，针对目标客户进行传播与交流。

（2）微博营销的心理过程分析。①依托网络平台，企业可以提供更多的有关产品和服务的信息，网民可以通过阅读博文的方式，较为详细地了解相关内容。博主密切关注并及时回复平台上客户对于企业或个人的相关疑问与咨询，会加深消费者对商品与企业认知，促进理性购买行为。②由于可以进行互动，特别是对于粉丝而言，很容易将情感折射到商品或企业上，产生"爱屋及乌"的心理效应。③特别是名人微博，通过原创专业化内容进行知识分享，争夺话语权，建立起个人品牌，会产生巨大的粉丝效应，对消费者的态度与购买行为可以产生很大的推动作用。

（3）微博营销的价值评价。①由于对微博本身的信任，出现晕轮效应，会使消费者对产品与购买行为形成积极的评价。②由于粉丝效应的作用，消费者对购买过程产生参与感、归属感、成就感。③有利于增强对其产品的黏度，培育长期忠实用户。

营销实践
微博营销的技巧和方法

微博营销是指通过微博平台为商家、个人等创造价值而执行的一种营销方式。该营销方式注重价值的传递、内容的互动、系统的布局、准确的定位。开展微博营销的技巧和方法主要有：

（1）利用微博社区，寻找各个领域的专家，借助他们的微博言论来推广产品。在微博中有个重要的功能叫作"找人"，可以寻找自己要找的人的微博。

（2）利用"分类找人"功能实现目标群体营销。通过"同兴趣爱好""同学""同事""同地区"等选项卡，营销人员能够实现对制定条件目标群体的搜索。

（3）利用模糊查找功能实现营销。例如，营销人员想在微博中查找含有"单反相机"内容的微博，可以在界面右上方的"搜索微博、找人"文本框中输入"单反相机"，在列表中选择"含单反相机的微博"，然后与博主取得联系，实行营销活动。

（4）利用"标签找人"实现营销。通过"标签找人"中的搜索结果界面，在该界面中会显示符合营销人员标签设置的微博用户。营销人员可以通过"加关注""互相关注""发私信"和"@他"等方式和对方建立联系并开展营销活动。

（5）利用博文对建立的粉丝群体进行营销。在微博中，最高效、最直接的营销方式是建立属于营销人员自己的粉丝团队，这样，当营销人员发布一条微博时，所有在线的粉丝都能够在第一时间看到信息。粉丝队伍越庞大，营销效率就越高。

2. 论坛营销特点与心理效应

论坛营销就是利用论坛这种网络交流的平台，通过文字、图片、视频等方式发布企业的产品和服务的信息，达到宣传企业品牌，引发消费者购买行为的目的。

（1）论坛营销的特点。①论坛关注度高，传播速度快，传播面广，植入营销的相关信息可以快速传播。②论坛话题开放性强，可以将营销诉求通过发散性的话题曲线传播。③营销成本低，易操作，不需要资金的直接投入。④信息传播精准度高。不同的论坛都属于不同的兴趣相同者的聚合，可以高度精准地锁定目标客户群。

（2）论坛营销的心理过程分析。①论坛具有较高人气，可以吸引消费者广泛关注。②由于论坛便于开展交流、互动，甚至辩论，可以深化消费者对企业与产品的认知。③论坛在情感融通上不具有太大的优势，如果机械地介绍企业产品、服务信息，就会引起消费者反感甚至抵制，只能开展"软文营销"。④引发消费者购买行动有一定的时间后滞，通常不会"立竿见影"。

（3）论坛营销的价值评价。①论坛可以使目标客户更加深刻地了解企业的产品和服务，对于在论坛中取得共识的产品与服务，消费者通常会认为其具有很高的可信度，消费者对其实用价值会有较高的认同感。②由于论坛互动性较强，参与程度较高，每个人都可以自由地发表自己的意见，消费者常常会对分享自己的购物体验感到愉悦，享乐价值高。

10.3.2 即时通信软件营销心理效应

即时通信软件营销是指基于固定或移动终端，利用即时通信软件开展营销互动与交流的通信系统。如 QQ、阿里旺旺、微信营销等。数据显示，即时通信软件的使用已经从早期的仅限于个人用户之间信息传递的工具，发展为人们工作与生活沟通的重要方式，成为仅次于网站浏览器的第二大互联网应用工具。随着即时通信软件在商务领域内的普及，即时通信软件营销发挥着越来越大的作用。

1. QQ 与阿里旺旺营销特点与心理效应

（1）QQ 与阿里旺旺营销的特点。①信息传播面广，特别是可以传播大容量的营销数据；②信息传播速度快，可以即时接受；③方便互动交流，特别是交流的即时性，能增强营销影响力。

（2）QQ 与阿里旺旺营销的心理过程分析。①营销或客服人员在网站或网店可以利用 QQ 进行在线交流、答疑，容易引起消费者注意，方便询问与交流。②在淘宝网上阿里旺旺则是消费者主动询问，客服作答的媒介，可以进行详细询问、交流，会对产品与服务有更加清晰的认识，便于消费者做出理性化购买决策。③由于能进行反复交流，可以增强相互情感，增加对企业或产品的黏度，促进消费者购买。④QQ在聊天页面发布广告形式，对消费者的心理影响与一般的网络广告效果大致相同。

（3）QQ与阿里旺旺营销的价值评价。①由于消费者可以与营销者充分互动，通常会对购买产品的实用价值做出积极的评价。②由于用于交流的即时通信软件大多设计了顾客评价系统，促使交流过程中客服保持良好态度，能使消费者获得较为愉悦的体验。

2. 微信营销特点与心理效应

（1）微信营销的特点。①随着移动互联网的快速发展，微信发展迅猛，已有十几亿用户，传播面极广，是威力巨大的营销平台；②传播速度快，可以即时发送与收取信息；③在互动性上，微信比QQ更为便捷、强大。

（2）微信营销的心理过程分析。①微信营销因具有传播范围广、传播速度快等优势，从而对消费者会产生较大的影响力。②微信作为受广大用户喜欢的即时通信软件，在开展营销过程中会对用户产生不同的心理体验：一方面，受众范围特别大，用户使用频率高，因此，如果用于营销，可能会对更多的用户产生更大的影响力；但另一方面，在用户进行快乐交流时出现广告也可能产生反感，甚至抵制。因此，无缝导入与隐性营销显得极为重要。③由于微信的即时交流功能极为便捷与强大，如果商品信息能巧妙嵌入令用户感兴趣的互动话题，就会增强消费者情感倾向，形成较高的亲和感与可信度。

（3）微信营销的价值评价。①由于微信营销大多属于单向传播，在消费者对商品的使用价值的确认上，不如QQ在交流中营销效果好。②如果处理得好，微信本身的交流性与趣味性会提高用户的愉悦体验。

小米将米聊、QQ、微博、微信等新媒体当作大卖场，靠互联网研发销售手机，成功引导消费热潮。小米初代手机上市时，在新浪微博上5分钟售罄5万台，在QQ空间中90秒卖完10万台，在微信专场里不到10分钟15万台便被抢购一空。

10.3.3　网络发布平台营销心理效应

网络发布平台是指依托网络，在线发布各种信息，包括音视频、文档等媒体形式。如网络直播、搜索引擎、网络广告、网络信息发布、网络杂志、网络排名、短视频、购物点评等。

1. 网络直播营销特点与心理效应

2016年被称为我国网络直播元年。当年2月，国内网络直播用户规模达到3.44亿，占网民总体的47.1%。网络直播形成了基于新媒体营销的强劲浪潮。所谓网络直播营销，是指基于各种新媒体平台，营销人员采用现场直播的方式开展营销活动。网络直播成为新媒体营销最突出，爆发出巨大活力的全新形式。

（1）网络直播营销的特点。①即时性强。由于是现场直播，主播的每一句话、体态语言，及其所表达出的信息会即时同步给受众。②互动性强。主播与网友可以基于直播平台现场互动，深度交流。③感染力强。由于主播大多是知名人士、网络大咖，所以会产生强大的轰动效应。④收益显著。网络直播除了能基于现场互动带来更加真实的商品信息与感受，而且会产生超常规的巨大的销售效益。

（2）网络直播营销的心理过程分析。网络直播的心理过程包括如下几个阶段：①直播之前广大网友会对存在强烈的预期，渴望在线相聚，相互交流。②通过主播的讲解与现场展示，网友对所购买的商品有了更加直观和深入的认知。③在群体效应的影响下，广大网友可能会发生大规模的冲动性消费。④基于对主播的亲和与信任，会褒奖和放大商品的优点，包容商品的缺点或不足，从而产生较好的购物体验。

（3）网络直播营销的价值评价。①"爱屋及乌"，基于对主播的信任而高度评价商品，引发商品的畅销。②现场互动增强了网友在直播过程中的参与感，从而产生较高的愉悦体验。③网络直播使广大网友增强人人都是自媒体的自信心，激发了广大网友参与直播并展现自我的热情与行动。

2. 搜索引擎营销特点与心理效应

搜索引擎营销（Search Engine Marketing，SEM）主要方法包括：竞价排名、分类目录登录、付费搜索引擎广告、关键词广告、搜索引擎优化、地址栏搜索、网址链接等。

（1）搜索引擎营销的特点。①覆盖面广，在所有网站上，消费者登录后都要靠搜索导航进入目标网站或网页，因此其营销范围非常广泛；②精准匹配，可以使消费者直接搜索到所需信息；③高度聚合信息，消费者所需信息无所不包，都能通过搜索引擎方便快捷找到；④高性价比，搜索引擎营销以最小的投入，获得很大的来自搜索引擎的访问量并产生商业价值。

（2）搜索引擎营销的心理过程分析。①搜索引擎营销是利用人们对搜索引擎的依赖和使用习惯所进行的网络营销，因此消费者特别容易产生依赖与习惯，在吸引消费者使用方面具有得天独厚的优势。②搜索引擎营销提供无数信息，可供消费者充分分析比较，在认知上增加购买的理性化程度。③搜索引擎营销，除了提供不同品牌、规格的产品，还包含价格排名、销量排名，消费者有近乎无限大的选择范围，会对不同个性心理的消费者产生不同的心理影响，从而形成个性化购买。④由于有些搜索结果是按照付费排名，可能对消费者产生误导，引发消费者的不满。

（3）搜索引擎营销的价值评价。①检索信息的时候将营销信息传递给目标客户，从而便于消费者以最低的成本（免费、方便、省时）获取所需信息，这本身就增加了顾客实用价值。②搜索引擎营销提供无数选择，尤其基于自然的搜索引擎推广，排名是真实可信的，会使消费者产生自由选择、快乐购物的参与感、成就感与满足感。

3. 网络广告特点与心理效应

网络广告，即在互联网刊登或发布广告，通常包括网站上的广告横幅、文本链接、多媒体等形式。

（1）网络广告的特点。①传播范围广，利用互联网可以进行跨域，甚至全球传播；②广告成本低廉，传播速度快，性价比高；③受众针对性强，效果理想；④便于进行大数据分析，受众数量可准确统计。

（2）网络广告的心理过程分析。①网络广告运用多媒体技术，视听效果好，能够有效地吸引消费者注意与兴趣。②网络广告信息容量不受限制，又能从全体消费者分离出具有某些共同特质的消费者群，从而大大提高消费者对其产品的认知程度，促进理性购买。③网络广告感官性强，实现文字、声音、画面、音乐、动画、三维空间、虚拟视觉等方面的完美统一，使消费者情感投射于产品，进而喜欢产品，引发感性购买。

（3）网络广告的价值评价。①网络广告可以利用多种数字化手段展示，更容易引起消费者的心理共鸣，使消费者感到信息更可靠、更客观，对价值有更高的评价。②网络广告交互性强，消费者不是广告的被动接受者，而是网络广告的主动的信息寻求者，这就大大增强消费者的参与感、成就感，使其获得享乐价值。

同步测试

同步测试 10.3

🏛 中国企业讲坛
企业导师谈新媒体营销心理

新媒体快速发展，如火如荼，深入渗透营销与消费的几乎所有细分领域。新媒体已经成为消费者最喜欢，而且影响最大的营销媒体形式之一。企业发挥数字化优势，向消费者提供最有效、最快捷的服务，是现在新媒体营销活动的一个流行趋势。

企业导师谈新媒体营销心理

实践与训练

▲ 新媒体营销策划与分析

【实训目标】

1. 增强学生对新媒体营销的感性认识。

2. 训练学生对新媒体营销进行心理分析的能力。

【内容与要求】

1. 在线搜集 3~5 个新媒体营销案例，运用所学知识进行简要分析。

2. 选取一个营销项目（可以是广义的）设计新媒体营销方案，包括营销目标、消费者心理分析、选择的新媒体平台与模式、主要方法与内容等。

3. 创造条件，付诸实施。

【成果与检测】

1. 对策划、实施与效果进行简单总结与评价。

2. 在全班组织召开一次汇报交流会，展示成果。

3. 教师根据学生的分析报告和个人在交流中的表现进行评估。

参考文献

[1] 希夫曼，维森布利特.消费者行为学 [M].江林，张恩忠，等.译.12 版. 北京：中国人民大学出版社，2021.

[2] 斯科特.新规则：用社会化媒体做营销和公关［M］.赵俐，谢俊，张婧 妍，等，译.北京：机械工业出版社，2011.

[3] 崔西.销售中的心理学（白金版）［M］.王有天，彭伟，译.北京：北京 联合出版公司，2016.

[4] 所罗门.消费者行为学［M］杨晓燕，等，译.10 版.北京：中国人民大 学出版社，2018.

[5] 费明胜，杨伊侬.消费者行为学 [M].3 版.北京：人民邮电出版社， 2022.

[6] 雷雳.互联网心理学：新心理与行为研究的兴起［M］.北京：北京师范 大学出版社，2016.

[7] 罗子明.消费者心理学［M］.4 版.北京：清华大学出版社，2017.

[8] 赵小明.互联网心理学［M］.北京：经济管理出版社，2017.

[9] 单凤儒，金彦龙.管理学——互联网思维与价值链视角［M］.北京：高 等教育出版社，2015.

[10] 单凤儒.商业心理学［M］.北京：中国商业出版社，2005.

主编简介

单凤儒，辽宁省葫芦岛市人，教育部全国高校教师网络培训中心管理学特聘教授、沈阳工业大学等四所高校客座教授、渤海大学终身教授、辽宁理工职业大学教授。终身享受国务院政府特殊津贴专家、教学成果国家级特等奖获得者、辽宁省优秀专家、辽宁省首批教学名师。曾先后担任中国商业经济学会理事、教育部高职高专人才培养工作委员会委员、全国高等学校教学研究会理事、中国商业高等教育学会理事、中国管理科学研究院特约研究员，辽宁商业高等专科学校校长、渤海大学副校长等职。曾入选2008（第二届）中国杰出人文社会科学家排行榜，在管理学专业中排名第十（中国校友会网、大学杂志社组织评选）。

现执教于辽宁理工职业大学，自1982年以来一直讲授管理学、公关与沟通、市场营销、营销心理学等多门课程。1989年其教学成果"模拟实践教学法"获全国首届高校优秀教学成果特等奖；2004年其教学成果"管理课程参与式教学模式的探索与实践"获国家级教学成果二等奖。主持建设的"管理学基础"被评为首批国家级精品资源共享课、"'互联网+'管理学"被评为国家级精品在线开放课程，"公关与沟通"被评为国家精品视频公开课，"公关与沟通：'互联网+'社会机制与艺术"被评为国家级线上一流课程。

出版各类著作、教材30余部。1987年主编的《管理经济学原理与方法》是我国最早的管理经济学教材之一，获高度评价。有多部教材被评为普通高等教育"十五""十一五"国家级规划教材、"十二五""十三五""十四五"职业教育国家规划教材，其中《管理学基础》（第六版）及配套实训教程荣获首届全国教材建设奖全国优秀教材二等奖。在《中国软科学》等刊物公开发表学术论文50余篇。主持国家软科学前瞻性重大课题"基于新技术的商业模式创新机制研究"等国家、省部级科研项目30余项；获国家、省教学成果奖与科研成果奖30余项。

郑重声明

高等教育出版社依法对本书享有专有出版权。任何未经许可的复制、销售行为均违反《中华人民共和国著作权法》，其行为人将承担相应的民事责任和行政责任；构成犯罪的，将被依法追究刑事责任。为了维护市场秩序，保护读者的合法权益，避免读者误用盗版书造成不良后果，我社将配合行政执法部门和司法机关对违法犯罪的单位和个人进行严厉打击。社会各界人士如发现上述侵权行为，希望及时举报，我社将奖励举报有功人员。

反盗版举报电话　（010）58581999　58582371

反盗版举报邮箱　dd@hep.com.cn

通信地址　北京市西城区德外大街 4 号　高等教育出版社法律事务部

邮政编码　100120

读者意见反馈

为收集对教材的意见建议，进一步完善教材编写并做好服务工作，读者可将对本教材的意见建议通过如下渠道反馈至我社。

咨询电话　400-810-0598

反馈邮箱　gjdzfwb@pub.hep.cn

通信地址　北京市朝阳区惠新东街 4 号富盛大厦 1 座

　　　　　高等教育出版社总编辑办公室

邮政编码　100029

防伪查询说明

用户购书后刮开封底防伪涂层，使用手机微信等软件扫描二维码，会跳转至防伪查询网页，获得所购图书详细信息。

防伪客服电话　（010）58582300

资源服务提示

欢迎访问智慧职教 MOOC 学院（https://mooc.icve.com.cn/），在首页搜索"数字时代消费者行为分析"即可查找到本书对应的在线开放课程，在本课程开设周期内可同步进行学习。首次访问本网站的用户，请先注册再登录。

授课教师如需获得本书配套教辅资源，请登录"高等教育出版社产品信息检索系统"（http://xuanshu.hep.com.cn/）搜索、下载，首次使用本系统的用户，请先注册并进行教师资格认证。

高教社市场营销专业教学研讨交流 QQ 群：20643826